KB181513

지연된 정의

지연된 정의

백수 기자와 파산 변호사의 재심 프로젝트

1판1쇄 | 2016년 12월 17일
1판2쇄 | 2017년 2월 28일
2판1쇄 | 2017년 10월 10일
2판4쇄 | 2020년 8월 14일
개정판1쇄 | 2022년 4월 25일

지은이 | 박상규

펴낸이 | 안중철, 정민용
책임편집 | 윤상훈
편집 | 강소영, 심정용, 이진실, 최미정

펴낸 곳 | 후마니타스(주)
등록 | 2002년 2월 19일 제2002-000481호
주소 | 서울 마포구 신촌로14안길 17, 2층 (04057)
전화 | 편집_02.739.9929/9930 영업_02.722.9960 팩스_0505.333.9960

블로그 | blog.naver.com/humabook
트위터, 페이스북, 인스타그램 | @humanitasbook
이메일 | humanitasbooks@gmail.com

인쇄 | 천일문화사_031.955.8083 제본 | 일진제책사_031.908.1407

값 16,000원

ISBN 978-89-6437-402-3 04300
     978-89-6437-289-0 (세트)

셜록 1

지연된 정의

백수 기자와 파산 변호사의
재심 프로젝트

박상규 지음

후마니타스

Sherlock
진실탐사그룹 셜록

탐사 보도와 르포로 진실에 다가섭니다. 보도에서 멈추지 않고
문제가 해결될 때까지 노력하고 책임집니다. 오랜 시간이 지나도
기억에 남는 기사를 쓰기 위해 오늘도 현장을 누비는 사람들의
모임입니다.

셜록은 독자들의 자발적 구독료로 운영됩니다.
http://www.neosherlock.com

일러두기

1. 이 책은 〈다음〉 스토리펀딩 기획 '하나도 거룩하지 않은 파산 변호사'를 단행본에 맞게 고쳐 썼다.
   그 밖에 세 건의 재심 사건을 다룬 연재 기사를 활용했으며 목록은 다음과 같다.
   - '그녀는 정말 아버지를 죽였나' __완도 무기수 김신혜 사건
   - '그들은 왜 살인범을 풀어 줬나' __익산 약촌오거리 택시 기사 살인 사건
   - '가짜 살인범 3인조의 슬픔' __삼례 나라슈퍼 3인조 강도 치사 사건
2. 단행본·정기간행물에는 겹낫표(『 』)를, 시·노래·기사·발표문 제목에는 홑낫표(「 」)를,
   법령과 온라인 매체, 영화 제목, 방송 프로그램에는 홑화살괄호(〈 〉)를 사용했다.
3. 본명을 쓰기 어려운 경우 이름을 가리거나, 처음 나올 때 '(가명)'이라고 병기한 뒤 가명을 썼다.
4. 본문에 쓴 나이는 만 나이이다.

차례

박상규 기자가 〈오마이뉴스〉에 사표를 냈을 때, 사장인 내 가슴은 설레었다. 저 '또라이'가 앞으로 무슨 사고를 칠지 기대가 컸다. 15년 전 '오연호의 기자 만들기' 제자로 박상규를 처음 만났다. 〈오마이뉴스〉에서는 10년을 함께 보냈다. 그를 두 단어로 정리하면 '똘기'와 '재미'다.

박상규는 기대를 저버리지 않았다. 퇴사하면서 '사대문 밖으로 나가 살아 있는 기사를 쓰겠다.'고 하더니 정말 자신과 닮은 '또라이 변호사'를 만나 큰 사고를 쳤다.

이 책 『지연된 정의』는 백수 기자 박상규와 파산 변호사 박준영의 환상적 결합을 보여 준다. 두 사람이 '삼례 3인조 사건', '익산택시 기사 살인 사건'의 재심과 무죄를 이끌어 내는 과정은 영화처럼 극적이고 감동적이다. 죽은 정의는 이렇게 살아날 수도 있구나!

기자는 '기레기'라 불리고, 법률가는 부자만을 위해 일한다고 여겨지는 시대. 두 사람의 활동은 작은 희망의 증거다. 두 '또라이'가 계속 사고를 칠 수 있도록, 많은 독자들이 『지연된 정의』를 응원해 주면 좋겠다.

_오연호(〈오마이뉴스〉 대표)

우리 사법 시스템을 생각하면 가장 먼저 떠오르는 말은 '유전무죄, 무전유죄'다. 사법 시스템은 기본적으로 오만하고, 기계적이며, 무능하다. 약자에겐 추상같고, 강자 앞에선 봄눈 같다. 우리만 그런 게 아니다. 시스템이 제법 갖춰졌다는 미국도 마찬가지다. 그래서 미국에는 '무죄 프로젝트'(Innocence Project)라는 비영리단체가 그 결함을 바로잡는 역할을 하고 있다. 1992년부터 잘못된 수사와 판결에 희생된 300여 명의 누명을 벗겼고, 200명 가까운 진범을 밝혀냈다고 한다. 나는 KBS 탐사보도팀 시절부터 한국판 '무죄 프로젝트'를 구상해 봤지만 실행에 옮기진 못했다.

그러던 중 삼례 3인조 사건을 접했다. 확정판결이 난 형사사건에서 재심을 이끌고, 무죄까지 받는 건 하늘에서 별 따기보다 어렵다고 한다. 누가 이런 일을 했을까? 이후 박상규와 박준영 콤비를 유심히 살폈다. 삼례 3인조에 이어 익산 택시 기사 살인 사건과 무기수 김신혜 사건에서도 기적 같은 일이 일어났다. 기성 매체나 법조계가 그저 귀찮아서, 아니면 돈이 안 돼서 지나쳤던 일을 이들이 뒤바꿨다. 단순히 재심과 무죄를 이끌어 냈다는 차원을 넘어, 이제 이들의 존재는 한국의 사법 시스템에 켜진 경고등이 됐다. 두 사람의 책『지연된 정의』는 경쾌한 '버디 무비'와 존 그리샴의 법정 스릴러, 셰익스피어의 희곡을 동시에 보는 느낌이다. 자칭 백수 기자와 파산 변호사가 의기투합하면서 나눈 말. "변호사나 기자나, 그냥 보면 안 보이는 걸 세상 사람들이 볼 수 있게 해줘야 해요."『지연된 정의』는 근래 최고의 논픽션이자, 진짜 기자와 진짜 변호사의 얘기다.

_김용진(〈뉴스타파〉 대표)

이 책에는 장애를 가진 부모 밑에서 지적장애인으로 태어나 억울하게 강도 살인범으로 몰린 사람의 이야기가 나온다. 진범이 잡혔지만, 애초에 그를 기소한 검사는 실수를 감추려고 진범 앞에서 '가짜 범인'을 윽박질러 다시 교도소로 보낸다. 양심의 가책을 받은 진범은 검사 앞에서 펑펑 운다. 우리의 주인공은 이 장면을 이렇게 회상한다. "세상에서…… 나를 위해…… 울어 준 사람은…… 그 사람뿐이었어요. 그 진범……."

우리 시대 법이 약자들을 어떻게 대해 왔는지 적나라하게 보여 주는 책. 잦은 한숨과 눈물 없이 읽기 힘들다. 가망 없는 재심 사건들을 맡아 억울하게 누명을 쓴 사람들을 위해 뛰어 온 박준영 변호사의 활동을 박상규 기자가 생생하게 정리했다. 법과 정의에 관심이 있는 모든 사람들에게 권한다.

_금태섭(국회의원)

재심은 확정된 판결에 대하여 사실 인정에 중대한 오류가 있는 경우에 당사자 및 기타 청구권자의 청구에 의하여 그 판결의 당부(當否)를 다시 심리하는 비상수단적인 구제 방법을 말한다.

_두산백과사전

1장

이탈한 자의 자유

피고인의 자백이 고문·폭행·협박·구속의 부당한 장기화 또는 기망 기타의 방법에 의하여 자의로 진술된 것이 아니라고 인정될 때 또는 정식재판에 있어서 피고인의 자백이 그에게 불리한 유일한 증거일 때에는 이를 유죄의 증거로 삼거나 이를 이유로 처벌할 수 없다.

_〈대한민국헌법〉 제12조 7항

피고인의 자백이 고문, 폭행, 협박, 신체구속의 부당한 장기화 또는 기망 기타의 방법으로 임의로 진술한 것이 아니라고 의심할 만한 이유가 있는 때에는 이를 유죄의 증거로 하지 못한다.

_〈형사소송법〉 제309조

첫 번째 이야기 ┃ 무모한 두 사람

> 단 한 번 궤도를 이탈함으로써 두 번 다시 궤도에
> 진입하지 못할지라도 하늘에 획을 긋는 별,
> 그 똥, 짧지만, 그래도 획을 그을 수 있는,
> 포기한 자 그래서 이탈한 자가 문득
> 자유롭다는 것을
>
> _김중식, 「이탈한 자가 문득」 중에서

사표를 낸 직후였다. 나처럼 머리카락은 없지만 수염은 덥수룩한 후배 기자와 마주 앉았다. 우리는 함께 국수를 먹었다. 국수 한 그릇을 다 비울 무렵 후배가 물었다.

"선배, '기자' 직함 버리기 쉽지 않을 텐데요. 정말 괜찮으세요?"

고춧가루 몇 개 붙은 빈 국수 그릇이 나처럼 보였다. 정곡을 찔렸으니 이를 앙다물어도 소용없었다. 눈물이 뚝 떨어졌다. 굳이 숨기지 않았다. 눈물이 내 대답이었으니까.

10년을 다닌 언론사에서 자발적 퇴사. 쉬운 결정은 아니다. 두렵고, 떨리고, 무섭고, 쓸쓸했다. 회사 울타리를 넘으면 어떤 세상이 펼쳐질지 설렘보다 걱정이 컸다. 밤잠을 설쳤고, 자다 깨면 다시 잠들지 못했다. 서울에서 정규직 기자 생활 10년, 그 시간이 나를 이렇게 만들었다. 울타리 너머를 상상하는 것만으로도 덜컥 겁을 먹는 존재로.

한국 사회에서, 특히 서울 사대문 안의 기자들은 대체로 좋은 대접을 받는다. 과거에 비해 위상이 많이 추락했어도 기자라는 직업을 밝히면 상대방의 눈빛이 달라진다. 직업에 귀천이 없다는 오래된 '말씀'은 전문직을 우대하는 한국적 현실에선 언제나 무력했다.

특히 서울 사대문 안은 전문직 고학력자, 고위 공무원, 대기업 화이트칼라 노동자, 정치인 등이 중심인 세상이다. 인적 구성만 화려한 게 아니다. 교통, 문화시설, 상업 지구, 치안 등 대한민국 어느 곳보다 사회적 인프라가 좋다.

백수가 되어 이런 '서울 사대문 문화권'을 벗어나려니 마음이 복잡했다. 겉으로는 대범한 척했지만, 나의 내면은 속물적 욕심으로 가득했다. 후배가 툭 던진 질문에 뚝 떨어진 눈물이 그 증거다.

사람, 참 묘한 존재다. 사실 언론사를 퇴사하기로 결심한 큰 이유 중 하나는 서울 사대문 안에서 느껴 온 이질감과 열등감 때문이었다.

〈오마이뉴스〉 입사 5년 차였던 2010년 1월 4일 아침의 일이다. 그날 서울에 엄청난 폭설이 내렸다. 미숙한 대응으로 당시 오세훈 서울시장이 큰 비판을 받았다. 사회부 기자였던 나는 폭설 현장과 서울시의 대응 등을 취재했다.

세종문화회관 옆 스타벅스에서 기사를 썼다. 기사를 송고했을 때는 여전히 오전이었다. 창밖 광화문광장에는 계속 눈이 내리고 쌓였다. 환경미화원과 공무원은 눈을 치우느라 허덕였지만, 기사를 이미 넘긴 내 마음은 편안했다. 눈앞에 따뜻한 커피가 있고, 커피 향 가득한 스타벅스에는 좋은 음악이 흐르고, 창밖에는 눈이 내리고……. 행복했다. 그러다 문득 이런 생각이 들었다.

'내가 이렇게 편안해도 될까? 서울 사대문 안에서 내가 이렇게 살아도 될까?'

사대문 안에서 일한다는 우월감과, 내가 과연 이곳과 어울리는 존재인가 하는 열등감이 교차했다. 사실 솔직한 마음의 추는 열등감 쪽으로 기울었다. '사대문 안 사람들'을 주로 만나면서 동질감보다는 이질감을 많이 느꼈으니까.

서울 사대문 안은 채에 걸러진 알갱이들 같은 엘리트와 권력자 중심으로 체계적으로 짜인 세상이다. 속칭 '지잡대'를 평점 2.55로 졸업해 공장 비정규직 노동자로 일하다 우연히 기자가 된 나는 사대문 안에서 변방의 외부자였다.

살면서 자주 만난 익숙한 존재들이 사대문 안에서는 잘 보이지 않았다. 생산직 노동자, 동네 구멍가게에서 술 마시다 갑자기 싸우는 아저씨들, 백인이 아닌 외국인, 결혼 이민 여성, 농민, 가출 청소년, 교도소, 화장터, 굴뚝 공장 등 말이다.

익숙하지 않은 것들에 둘러싸인 존재가 외로움을 느끼는 건 당연하다. 문득, 사대문 밖으로 나가고 싶어졌다. 권력을 감시한다는 명목으로 너무 많은 기자들이 사대문 안에 몰려 있기도 했다. 스스로 말하지 못하거나 그럴 힘이 없는 존재들을 외면한 채 엘리트와 권력자의 목소리를 열심히 기사로 옮기는 일도 재미없었다.

떠나기로 마음먹어도 결단하기는 쉽지 않았다. 불안에 떨며 새로운 출발선에 서기를 망설일 때, 이를 단칼에 잘라 버린 인물이 '닥터K' 류영준이다. 황우석 사건 당시 최초 내부 고발자였던 그는 진실을 말했다는 이유로 무려 8년간 여러 고생을 했다. 2014년 초가을, 그를 인터뷰하면서 퇴사 고민을 밝혔다.

"잘 생각하셨습니다. 사람은 때로 벼랑 끝에 서야 합니다. 걱정 마세요. 살길이 열릴 겁니다."

'도망자'로 한 세월을 산 류영준의 말이 큰 위로와 격려가 됐다. 슬픔과 상처 없는 사람 없듯이, 불안과 걱정 없는 인생 역시 없을 거다. 내게 필요한 건 '떠날 준비'가 아니었다. 글쓰기에는 마감이 필요하듯이, 어떤 선택에는 준비보다 결단이 더 중요하다.

오연호 〈오마이뉴스〉 대표에게 A4 용지 네 장에 이르는 장문의 사직서를 이메일로 보냈다. 한 대목은 이렇다.

안정적인 복지 시스템도 없는 사회에서, 나 스스로 정규직을 버리려니 두려움도 큽니다. 하지만 이대로 가만히 있는 것도 저의 발전에 도움이 되지 않을 듯합니다. 두려움과 걱정 없는 인생이 어디 있겠습니까.

저는 사대문 안에 없는, 있어도 잘 보이지 않는 이야기를 찾아, 사대문 밖으로 나가겠습니다. 그것이 폭설이 내린 그날 아침 광화문에서 우월감과 열등감을 동시에 느낀 제가 가야 할 길이 아닌가 싶습니다.

사표는 수리됐다. 나는 아무 계획이 없었다. 당장 할 일이 없다는 건, 무엇이든 할 수 있다는 열린 가능성이라고 자위했다. 눈물이 나고, 가슴이 떨리고, 두려웠다. 그래서 다행이기도 했다. 두렵거나 떨리지 않으면 길이 아니니까.

두려움과 떨림도 재산이라 생각하고 일단 걸어 보기로 했다. 벼랑 끝에 도착할 무렵, 저쪽에서 위태로운 한 남자가 보였다. 박준영 변호사였다. '집도 절도 죽도 밥도 다 떨어져 빈 몸'인 그가 내게 다가왔다. 순간 나는 뒷걸음질 쳤다.

가만 보니, 그도 나처럼 머리카락이 별로 없었다. 우라질, 우리 둘은 무모했다.

두 번째 이야기 | 부담스러운 변호사

10년을 다닌 직장에 사표를 냈으니 우선 좀 놀고 싶었다. 많은 휴식, 여유로운 일상, 편안한 독서, 자유로운 여행…… 뭐 이런 거

말이다. 물론 취재와 글쓰기는 계속할 생각이었다. 조금 쉰 다음에 말이다. 이런 꿈은 박준영 변호사를 만나면서 깨졌다.

"그러게 왜 제게 페이스북 친구 신청을 했어요! 다 운명이에요. 그냥 그렇게 받아들이세요."

정말 운명일까? 그렇게 믿어야 마음이라도 편할 듯하다. 박 변호사 말대로 출발은 그 죽일 놈의(?) 페이스북 친구 신청이었다.

사표가 처리돼 퇴사를 목전에 둔 2014년 12월이었다. 박 변호사 얼굴이 페이스북에 '알 수도 있는 사람' 란에 떴다. 별 생각 없이, 아무 뜻도 없이 친구 신청을 했다. 그가 바로 수락했다. 그는 이산가족이라도 만난 것처럼 반기면서 친한 척을 했다. 내가 페이스북에 글만 올리면 '좋아요'를 누르고, 댓글을 달았다. 자기 페이스북에 느닷없이 나를 칭찬하는 글을 올리기도 했다. 잘 알지도 못하면서 말이다. 당황스러웠다.

며칠 뒤, 내가 진행하는 강연에 박 변호사가 참석했다. 우린 뒤풀이 자리에서 많은 술을 마셨다. 나는 술에 약하다. 기억도 자주 잃는다. 그런 내게 박 변호사가 자꾸 말했다.

"박 기자님, 김신혜 알아요?"

"황신혜는 알겠습니다마는……."

"박 기자님, 김신혜 말이에요, 엄청 억울한 사람이에요."

"김신혜가 누굽니까?"

"무기수예요. 청주여자교도소에 있는데, 엄청 억울한 사람이에요."

"아, 네⋯⋯."

예의상 대답을 하고 약간 관심 있는 척했다. 그는 끈질겼다.

"근데, 김신혜 말이에요, 아버지를 죽였다는 혐의로 무기수가 됐는데요. 많이 억울한 사람이에요."

"그래요?"

"네! 경찰이 허술하게 수사를 했어요. 문제가 많은 사건입니다."

박 변호사의 이야기는 '김신혜'로 시작해 '김신혜'로 끝났다. 이쯤 되면 나도 감이 온다. 무기수 김신혜 사건을 박 변호사가 맡았고, 내게 관련 보도를 부탁하고 있다는 걸 말이다.

"변호사님, 죄송합니다. 제가 곧 퇴사를 합니다. 곧 백수가 되니 도와드릴 수가 없을 것 같네요. 정말 죄송합니다."

박 변호사의 눈이 빛났다.

"잘됐네요! 나는 사무실 내놨어요. 고용 변호사 두 명이랑 직원들도 다 내보냈어요. 난 거의 망했어요! 김신혜 씨 사건 취재는 대충 하면 아무것도 얻을 수 없어요. 모든 걸 던져 몰입해서 취재를 해야 합니다. 같이 한번 해봅시다! 우린 운명이야!"

나는 다시 완곡하게 거부의 뜻을 밝혔다. 당장은 아니어도 곧 장의사를 해볼까 생각 중이라고 말했다. 우리 사회에서 인간의 죽음은 어떻게 처리되는지, 죽음이 어떻게 상품이 되는지, 죽음을 다루는 노동의 세계는 어떤지, 직접 장의사 일을 해본 뒤에 르포를 쓰겠다는 장기적인 계획을 이야기했다. 이번엔 박 변호사의 목소리가 커졌다.

"우리 아버지가 장의사였어요! 이야, 이거 끝내주네. 우린 정말 운명인가 봐요!"

그놈의 운명 타령, 부담스러웠다. 이때까지 나는 다가오는 박 변호사를 밀어내면서 방어에 꽤 성공적이었다. 며칠 뒤 박준영 변호사의 2차 공격이 시작됐다.

세 번째 이야기 | **고등어 두 마리**

며칠 전 술자리의 다른 기억은 없고, '김신혜'라는 세 글자만 선명히 남았다. 예의상(?) 나 역시 관심을 표해야 했다. 박 변호사를 만나기로 했다. 내가 그의 사무실로 가기로 한 날이었다. 박 변호사가 오전에 문자를 보냈다.

"박 기자님, 뭐 드실래요?"

술은 부담스러웠다. 답장으로 "술 말고, 저녁 먹고 커피나 한잔하시죠."라고 보냈다. 그에게 다시 문자가 왔다.

"그래도 간단히 한잔합시다. 육·해·공 중에서 뭐 좋아하세요?"

술을 아예 못하는 처지는 아니니, 더 빼면 예의가 아니었다. 간단히 답장을 보냈다.

"'해'요."

해산물을 좋아하니, 그걸 먹자는 뜻이었다. 메시지는 짧았지만, 기대는 컸다. 어쨌든 변호사 아닌가. 좋은 식당에서 꽤 맛있는 생선회를 살 것이라 기대했다. 당시 나는 그가 파산의 길에 들어선 변호사인 줄 몰랐다.

저녁 시간에 맞춰 수원지방법원 근처 그의 사무실 앞에 도착해 전화를 했다. 박 변호사는 올라오라고 말했다. 자기 사무실을 보여준 뒤 식당으로 가려나 보다 생각했다. 박 변호사 사무실에 도착해 문을 열자 생선 비린내가 훅 끼쳐 왔다. 각종 서류로 지저분한 책상 한편에 프라이팬이 올려진 휴대용 가스버너가 보였다. 프라이팬 위에 등 푸른 고등어 두 마리가 누워 있었다.

"고등어 좀 구워 봐요. 제가 밥 퍼올게요."

시키는 대로 고등어를 구웠다. 살도 통통하지 않은 비쩍 마른 녀석들이었다. 박 변호사가 갓 지어 김이 모락모락 올라오는 흰 쌀밥을 퍼왔다. 뜨거운 국도 퍼왔다. 두부를 넣은 굴국이었다. 우린 마주 앉아 고등어구이와 굴국으로 밥을 먹었다. 육·해·공 중에서, 정확히 '해'로 차려진 밥상이긴 했다.

묵묵히 밥을 먹었다. 그때까지 기대를 버리지 않았다. 밥을 소박하게(?) 먹고 2차로 꽤 괜찮은 음식점에 갈 것이라 생각했다. 하지만 박 변호사는 자리를 뜰 생각이 없어 보였다.

식사가 끝나고 이어진 2차는 '막걸리 타임'. 박 변호사는 또 '해'

로 술상을 차렸다. 그는 오징어를 굽기 시작했다. 짧지 않은 음주 인생에서 막걸리와 마른오징어 조합은 그날이 처음이었다. 박 변호사는 오징어를 씹으며 나를 보고 해맑게 웃었다.

술을 마시며 꽤 많은 이야기를 나눴다. 거의 그가 이야기를 했다. 이야기의 9할은 '김신혜'로 시작해 '김신혜'로 끝났다.

박준영 변호사는 '고졸'이다. 흔히 말하는 '명문고'가 아닌 전남 완도에 딸린 작은 섬 노화도에 있는 종합고등학교를 나왔다. 어쩌면 그는 개천에서 태어난 마지막 용인지도 모른다. 하지만 개천의 용도 이제는 개천이 흐르는 시골에서나 알아준다. 날고 기는 화려한 스펙의 법률가가 많은 법조계에서 그는 아웃사이더일 뿐이다.

솔직히 말하자. 당신이라면 저 촌구석 종합고등학교 학력이 전부인 변호사에게 사건을 맡기겠는가, 아니면 서울 법대 나온 고위 판검사 출신의 변호사를 찾아가겠는가. 전관예우를 욕하면서도 우리 발길은 본능처럼 전관으로 향한다.

그에게 사건을 맡기는 사람은 없었다. 박준영 변호사는 먹고살기 위해 한 건당 20만~30만 원을 받고 국선 사건을 수없이 맡았다. 변호사조차 선임할 수 없는 가난한 사람들이 그의 주요 고객이었다. 그는 국선변호인으로서 수원 노숙 소녀 상해 치사 사건의 지적장애인, 노숙인, 가출 청소년을 포함한 피고인 일곱 명의 무죄를 이끌어 내기도 했다. 2015년 제3회 변호사공익대상을 그가 받았다. 공익 활동을 가장 잘한 변호사에게 주는 상이다.

재심으로 유명해졌지만, 그것이 그의 발목도 잡았다. 재심이 필요한 사람은 대개 가난한 사회적 약자다. 수임료를 기대하기 어려운 사람들이다. 무료로 이런 재심 사건을 맡다 보니 '좋은 시절'은 다 가고 사무실 월세도 못 내는 처지가 됐다. 누구나 그렇듯, 술이 오르자 그도 말이 많아졌다.

"일을 해보니까 알겠더라고요. 돈을 많이 벌면서 공익 활동을 한다? 그게 거의 불가능해요. 약자를 위하는 일은, 자기를 희생하는 일이에요. 그들의 삶을 모르면서 어떻게 그들을 도와요?"

나도 취했다. 막걸리와 마른오징어 앞에 장사 없다. 내가 "그래도 돈을 벌어야 먹고살죠. 처자식도 있으면서……."라고 말했다. 박 변호사는 "그건 제가 알아서 할게요."라고 말했다. 많이 취했나 보다. 내가 같은 말을 반복했다. 그러자 그가 버럭 했다.

"너나 걱정하세요! '조·중·동'도 아니고 〈오마이뉴스〉 사표 낸 기자가 웬 변호사 걱정?"

그래, 오지랖이 넓었다. 술기운 탓에 이런저런 설명과 수식어 없이 내가 물었다.

"왜 김신혜를 도와요?"

"그 여자가 아버지를 안 죽였으니까! 안 죽였는데, 그 고생을 하고 있잖아요! 그런 사람 (교도소에서) 꺼내야 하는 거 아니에요? 변호사는 그런 일 하는 사람이에요!"

그가 오징어를 질겅질겅 씹으며 목소리를 높였다.

"주먹으로 치고 몽둥이로 때리는 고문보다 잔혹하고 교묘한 게 뭔 줄 알아요? 많이 배워서 똑똑한 놈들이 저지르는 '조서 조작'이에요! 이게 정말 무서운 거예요. 때리면 흔적이라도 남죠. 교묘하게 피의자가 허위 자백하게 만들고 조서 조작하는 건 훗날 검증하기도 어려워요. 배운 놈들이 요즘 그런 짓을 한다니까!"

술자리가 끝날 무렵, 우린 둘이서 '러브샷'을 몇 번 했다. 아무리 취했어도 그의 몇 마디 말은 기억에 또렷했다.

"변호사나 기자나, 그냥 보면 안 보이는 걸 세상 사람들이 볼 수 있게 해줘야 해요. 당신이나 나나, 그런 거 해야 해요. 안 보이는 걸 보여 줘야지……. 안 그래요?"

'안 보이는 걸 보여 줘야 한다.'

몇 번의 러브샷 끝에, 나는 김신혜 사건을 보도하기로 마음먹었다. 박준영 변호사와 나의 첫 스토리펀딩 기획 '그녀는 정말 아버지를 죽였나'는 그렇게 무작정 시작됐다. 익산 약촌오거리 택시 기사 살인 사건, 삼례 나라슈퍼 3인조 강도 치사 사건 기획 보도는 계획에 없었다. 김신혜 사건을 하다 보니 자연스럽게 이어졌을 뿐이다. 이런 생각을 자주 한다.

'고등어구이와 굴국이 아닌 비싼 일식집에서 박 변호사가 생선회를 샀다면? 그가 김신혜 씨를 도와야 하는 이유를 그럴듯하게 치장해 설명했다면?'

아마 나는 박 변호사와 함께 활동하지 않았을 거다. 비쩍 마른

고등어 두 마리는 초라했으나 그의 진정성이 보였다. 사람의 마음은 작고 세밀한 것에서 보이기 마련이다. 변호사 사무실을 가득 채웠던 생선 비린내는 고급 일식집을 기대했던 나의 내면을 돌아보게 했다.

언론사를 떠나 박준영 변호사와 함께 활동한 2년. '변호사란 무엇인가', '기자는 무엇을 해야 하는가'를 많이 고민한 시간이었다. 꽃길은 아니어도 괜찮은 길을 걸은 것 같다. 길은 그렇게 복잡하지 않았다.

대신에 생각은 좀 복잡해지고 몸은 고단해졌다. 〈오마이뉴스〉에 마지막으로 출근한 날은 2014년 12월 31일. 그 뒤 곧바로 어려운 사건 기록을 살펴야 했다. 보험금을 노리고 아버지를 살해했다는 혐의로 무기수가 된 김신혜 씨. 간단한 사건이 아니다.

경찰·검찰 수사 기록, 공판 기록, 재심 기록 등을 읽고 노트에 필기하며 복잡한 퍼즐을 맞춰야 했다. 안 그래도 안 좋은 머리에서 쥐가 났다. 육체적 피곤보다 정신적 고통이 컸다. 악몽을 자주 꾸었다. 꿈속에서 진범은 그녀였고, 나는 몰락했다. 그런 날은 종일 괴로웠다.

인연이란 게 참 기가 막힌다. 학연·지연·혈연의 줄을 잡아 어떻게든 출세하려고 안달인 세상. 박 변호사는 재심이라는 어려운 길을 따라 고향 완도로 돌아갔다. 김신혜 사건은 완도에서 벌어졌다.

서울에서 완도까지, 그 먼 길을 수없이 오갔다. 사법부가 확정판결 한 사건을 뒤집기 위한 증거를 수집해야 했다. 재심이 참 어렵다지만, 완도까지 오가는 길도 힘들고 고단했다. 박 변호사와 나는 주로 새벽에 출발해, 그다음 날 새벽에 돌아왔다. 섬에서 하루 정도 자도 괜찮을 텐데, 어린 자식이 둘이나 있는(1년 뒤 자식은 셋으로 는다) 박 변호사는 웬만하면 집으로 돌아왔다.

힘들면 교대로 운전대를 잡고, 차 조수석에서 눈을 붙였다. 이러다가 재심이 되기도 전에 우리가 교통사고로 죽는 건 아닐까 할 정도로 졸리면 고속도로 휴게소에 차를 세우고 잠을 잤다. 세상의 끝은 별다른 곳이 아니다. 그때 우리에겐 전남 완도가 세상의 끝이었다. 밤하늘에 흰 선을 긋는 별똥별처럼 우리를 태운 차는 세상의 끝으로 잘도 달렸다.

두려운 것은 별로 없었다. 내겐 퇴직금 1500만 원이 있었고, 당시 박 변호사도 완전히 파산 상태는 아니었다. '1억 원 마이너스' 통장에 약간의 여유가 남아 있었다.

이걸 밑천으로 2년을 함께 달렸다. 우리의 이야기 '삼례 3인조' 부터 시작한다.

© 이희훈
2016년 10월 28일 전주지방법원. 삼례 나라슈퍼 3인조 강도 치사 사건 무죄 선고를 받은 뒤.

"세상의 끝은 별다른 곳이 아니다.
그때 우리에겐 전남 완도가 세상의 끝이었다.
밤하늘에 흰 선을 긋는 별똥별처럼 우리를 태운 차는
세상의 끝으로 잘도 달렸다.
우리는 보이지 않는 것을 보려 했다."

2장

가짜 살인범 3인조의 슬픔

재심은 다음 각 호의 1에 해당하는 이유가 있는 경우에 유죄의 확정판결에 대하여 그 선고를 받은 자의 이익을 위하여 청구할 수 있다.

1. 원판결의 증거된 서류 또는 증거물이 확정판결에 의하여 위조 또는 변조인 것이 증명된 때

2. 원판결의 증거된 증언, 감정, 통역 또는 번역이 확정판결에 의하여 허위인 것이 증명된 때

3. 무고로 인하여 유죄의 선고를 받은 경우에 그 무고의 죄가 확정판결에 의하여 증명된 때

4. 원판결의 증거된 재판이 확정재판에 의하여 변경된 때

5. 유죄의 선고를 받은 자에 대하여 무죄 또는 면소를, 형의 선고를 받은 자에 대하여 형의 면제 또는 원판결이 인정한 죄보다 경한 죄를 인정할 명백한 증거가 새로 발견된 때

6. 저작권, 특허권, 실용신안권, 의장권 또는 상표권을 침해한 죄로 유죄의 선고를 받은 사건에 관하여 그 권리에 대한 무효의 심결 또는 무효의 판결이 확정된 때

7. 원판결, 전심판결 또는 그 판결의 기초 된 조사에 관여한 법관, 공소의 제기 또는 그 공소의 기초 된 수사에 관여한 검사나 사법경찰관이 그 직무에 관한 죄를 범한 것이 확정판결에 의하여 증명된 때, 단 원판결의 선고 전에 법관, 검사 또는 사법경찰관에 대하여 공소의 제기가 있는 경우에는 원판결의 법원이 그 사유를 알지 못한 때에 한한다.

_〈형사소송법〉제420조(재심이유)

낯선 세 남자

수사의 핵심에는 역설이 있다.
범죄자들은 범죄행위에 관한 정보를 제일 많이 가지고 있지만,
그 정보를 경찰에 제공할 동기는 제일 적게 가지고 있다는 점이다.

_마틴 인스(Martin Innes)

콩나물국밥에서는 서리 같은 하얀 김이 모락모락 피어올랐다. 앞에 앉은 세 남자는 내 눈을 똑바로 쳐다보지 않았다. 모두 허공을 바라봤다. 아무도 입을 열지 않았다. 한 남자가 어색함을 깨려는 듯 수저를 들어 콩나물국밥에 푹 담갔다.

국밥을 먹기 위해 그가 입을 벌렸다. 그의 입안이 창밖 어둠처럼 검었다. 내가 잘못 봤나 싶었다. 그가 다시 국밥 한 수저를 먹으려고 입을 벌렸을 때도 마찬가지였다. 그의 입은 확실히 검었다. 흰 앞니가 있어야 할 자리가 비었다. 그의 검은 입이 자꾸 신경 쓰였다.

박준영 변호사가 두툼한 서류 뭉치를 꺼내 세 남자에게 하나씩 건넸다.

"재심 청구서입니다. 집에서 한 번씩 읽어 보세요. 이번에 누명 벗어야죠! 잘될 거니까 너무 걱정들 마세요."

세 남자는 약 100쪽에 이르는 재심 청구서를 쭉 훑어봤다. 검은 입의 남자는 재심 청구서에 무심해 보였다. 박 변호사는 앞으로 할 일에 대해 열심히 설명했다. '검은 입' 옆에 앉은 한 남자가 입을 열었다.

"변호사님…… 재심…… 열리면…… 저 때렸던…… 그 경찰들도…… 다…… 나와요?"

"당연하죠! 제가 증인으로 부를 겁니다!"

"그럼…… 저는…… 법원에…… 안 가면 안 돼요?"

왜 저리 말을 더듬는지, 갑자기 법원에 가기 싫다는 건 또 뭔지. 돌아가는 상황이 이상했다.

"경찰한테…… 제가…… 많이…… 맞아서…… 지금도…… 무서워요."

식당에 정적이 흘렀다. 말하지 않아도 세 사람 모두 비슷한 심정인 듯했다. 식탁에 놓인 콩나물국밥에서 하얀 김만 모락모락 올라왔다. 말없이 가만히 있던 남자 한 명은 큰 눈을 이리저리 돌리며 분위기를 살폈다. 가만 보니, 코가 왼쪽으로 휘었다.

'이 분위기는 뭐지?' 하며 나는 박 변호사를 쳐다봤다. 박 변호사도 할 말을 잃었는지 하얀 김이 올라오는 콩나물국밥을 가만히 바라봤다. 그가 분위기를 '업' 시키려는 듯 웃으며 목소리를 높였다.

"쫄지 마세요! 옛날에 여러분들 수사받을 땐 혼자였지만, 이제는 제가 있잖아요! 여기 박 기자님도 같이 법원에 갈 거예요."

박 변호사가 내 어깨를 툭 쳤다. 그러더니 "같이 갈 거죠?" 하며 간절한 눈빛으로 내게 동의를 구했다.

"나도 법원에 가고, 박 기자님도 가니까 겁먹을 필요 하나도 없어요! 우린 여러분 편입니다! 저를 믿으세요, 저를! 자, 국밥 식으니까 일단 밥부터 먹읍시다."

박 변호사는 믿음 타령을 시작했다. 우리는 한동안 말없이 밥을 먹었다. 나야말로 분위기 파악이 안 됐다. 뜨거운 콩나물국밥을 퍼먹으면서 자꾸 내 앞에 앉은 세 남자를 바라봤다. 그들은 지금까지 내가 주로 만나 온 사람들과 많이 달랐다. 2015년 2월, 전주의 한 식당에서 '삼례 3인조'를 처음 만났을 때 이야기다. 완도에서 김신혜 사건을 취재하고 서울로 올라가던 중 잠시 전주로 빠져 이들을 만났다.

박 변호사는 그때까지 내게 말하지 않았다. 1999년 2월 6일 발생한 '삼례 나라슈퍼 3인조 강도 치사 사건'의 범인으로 몰려 살인 누명을 쓴 3인조 중 두 명에게 지적장애가 있고, 한글을 읽고 쓰는 데 어려움을 느낀다는 사실을 말이다.

서울로 향하는 차 안에서 박 변호사에게 물었다. 비장애인도 읽기 힘든 재심 청구서를 그들에게 굳이 왜 줬냐고. 그거 줘봤자 제대로 읽기나 하겠냐고.

"재심 청구 당사자인데, 당연히 줘야죠! 지적장애가 있다고 절차를 안 지키거나, 설명을 생략하면 안 됩니다. 다른 사람과 똑같이 대해야죠. 가난한 지적장애인이라고 무시하고 인간 취급도 안 해서 이 사달이 난 거 아닙니까!"

사실 이 순간까지도 박준영 변호사와 나는 스토리펀딩으로 '삼례 3인조 사건'을 세상에 알릴 계획이 없었다. 우린 무모하게 특별한 계획 없이 김신혜 사건 기획을 시작했고, 이때는 한창 관련 소식을 세상에 알릴 때였다. 다른 계획도, 예정된 일도 없었다. 김신혜 사건 기획 보도가 끝날 즈음에 박 변호사가 말했다.

"박 기자님, 삼례 3인조 사건도 스토리펀딩 기획으로 한번 진행해 볼까요?"

고등어 두 마리에 낚일 때처럼 별 생각 없이 '오케이'했다. 복잡하게 생각하고, 이것저것 따지는 건 우리 스타일이 아니었다.

그놈의 낮고 가는 목소리

그놈 목소리는 낮고 차분했다.

"움직이면 죽여 버린다."

놈은 목에 흉기를 갖다 댔다. 금속의 차가운 느낌이 온몸으로 퍼졌다. 눈을 떠도 보이는 건 없었다. 캄캄한 새벽이었다. 한 놈이 아니었다.

"돈 어디에 있어?"

금속의 흉기만큼 차가운 목소리. 최성자 씨는 꼼짝하지 않은 채 "돈은 장롱에 있다."고 말했다.

"가만히 있으면 네 자식이랑 남편 살려 줄게."

목에 흉기를 댄 강도의 목소리는 작고 차분했다. 캄캄한 새벽, 아무것도 보이지 않았다. 강도에게 제압된 어미는 어둠을 더듬어 새끼를 끌어안았다. 다섯 살 아들을 보호해야 했다. 다행히 아들은 잠에서 깨지 않았다.

떨리는 몸으로 아들을 꼭 감쌌다. 어쩌면 이 체온이 어미가 아들에게 주는 마지막 온기일지도 몰랐다. 녀석은 목에서 차가운 흉기를 떼지 않았다. 어미는 아들을 살리고 싶었다. 아들에게 끔찍한 기억도 남겨 주고 싶지 않았다.

'아들아, 깨지 마라. 엄마가 안고 있단다. 너는 내 품에 있단다.'

어둠 속에서 강도들은 마음대로 집을 뒤졌다. 강도들이 움직이는 소리만 들렸다. 누군가 고모님 유○○(당시 77세)의 방으로 간 듯했다.

"누구야!"

고모님의 짧은 외침이 들렸다. 세상은 다시 조용해졌다. 잠시 뒤 방문을 통해 차가운 바람이 들어왔다. 왔을 때처럼 녀석들은 소리 없이 도망갔다. 반지, 목걸이, 팔찌 등 결혼 패물과 현금 45만 원을 훔쳐 갔다. 녀석들은 사람 목숨도 앗아 갔다. 건넛방에서 잠자던 고모님이 질식사했다.

1999년 2월 6일 새벽 4시께 전북 삼례 나라슈퍼에서 벌어진 일이다.

수사에 돌입한 완주경찰서는 한참을 헤맸다. 명확한 물증도 목격자도 없었다. 강도들은 딱 하나만 남겼다. 경상도 사투리의 낮고 가는 목소리. 최성자 씨는 그 목소리를 하루도 잊은 적이 없다. 완주경찰서에서도 목소리에 대해 진술했다. 사건 발생 이후 약 열흘 뒤 경찰에게서 연락이 왔다.

"범인들을 체포했습니다. 3인조입니다."

최성자 씨는 곧바로 경찰서로 달려갔다. 고모님을 사망하게 만든 그들의 얼굴을 직접 보려고 했다. 목소리만 들으면 진범이 맞는지 알 수 있었다.

"그런데 경찰이 만나지 못하게 막더라고요. 좋지도 않은 일인데, 뭐 하러 만나려 하느냐면서 극구 말리더라고요. 아주 나쁜 놈들이니 그냥 보지도 말라는 거예요."

경찰의 말을 따랐다. 그날 그 새벽 이후, 최 씨의 삶은 달라졌다. 세월도 지울 수 없는 공포와 상처가 최 씨 가슴에 남았다.

"16년 전 일인데, 지금도 어두워지면 밖에 안 나가요. 해 떨어지기 전에 집에 들어가고요. 혼자 엘리베이터도 못 타요. 정신적 충격이 너무 커서요. 생각하면 지금도 너무 무서워요."

그날의 그 강도들 때문만은 아니다. 상상도 못 할 일, 경찰의 범인 조작이 최 씨를 괴롭혔다. 완주경찰서가 체포했다는 3인조는 가짜였다. 진실은 저 남쪽, 부산에서부터 뚜벅뚜벅 걸어왔다.

"사건이 발생하고 나서 약 1년 뒤 부산지방검찰청(부산지검)에서 전화가 왔어요. 강도에게 빼앗긴 패물에 대해 묻더라고요. 그쪽에서 말하는 패물 모양, 색깔이 내가 잃은 것과 똑같더라고요! 참 이상하다 싶었죠."

진실의 한 부분은 전주에서도 출발했다. 교도소에서 재소자 상담 활동을 하는 한 천주교 교화위원에게 연락이 왔다. 그는 상담 활동을 하다 이상한 점을 발견했는데, 완주경찰서가 체포했다는 '3인조'는 가짜인 것 같다고 했다. 믿기 어려웠다. 교화위원의 요청으로 '3인조'의 우두머리로 지목된 임명선을 직접 교도소에서 면회했다. 그놈 목소리가 아니었다. 비슷하지도 않았다.

"완주경찰서 형사들이 가난한 집 지적장애인 아이들을 잡아다가 범인으로 조작했더라고요. 그걸 알고 어떻게 가만히 있을 수 있어요!"

내 자식이 소중하면 남의 집 자식도 소중한 법이다. 자식을 낳아 품고 길러 본 사람은 그걸 잘 안다. 엉뚱한 아이들이 죄 없이 교도소에 있다니. 최 씨의 삶은 또 한 번 달라졌다. 범죄 피해자, 그것도 살인 사건으로 가족을 잃은 그녀가 나섰다.

돌도 지나지 않은 둘째 아들을 등에 업고 부산지검으로 향했다. 검사가 진범을 수사하면서 녹음한 목소리를 들려줬다. 그놈이었다. 눈물이 쏟아졌다.

© 이희훈
2015년 9월 강인구, 임명선, 최대열이 사건 현장인 옛 삼례 나라슈퍼를 찾았다.
당시 나라슈퍼는 신축 공사를 앞두고 허물어진 상태였다.

"당시 나라슈퍼 정문 앞에 공중전화박스가 있었어요.
제가 직접 철공소에 부탁해 제작했으니, (일반적인
전화박스와는) 그 모양이 당연히 다를 수밖에 없죠.
그런데 '부산 진범 3인조' 진술서를 보니, 그걸 정확히
언급했더라고요."

"정말 견디기 힘든 고통이 뭔 줄 아세요? 내가 겪은 끔찍한 일 때문에, 아무 잘못 없는 남의 집 자식들이 교도소에서 그 고생을 한다는 죄책감입니다! 세상에나…… 제가 얼마나 미안했겠어요. 내가 죄인이 된 기분이었다니까요!"

최 씨는 경찰의 수사 기록을 입수해 읽어 봤다. 가슴을 후벼 파는 고통이 시작됐다. 자신이 완주경찰서에서 피해자 진술을 할 때 실수로 사실과 다르게 했던 말이 고스란히 '가짜 3인조'의 말로 둔갑해 있었다. 형사들은 최 씨의 말을 그대로 '복사'해 3인조가 한 진술처럼 '붙여넣기'를 했다.

"당시 집에 있던 현금 45만 원을 모두 강도들이 가져간 줄 알았어요. 45만 원을 강도당했다고 경찰에게 말했죠. 그런데 며칠 뒤에 보니까 남편 옷에 현금 30만 원이 그대로 있더라고요. 이를 경찰에 알리지 못했는데요. 글쎄 '가짜 3인조'의 피의자 신문조서를 보니까, 자기들이 45만 원을 훔쳤다고 진술했더라고요. 이게 뭡니까. 제가 실수한 말을 그대로 가져다가 짜맞추기 수사를 한 거죠."

최 씨는 부산지검이 수사했던 '진범 3인조'의 수사 기록도 확보해 읽어 봤다. 무서웠다. 그들의 진술은 사건 정황과 일치했다. '진범 3인조'는 최 씨가 살던 나라슈퍼 약도까지 정확히 그렸다.

"당시 나라슈퍼 정문 앞에 공중전화박스가 있었어요. 제가 직접 철공소에 부탁해 제작했으니, (일반적인 전화박스와는) 그 모양이 당연히 다를 수밖에 없죠. 그런데 '부산 진범 3인조' 진술서를 보니, 그

걸 정확히 언급했더라고요. 그때 살던 집 대문이 고장 나서 잠글 수가 없었거든요. 부산 진범들은 이것도 똑같이 말했어요. 그런데 '삼례 가짜 3인조'는 문이 잠겨 있어서 담을 넘어 집에 들어갔다고 진술했더라고요. 말도 안 되죠. 고장 난 문이 어떻게 잠겨! 그 모든 걸 완주경찰서 형사들이 조작한 거예요!"

최성자 씨는 한 걸음 더 나아가기로 했다. 억울한 가짜 살인범 3인조를 위해 뛰어들었다. 살인 사건의 피해자가 살인범으로 잡힌 사람들을 도와야 하다니. 기가 막힐 노릇이었다. 최 씨는 2000년 10월, 가짜 3인조를 위해 탄원서를 써서 법원에 제출했다.

> 재판장님, 저는 (완주경찰서가) 처음 범인을 잡았을 때 제가 알고 있는 유일한 단서인 범인의 목소리를 왜 확인시켜 주지 않았는지, 그게 참 원망스럽습니다. 부디 엎드려 빕니다. 삼례 애들이 범인이든, 부산 애들이 범인이든 정말 죄를 지은 사람에게 그 합당한 죄의 대가를 치르게 해주세요. 죄가 없는 사람은 빛을 보게 해주십시오.

그러나 법원과 수사기관은 '엎드려 빈다.'는 최 씨의 애원을 받아들이지 않았다. 진범을 처벌하지 않았고, 죄 없는 삼례 3인조를 계속 교도소에 가뒀다. 그리하여 국가는 살인 사건 피해자 최성자 씨의 가슴에 큰 못을 박았다.

"나 때문에 삼례 3인조 아이들이 피해를 본 것 같아요. 왜 저한테 이런 참담한 마음까지 갖게 하는지, 경찰이 너무 원망스러워요."

사건 당시 최 씨가 온몸으로 품었던 다섯 살 아들은 20대의 어른이 됐다. 최 씨는 자신이 겪은 끔찍한 일을 최근까지 아들에게 말하지 않았다. 혹시라도 아들에게 어두운 상처가 남을까 봐서다. 아들은 그날 그 새벽에 엄마가 자신을 어떻게 보호했는지, 왜 밤이면 밖에 못 나가는지, 왜 혼자 엘리베이터를 못 타는지 알지 못했다.

아들은 모든 진실을 2015년 9월에야 알았다. 최 씨가 16년 만에 그날의 일을 이야기했다. 뜬금없이 꺼낸 말은 아니었다. 엄마는 다시 진실을 밝히는 여정에 뛰어들기로 했다. 많은 시간이 흘렀지만 다시 한 번 가짜 살인범 '삼례 3인조'를 돕기로 했다.

"사실 다시 3인조를 도우려니 많이 힘들고 부담되더라고요. 그때의 상처와 공포가 여전하니까요. 그래서 아들에게 사실대로 이야기했죠. 3인조를 다시 만나고, 도우려니 망설여진다고요."

이번엔 아들이 엄마를 끌어안았다. 아들이 말했다.

"엄마 많이 힘들었겠네. 그래도 끝까지 힘내서 도와주자. 억울한 사람들인데."

아들의 응원이 최 씨를 북돋웠다. 나와 박준영 변호사가 삼례 사건을 다루는 스토리펀딩 기획 '가짜 살인범 3인조의 슬픔'을 시작하기 전에 삼례 3인조 강인구·임명선·최대열을 만나기로 했다. 삼례 3인조는 교도소에서 길게는 5년 6개월, 짧게는 3년 6개월씩 살고 나왔다. 사건 발생 후 16년이 흘렀지만, 여전히 누명을 벗지 못했다. 최 씨는 2015년 9월 전주의 한 카페에서 삼례 3인조를 만났다. 이들과 함께 있을 때 최 씨의 눈은 내내 젖어 있었다.

최 씨가 아들에게 끝까지 말하지 않은 게 있다. 끔찍한 사건이 발생했을 때 완주경찰서는 아무런 단서도 찾지 못한 채 한참을 헤매다가 범인으로 최 씨 부부를 의심했었다. 최 씨 부부가 재산을 노리고 고모님을 살해한 뒤 자작극을 벌이는 건 아닌지, 그렇게 생각하기도 했다.

"어처구니가 없더라고요. 그 형사들이 저까지 범인으로 엮으려 했다는 걸 생각하면 몸서리가 나요. 범인들보다 경찰이 더 무섭기도 해요."

범죄 피해자의 상처는 언제 아물 수 있을까? 이 공포는 언제쯤 끝날까? 얼마 뒤 최성자 씨가 박준영 변호사에게 문자메시지를 보냈다.

삼례 3인조의 인생 이야기를 알고 한참을 울었습니다. 오늘밤, 제가 지금까지 살면서 가장 슬프고 아픈 이야기를 들은 것 같습니다. 소설에나 있을 법한 이 친구들의 기막힌 사연을 어떻게 보상해 줄 수 있을까요. 어떻게 이렇게까지 잔인할 수 있을까요. (중략) 변호사님, 이 친구들 편에 서서 얘기 들어주시고, 위로해 주셔서 제가 감사드려요. 이 친구들의 억울함을 꼭 풀어주세요.

살인 누명을 쓴 삼례 3인조가 어떻게 살았기에 살인 사건 피해자가 한참을 울었을까.

가짜 살인범 강인구 | 화양연화

지적장애가 있는 강인구 씨는 말을 많이 더듬는다. 긴 말을 할 때면 힘들어 한다. 질문 내용을 종종 잘못 파악한다. 대화할 때 상대방의 눈을 잘 쳐다보지 않는다. 대신에 잘 웃는 편이다. 그는 어쩌다 살인 누명을 썼을까.

어색하게 콩나물국밥을 먹은 이후 7개월 만에 강 씨를 다시 만났다. 2015년 추석 연휴를 하루 앞둔 9월 25일, 전남의 한 중소 도시에 있는 강 씨의 집에서다.

강인구 씨는 보증금 25만 원, 월세 20만 원인 원룸에서 혼자 살았다. 냉장고는 있어도 음식은 없었다. 캔 커피 하나뿐이었다. 음식만 없는 게 아니다. 그에겐 없는 것투성이다.

그는 가족이 없다. 엄마는 그가 일곱 살 때 사망했다. 엄마에 대한 기억은 어렴풋이 있지만, 얼굴은 모른다. 지적장애가 있던 아버지는 술을 좋아했다. 술을 마시면 집에 들어오지 않았고, 취해서 돌아오면 엄마를 괴롭혔다. 왼쪽 팔에 장애가 있던 엄마가 생계를 책임졌다. 노점에서 호떡을 굽고, 과일도 팔았다. 늘 가난했고, 엄마는 괴로워했다.

그날도 아버지는 집에 들어오지 않았다. 슬프고 괴로운 모습으로 방에 누워 있었던 엄마는 흰 종이에 무언가를 써서 글을 모르는 일곱 살 강인구에게 내밀었다.

"이거 ○○가게 아저씨 보여 주고, 아저씨가 주는 거 받아 와."

강인구는 아픈 엄마를 위해 가게로 달려갔다. 종이를 받아 본 아저씨가 어떤 약을 줬다. 강인구는 다시 전속력으로 집으로 달음박질했다. 엄마를 돕는다는 생각에 가슴이 뿌듯했다. 엄마는 자리에서 일어나 입에 약을 털어 넣었다. 잠시 뒤 엄마 입에서 흰 거품이 일었다.

"엄마가…… 자꾸…… 침을 질질…… 흘리더라고요. 그래서 제가…… 옷소매로…… 엄마 입을…… 닦아 줬죠."

아무리 닦아도 엄마는 침을 계속 흘렸다. 일곱 살 강인구의 옷소매는 엄마 침으로 젖었다. 엄마가 힘겹게 말했다.

"인구야, 엄마 괜찮아. 엄마랑 같이 자자."

엄마는 팔베개를 해주며 강인구를 품에 꼭 안았다. 엄마 품은 따뜻했다. 그 품속에서 강인구는 까무룩 잠들었다. 다음 날, 엄마는 아무리 흔들어도 일어나지 않았다.

엄마의 죽음으로 세상은 더욱 어두워졌다. 아버지는 한글을 읽을 줄도, 쓸 줄도 몰랐다. 자기 이름도 못 썼다. 돈 계산도 어려워했다. 1만 원 내고 소주 한 병 사면, 가게 주인이 주는 대로 잔돈을 받아오는 식이었다.

아버지의 지적장애와 문맹은 강인구에게 이어졌다. 아버지는 술을 마시면 자주 강인구를 때렸다. 어린 강인구의 눈은 자주 "밤탱이가 됐다." 아버지의 방임 속에서 강인구는 혼자 자랐다. 느리게 이해하고, 더디게 생각하는 강인구에게 학교의 벽은 높았다. 초등학교 저학년 때는 결석을 많이 했다. 그의 생활기록부에는 이렇게 적혀 있다.

"정신박약으로 분별없는 행동(특수반)."

"급우들과 어울리기를 꺼려하고 정신연령이 낮은 편임."

어쨌든 학교는 다녔다. 서툴게 한글을 읽지만, 쓰기의 장벽은 높았다. 아버지는 가끔 학교 앞에서 아들을 기다렸다. 수업이 끝나면 아버지는 아들을 앞세워 은행으로 갔다. 자기 이름을 못 쓰는 아버지는 돈 찾는 일도 어려워했다.

강인구도 한글을 못 쓰는 건 마찬가지. 그야말로 진퇴양난이었다. 강인구가 아버지 이름을 말하면 은행 창구 직원이 종이에 써줬다. 아버지는 자기 이름이 적힌 종이를 보고 아들에게 말했다.

"그대로 그려."

강인구는 돈 찾는 종이에 아버지 이름을 그렸다. 강인구에게 글은 쓰는 게 아니라 그리는 거였다. 강인구는 중학교 2학년까지만 다녔다. 그의 나이 14세, 배가 고파 친구들과 동네 구멍가게에서

"뭐…… 내 인생이…… 계속…… 힘들었죠. 외롭고.
그래도…… 그때…… 있잖아요. 엄마가 나 끌어 안고……
마지막으로…… 잔 날…… 그때…… 정말…… 따뜻했어요. 생각해 보니……
그때가 제일…… 따뜻했고…… 행복…… 네…… 행복했어요."_강인구

돈을 한 번 훔쳤다. 그 일로 기소유예 처분을 받았다.

4년 뒤인 1999년 2월 어느 날, 텔레비전 뉴스에서 동네 이야기가 나왔다. 삼례 나라슈퍼에서 강도 치사 사건이 발생해 77세 할머니가 사망했다고 했다. 며칠 뒤인 2월 14일 밤 10시께, 완주경찰서소속 형사들이 강인구의 집을 덮쳤다. 강인구는 월세 10만 원짜리방에서 아버지와 둘이 살았다.

형사들은 18세 강인구에게 수갑부터 채웠다. 먼저 파출소에서조사를 받았다. 그 뒤 완주경찰서로 갔다. 한 형사가 강인구를 앞에앉히고 물었다.

"그 할머니, 네가 죽였지?"

무슨 소린지 몰라 어리둥절해 하다가 뺨을 맞았다. 눈앞에 별이보였다. 형사가 다시 물었다. 강인구는 아니라고 부인했다.

"이 씨발놈이 거짓말을 하네."

형사들이 그렇게 욕을 잘한다는 걸 그때 처음 알았다. 형사는 수갑 채워진 강인구를 일으켜 세우더니 발로 가슴을 찼다. 강인구는뒤로 넘어졌다.

"일어나, 씨발놈아. 죽였어, 안 죽였어?"

한 발을 강인구 가슴에 올려놓고 형사가 다시 물었다. 아니라고했다가 또 맞았다. 형사는 종이를 가져와 '자술서'를 쓰라고 했다.뭘 써야 할지도 모르겠고, 한글을 쓸 줄도 모르고……. 다시 찾아온진퇴양난. 흰 종이가 까마득한 바다로 보였다. 손에 펜을 들고 벌벌

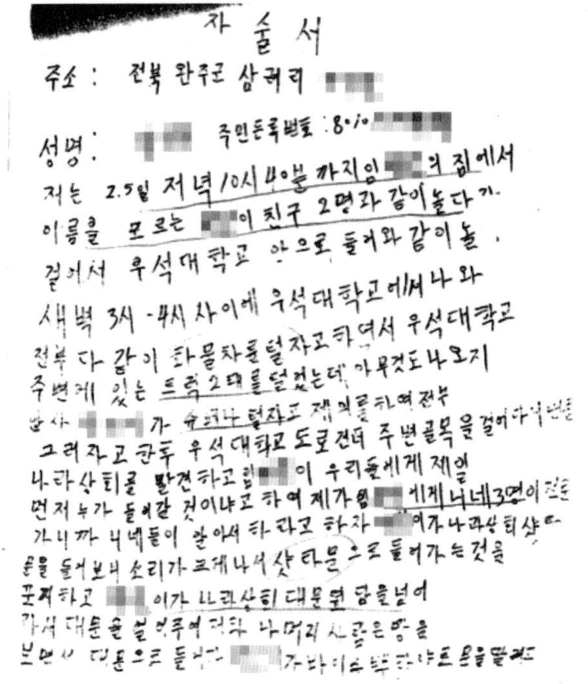

[redacted]
자술서
주소 : 전북 완주군 삼례리 [redacted]
성명 : [redacted] 주민등록번호 : 8010[redacted]
저는 2.5일 저녁 10시 40분 까지임 [redacted]의 집에서
이름을 모르는 [redacted]이 친구 2명과 같이 놀다가.
걸어서 우석대학교 안으로 들어와 같이 놀.
새벽 3시 -4시 사이에 우석대학교에서 나와
전부 다 같이 화물차를 털자고 하여서 우석대학교
주변에 있는 트럭 2대를 털었는데 아무것도 나오지
않자 [redacted]가 슈퍼나 털자고 제의를 하여 전부
그러자고 한후 우석대학교 도로건너 주변골목을 걸어다니면은
나라상회를 발견하고 [redacted]이 우리들에게 제일
먼저 누가 들어갈 것이냐고 하여 제가 [redacted]에게 너네 3명이 먼저
가니까 너네들이 알아서 하라고 하자 [redacted]이가 나라상회 샷다
문을 들어보니 소리가 크게나서 샷다문으로 들어가는 것을
포기하고 [redacted]이가 나라상회 대문옆 담을넘어
가서 대문을 열어주어 저와 나머지 사람은 망을
보면서 대문으로 들어가 [redacted]가 방이 두개 있냐고 문을 열려고

© 완주경찰서

"그대로 그려!"

한글을 쓸 줄 모르는 강인구에게 글은 쓰는 게 아니라 그리는 것이었다.

떨며 한참을 헤맸다. 사정을 모르는 형사는 강인구의 뒤통수를 후려 갈겼다.

"제가…… 글 쓸 줄 모르니까…… 형사가…… 되게 답답해…… 하더라고요. 뒤통수를…… 셀 수 없이…… 맞았죠."

한참 뒤에야 형사는 사태를 파악했다. 잠시 뒤 형사는 흰 종이에 뭔가를 적어 왔다. 오래전 아버지처럼 형사가 말했다.

"그대로 그려."

강인구는 다시 글을 그렸다. 무슨 내용인지도 모르고 일단 그렸다. 친구들과 나라슈퍼에서 강도짓을 하다가 할머니를 죽였다는 내용의 자술서. 강인구는 형사에게 또 맞을까 봐 자세히, 신중하게, 천천히, 정성을 다해 자술서를 그렸다.

한글을 쓸 줄 모르는 사람의 한글 자술서가 그렇게 완성됐다. 한글을 모르는 사람이 썼음에도 오탈자가 거의 없는 자술서. 지적장애인이 썼음에도 매우 긴 문장으로 상황을 논리적으로 설명하는 자술서. 세상에 이런 자술서가 또 있을까?

게다가 형사가 적어 준 것임에도, 강인구가 '그린' 자술서는 실제 사건 정황과도 맞지 않는다. 진짜 범인은 세 명인데, 형사는 범인을 네 명으로 설정해 놨다. 사건 당시는 어두운 새벽이었다. 피해자들의 눈은 가려진 상태였다. 피해자들도 범인을 세 명쯤으로 짐작할 뿐이었다. 웃어야 할까, 울어야 할까? 진짜 무서운 일은 그 뒤에 벌어진다.

검찰, 법원에서도 이 말이 안 되는 자술서는 문제가 되지 않았다. 그대로 무사통과, 증거로 채택됐다. 강인구는 글만 못 쓴 게 아니다. 그는 지금도 길게 논리적으로 말하는 걸 어려워한다. 그때도 다르지 않았다. 그럼에도 경찰과 검찰의 신문조서를 보면 강인구가 어떤 상황을 그림처럼 자세히 설명하는 것으로 나온다.

"그냥…… 자기들이…… 마음대로…… 적어요. 제가…… 그게 뭔지나…… 알았겠어요?"

당시 강인구는 아버지의 연락처도 못 외우는 18세 아이였다. 전주보호관찰소 보호관찰관 신○○ 씨가 강인구를 면담한 뒤 작성한 판결전조사서(형사 절차에서 유죄가 인정된 자에 대해 판결을 선고하기에 앞서 그 인격과 환경에 관한 상황을 조사해 양형에 활용하는 기초 자료)에는 이렇게 적혀 있다.

피고인 소년은 정신연령이 낮은 저지능, 정신박약자로서 보호자인 아버지의 연락처를 알지 못함.
정신박약자로 대화가 불가능하여 가족 상황 조사가 불가한 상태.
범죄를 한 적이 없다고 하나 횡설수설하여 진술 내용을 파악할 수 없음.
소년은 대화 시 횡설수설하는 등 행동에 문제가 있으므로 정신감정이 필요하다고 판단됨.

정신연령이 낮은 정신박약자여서 가족 상황도 파악할 수 없었던 아이. 완주경찰서 형사와 전주지방검찰청(전주지검) 최성우 검사는 어떤 신묘한 기술로 강인구에게서 논리적이고 자세한 말을 이끌어 냈을까.

법원은 정신감정이 필요하다는 보호관찰관의 의견을 받아들이지 않았다. 단 한 차례 공판을 연 뒤 바로 강인구에게 징역 단기 3년 장기 4년을 선고했다(〈소년법〉 제60조 1항에 따라 소년이 법정형으로 장기 2년 이상의 유기형에 해당하는 죄를 범한 경우에는 그 형의 범위에서 장기와 단기를 정해 선고한다). 죄가 없는 강인구는 교도소에 갔다. 감방에서 스스로에게 몇 번을 물었다.

"내가…… 왜…… 여기에…… 있을까……. 내가…… 무슨…… 잘못을…… 했을까……."

감방에 있던 어떤 아저씨가 강인구에게 글쓰기를 가르쳤다. 서툴게나마 글을 쓰게 됐다. 강인구는 교도소에서 출역을 거부했다. 징역형은 말 그대로 죄 지은 사람을 교도소에 가둬 노동을 시키는 형벌을 뜻한다. 출역해 노동을 해야 모범수가 되고, 그래야 가석방과 감형의 대상이 됨에도 거부했다. 굳건한 양심에 따른 투쟁의 결과가 아니다.

"어차피…… 감옥에서…… 빨리 나가도…… 갈 데가…… 없었어요."

교도소에서 1년쯤 보냈을 때였다. 강인구는 전주지검으로 향하는 호송 버스에 태워졌다. 함께 교도소에 온 두 친구 임명선, 최대열도 버스에 탔다. '가짜 살인범 삼례 3인조'가 다시 모였다. 불안한 강인구가 친구들에게 물었다.

"야, 너네…… 무슨…… 사고 쳤냐?"

모두 고개를 저었다. 전주지검에 도착하니 가짜 3인조를 기소했던 무서운 최성우 검사가 다시 이들을 맞았다. 3인조 앞에 또 다른 3인조가 앉았다. 세상에나, 부산지검에서 수사했다는 '진범 3인조'였다. '가짜 3인조'와 '진범 3인조'가 맞대면하는 순간.

지적장애가 있는 '가짜 3인조'는 진범을 앞에 두고 "우리는 범인이 아니에요!"라고 외칠 수 있었을까. 갑자기 최 검사가 '가짜 3인조'에게 큰소리로 다그쳤다.

"너희 똑바로 말해! 너네가 나라슈퍼 할머니 죽게 했지? 맞잖아!"

겁에 질린 강인구는 "네, 우리가 범인이에요."라고 말했다. 그 순간, 고개를 푹 숙이고 있던 '진범 3인조' 중 한 명이 고개를 들었다. 그는 강인구의 얼굴을 바라봤다. 다시 고개를 숙인 진범은 소리 내 펑펑 울기 시작했다. 그 울음소리를 들으며 강인구는 다시 교도소로 돌아갔다.

"세상에서…… 나를 위해…… 울어 준 사람은…… 그 사람뿐이었어요. 그 진범……."

강인구는 2003년 교도소에서 나왔다. 하지만 갈 데가 없었다. 천주교에서 운영하는 무연고자 쉼터에서 약 1년을 살았다. 다시 2년 뒤인 2006년 아버지의 소재를 수소문했다.

아버지는 서울에 있었다. 기차를 타고 아버지를 찾아갔다. 아버지는 폐지를 주우며 쪽방에서 살고 있었다. 두 명이 자기에는 좁은 방이었다. 딱 하루 아버지와 함께 밤을 보내고 혼자 고향 삼례로 내려왔다.

강인구는 배달 일 등을 하며 혼자 삶을 꾸렸다. 그 뒤로 6년이 지났다. 너무 오랫동안 아버지를 만나지 못했다. 아버지는 다시 어디론가 사라졌다. 관공서에 가 물으니 한 공무원이 말했다.

"3년 전에 돌아가셨네요."

이로써 강인구는 완벽한 혼자가 됐다. 아버지가 언제, 어디서, 어떻게 돌아가셨는지는 알 길이 없다. 그저 "술 때문일 것"이라고 짐작할 뿐이다. 강인구는 엄마, 아버지가 어디에 묻혀 있는지도 모른다.

아무리 지적장애가 있다 해도 강인구 역시 남들이 좋아하는 건 똑같이 좋아하고, 남들이 싫어하는 건 똑같이 싫어한다. 그에게도 잊고 싶지 않은 행복한 기억과 지울 수 없는 상처가 있다. 언제 가장 힘들었는지 그에게 물었다.

"뭐…… 내 인생이…… 계속…… 힘들었죠. 외롭고. 그래도…… 형사에게 끌려가…… 이유 없이…… 맞았을 때…… 그때가…… 제일 괴로웠죠. 왜…… 그렇게…… 사람을…… 때리는지……."

그의 집을 떠나기 전, 마지막으로 물었다.

"그럼 언제가 제일 행복했어요?"

"내 인생에…… 뭐…… 그런…… 날이…… 있었겠어요?(웃음)"

강인구는 머리를 긁적이며 웃었다. 어색한 침묵이 흘렀다. 잠시 뒤 장판을 보며 그가 천천히 입을 열었다.

"그때…… 있잖아요. 엄마가 나 끌어안고…… 마지막으로…… 잔 날…… 그때…… 정말…… 따뜻했어요. 생각해 보니…… 그때가 제일…… 따뜻했고…… 행복…… 네…… 행복했어요."

일곱 살 강인구가 전속력으로 가게와 집을 오간 그날 밤. 엄마의 체온은 강인구가 잠들기 전까지 식지 않았다. 강인구는 엄마의 따뜻한 품을 기억한다. 엄마가 생의 마지막 순간에 준 그 따뜻한 체온, 잠들기 전에 느낀 그 짧은 순간의 따뜻한 기억.

그것이 강인구 인생의 화양연화였다. 이를 앙다물고 그의 집에서 나왔다. 강인구가 쫓아 나와 캔 커피를 내밀었다.

"이거…… 드세요……. 멀리서…… 오셨는데……."

이로써 그의 냉장고는 완전히 비었다. 운전을 해 서울까지 갈 자신이 없었다. 주차장 차 안에 앉아 한동안 펑펑 울었다. 진범이 그랬던 것처럼, 계속 눈물이 쏟아졌다.

가짜 살인범 임명선 | 참 좋은 세상

아버지는 어제처럼 술을 마시고, 그제처럼 엄마를 때렸다. 내일은 오늘처럼 술을 마시고, 어제처럼 나와 두 동생을 때릴 것이다. 과거를 알면 미래가 보인다.

'가짜 살인범 3인조' 가운데 나이가 가장 많은 임명선은 아버지에게 사람은 살아온 대로 살아간다는 걸 배웠다. 아버지의 직업은 목수였다. 아버지는 술을 마시면 일을 나가지 않았고 가족은 늘 가난했다.

그는 3남매 중 장남이다. 각각 한 살, 네 살 어린 여동생이 둘 있다. 임명선과 두 여동생의 유년은 도망과 외박으로 채워져 있다. 아버지가 술에 취하면 임명선은 동생들을 데리고 집 밖으로 도망쳤다.

"엄마를 때리고, 살림을 부수니까 무서웠죠. 어린 두 동생들은 부들부들 떨며 자지러지고……. 제가 오빠니까 피신시켜야죠."

그래 봤자 오빠 임명선도 초등학생이었다. 어둡고 깊은 밤, 집에서는 엄마의 비명과 아버지의 고함소리가 퍼졌다. 임명선은 그 소리가 들리지 않는 곳으로 동생들을 데려갔다. 세상은 넓지만 갈 곳은 없었다. 멀리 가면 길을 잃어 영원히 집에 못 돌아올까 봐 두려웠고, 집 가까이 있으면 아버지의 고함과 엄마의 비명이 무서웠다.

3남매는 멀리 떨어지지 않은 동네의 버려진 집이나, 다리 밑에서 이슬을 피해 잠을 잤다. 밤의 추위는 문제가 되지 않았다.

"안 겪어 본 사람은 몰라요. 형사 몽둥이질은요, 진짜 끝내줘요.
'개자식아, 씨발놈아' 계속 욕하고……
너무 괴로워서 완주경찰서 유치장에서 자살할 궁리만 했어요."_임명선

"시골 동네에 버려진 이불, 비닐하우스 보온재로 쓰이는 부직포 많잖아요. 그런 거 주워서 덮고 잤죠. 어른들이 입다 버린 옷 있죠? 그런 거 입으면 겨울에도 견딜 만했어요. 우린 어려서 몸이 작았으니까, 어른 옷은 거의 이불이었죠."

밖에서 밤을 보낸 3남매는 이른 아침 집으로 향했다. 아버지가 취해 잠들었으면 몰래 가방을 메고 학교에 갔다. 아버지가 아침에도 술을 마시면 집에 들어갈 수 없었다. 그러면 가방 없이 학교에 갔다. 집에 들어가지 못하고, 학교도 가지 않은 채 거리를 배회한 적도 많다.

"학교에 가면 친구들이랑 선배들이 저를 많이 때리고 괴롭혔죠. 왜긴요. 제가 가난하고, 바보 멍청이 같고, 지저분하니까 때리죠. 예전엔 다 그랬잖아요."

집에서는 술 취한 가난한 아버지가 때리고, 학교에 가면 가난하다고 놀리는 애들이 또 때리고. 맞기 싫었지만 피할 방법이 없었다. 피할 수 없는 일은 또 있었다. 배고픔이다. 아버지가 초저녁부터 취하면 3남매는 저녁도 못 먹고 집에서 도망쳤다. 1만 원만 있으면 배를 채울 텐데, 그게 없었다. 여름에는 그나마 나았다.

"저와 동생이 너무 어렸으니까 어디 가서 밥 좀 달라는 말도 못 하죠. 너무 배가 고파서, 동생들이랑 남의 집 수박을 서리해서 먹었어요."

동생들과 함께 허기진 배를 채우려고 밭에서 따 먹은 수박. 그것이 임명선이 남의 물건에 손댄 첫 번째 경험이었다. 그가 초등학교를 졸업할 때까지도 아버지는 달라지지 않았다(임명선은 중학교를 중퇴했다). 여전히 가난하고 배가 고팠다. 수박이 아닌 다른 걸로 배를 채우고 싶었다. 청소년 시절, 수박을 실으러 온 트럭에서 돈을 훔쳤다. 이 일로 임명선은 소년원에 다녀왔다. 유년 시절 그와 두 동생의 배를 채워 준 수박이 이젠 그를 잡아 가둔 셈이다.

술 취한 아버지를 피해 도망 다니다 보니 저절로 연마된 것일까? 아니면 굶주림이 만든 빼빼 마른 가벼운 몸 때문일까? 임명선은 달리기를 끝내주게 잘했다. 한번 달리면 아무도 못 잡았다. 그 달리기 실력이 엉뚱한 곳에서 발휘됐다.

강도 치사 사건으로 삼례 나라슈퍼에서 유○○ 할머니가 사망한 지 8일이 지난 1999년 2월 14일 저녁. 완주경찰서 소속 형사들이 그의 집으로 찾아왔다. 일종의 탐문 수사였다. 알리바이를 말하고 무죄를 주장하면 되는 상황. 형사를 보고 겁부터 먹은 것은 '어린 전과자'의 본능이었을까?

임명선은 논길로 도망치기 시작했다. 그의 다리가 빛을 발했다. 임명선은 저 멀리 도망쳤고, 그를 쫓던 형사들은 논두렁에 빠지는 등 아수라장이 됐다.

임명선의 놀라운 질주를 본 형사들은 의심을 확신으로 키웠다. 다음 날 새벽, 임명선은 우석대학교 화장실에서 체포됐다. 논두렁에 빠져 잔뜩 화가 난 형사들의 주먹질과 몽둥이질이 시작됐다.

"그냥 무서워서 얼떨결에 도망갔다니까 안 믿더라고요. 바로 구타가 시작됐죠."

집에서는 아버지가 때리고, 학교에서는 친구와 선배들이 때리고, 경찰서에서는 형사들이 때렸다. 형사들의 구타는 아버지, 친구들의 주먹질과 비교가 안 됐다. 폭력의 질과 양은 월등했고, 고통은 끔찍했다.

"안 겪어 본 사람은 몰라요. 형사 몽둥이질은요, 진짜 끝내줘요. '개자식아, 씨발놈아' 계속 욕하고……. 너무 괴로워서 완주경찰서 유치장에서 자살할 궁리만 했어요. '죄도 안 지었는데, 내가 왜 이런 대접을 받아야 하나.' 하는 생각에 죽고만 싶었어요. 정말 징하게 울었어요."

가난은 비슷한 처지의 아이들을 친구로 엮어 줬다. 함께 어울렸던 가난하고 지적장애가 있는 강인구, 최대열이 차례로 완주경찰서로 잡혀 왔다. 세 친구는 함께 있을 때 서로에게 슬쩍 물었다.

"야, 네가 그랬냐?

"아니."

"그럼, 너가 할머니 죽였냐?"

"아니."

"근데, 왜 이렇게 우릴 때리냐?"

"몰라."

형사들의 꿰맞추기 조작이 시작됐다. 자신들이 잡아 온 가짜 범인은 셋. 그중 지적장애인이 둘. 누구라도 조작이 쉽지 않은 상황이다. 그래도 완주경찰서 형사들은 끝내 '가짜 살인범 3인조'를 만들어 냈다.

무에서 유를 창조한 경찰 덕에 임명선은 난생처음 '우두머리'에 등극했다. 나라슈퍼 강도 치사 사건은 임명선이 미리 범행 도구를 준비해 계획을 세우고, 지적장애가 있는 두 친구를 지휘해 벌인 사건으로 조작됐다.

"할머니를 안 죽였다고 하면, 바로 손이 날아와요. 그 경찰봉을 생각하면 지금도 끔찍해요. 정말 자살하고 싶었다니까요!"

증거도 없이 주먹으로 범인을 만든 경찰의 조작은 곳곳에 구멍을 남겼다. 완주경찰서 형사들이 작성한 임명선 신문조서를 보면 슬픈데 웃기고, 웃긴데 슬픈 블랙코미디 같은 상황의 연속이다. 형사들이 뭘 쓰라고 해 얼떨결에 썼다는 임명선의 자술서를 보자.

1미터 조금 넘는 밧줄을 주위서 할머니 몸을 조금씩 감았습니다. (중략) 동네 아주머니들이 우리를 보고 소리를 지르자 급히 도망갔습니다. (중략) (훔친 돈은) 5만 원에서 6만 원 정도 있었고, 강인구와 나는 반으로 갈라서 돈을 나누어 가졌음을 진술합니다.

사건 현장 상황과 들어맞는 건 하나도 없다. 사망한 할머니는 밧줄에 감기지 않았다. 범행은 새벽 4시께 벌어져 목격자도 없다. 방에서 사건이 벌어졌는데, 동네 아주머니들이 볼 리도 없다. 진짜 범인은 둘이 아닌 셋이다. 자술서는 엉망진창이다.

블랙코미디는 계속 이어진다. 자술서를 쓴 뒤 형사들의 신문이 시작됐다. 형사가 "현재 왜 조사를 받는지 알고 있나요?"라고 묻자 임명선은 이렇게 답한다.

"현재 내가 왜 조사를 받고 있는지 모르겠습니다."

자신이 사람을 죽게 했다는 자술서를 썼는데, 왜 조사받는지 모르겠다는 상황. 앞뒤가 안 맞는 게 수두룩하다. 그만큼 경찰의 조작은 어수룩했다. 경찰이 때리기만 한 건 아니다. 딱 한 번 칭찬을 해 줬다.

구속 직전, 피의자가 판사를 만나 직접 이야기할 수 있는 구속영장 실질 심사. 이 자리에서 '가짜 3인조'가 범행을 부인할까 두려웠을까? 판사를 만나기 직전에 형사들은 승합차에 3인조를 태우고 훈련을 시켰다.

"야, 씨발놈들아, 너희 판사 앞에서 범행을 부인하면 다시 우리한테 와서 조사받아야 돼. 판사님한테 무조건 너희가 했다고 하고, 잘못했다고 빌어. 알았지?"

이 형사들에게 또 맞으며 조사를 받는다니. 겁먹은 3인조는 판사에게 "우리가 할머니를 죽게 했다."고 거짓말을 했다. 훈련시킨 대로 일이 끝나자 한 형사가 임명선의 등을 두드려 줬다.

"잘했어!"

살면서 아주 오랜만에 듣는 칭찬이었다. 집에서, 학교에서, 경찰서에서 내내 두들겨 맞기만 한 임명선. 그는 그렇게 난생처음으로 '우두머리'가 되어 구속됐다. 우두머리에겐 더 큰 책임이 따른다. 그는 무려 5년 6개월의 세월을 교도소에서 보냈다.

구속된 지 1년쯤 지났을 때다. 한 천주교 교화위원과 상담을 했다. 교화위원이 임명선에게 말했다.

"당신 잘못으로 나라슈퍼 유○○ 할머니가 돌아가셨습니다. 할머니에게 사죄하고, 평생 반성하면서 살아야 합니다. 그렇게 하실 수 있죠?"

임명선은 멍하니 허공을 보면서 혼잣말처럼 말했다.

"나라슈퍼에 간 적도 없고, 유○○ 할머니를 만난 적도 없는데 어떻게 사죄하고 반성을 합니까? 할머니 얼굴도 모르는데, 어떻게 잘못을 빌어요?"

이 말을 듣고 천주교 교화위원은 많이 놀랐다. 임명선이 전주지검 어느 검사에게 수사받았는지를 알아봤다. 임명선의 말은 거짓이 아니었다. 고민 끝에 교화위원은 진실 규명에 뛰어들었다. 전주의 인권 단체가 나서고, 언론들도 보도하기 시작했다. 하지만 여러 사람의 노력에도 끝내 임명선은 누명을 벗지 못했다. 구속된 지 약 3년이 지났을 때 아버지가 교통사고로 사망했다. 임명선은 아버지 장례식에도 못 갔다.

"원래 장례식에는 보내 줘야 하는데, 교도소에서 아무도 말을 안 해줬어요. 저는 아버지가 돌아가신 줄도 몰랐어요. 한참 뒤에 동생 편지를 받고 알았다니까요. 그때 참 많이 울었어요. 그래도 아버지잖아요. 마지막도 못 지켜 드리고……. 제가 불효자식이죠."

임명선은 교도소에서 나온 뒤 고향 삼례로 가지 않았다. 대전에 있는 동생 집에서 몇 개월을 보냈다. 괜히 고향에 있으면 또 경찰의 조작에 휘말릴까 봐 두려웠다.

"오빠인 제가 못나고 바보 같아서 동생들이 고생 많았죠. 어려서부터 다리 밑에서 자고 그랬으니까. 동생들이 엄청 울었어요. 저도 많이 울었지만, 동생들이 더 불쌍하죠."

동생들 이야기를 할 때 임명선의 눈이 젖었다. 그는 멋쩍게 오른손으로 코를 만지며 웃었다. 왼쪽으로 휘어진 그의 코가 더욱 두드러져 보였다.

"감옥에서 얻어터졌죠. 코피 엄청 쏟았어요. 코뼈가 부러졌는데, 치료를 못 받아서 코가 이렇게 휘어 버렸어요. 저는 사람을 한 번도 때려 본 적이 없어요. 그런데 세상은 왜 그렇게 저를 패는지 모르겠네요."

이런 대화를 나누기 몇 시간 전, 임명선이 내게 보낸 카카오톡 메시지가 생각났다. 울며 'Sorry!'를 외치는 이모티콘이 먼저 왔다.

창피하네요. 미안해요. 1만 원만 빌려주세요. 사장님한테 어제 가불을 못해서요. 나갈 것도 많고, 애로 사항도 많네요. 21일이 월급날인데…… 죄송

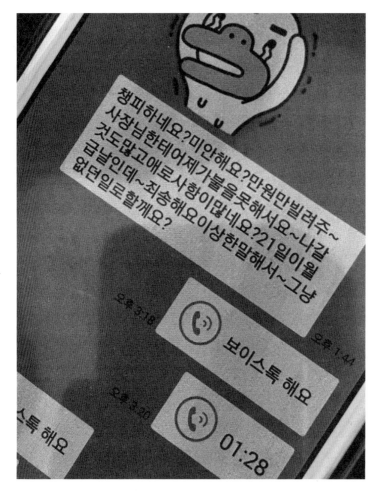

© 박상규

그는 지금도 1만 원이 절실하다.
이 땅의 많은 가난한 사람들처럼,
그 역시 일을 해도 가난하다.
단돈 1만 원을 빌리기 위해 서른여섯 살의
임명선은 얼마나 가슴을 졸였을까.

해요. 이상한 말 해서. 그냥 없던 일로 할게요.

그는 지금도 1만 원이 절실하다. 이 땅의 많은 가난한 사람들처럼, 그 역시 일을 해도 가난하다. 단돈 1만 원을 빌리기 위해 서른여섯 살의 임명선은 얼마나 가슴을 졸였을까. 문자메시지를 썼다 지웠다를 수없이 반복한 뒤 떨리는 손으로 '보내기' 버튼을 눌렀을 그의 모습이 그려졌다.

임명선은 가짜 3인조 가운데 유일하게 지적장애가 없다. 하지만 소통하기는 가장 힘들었다. 요금을 내지 못한 탓에 그의 휴대전화는 오래전에 끊겼다. 오직 카카오톡으로만, 그것도 그가 와이파이가 되는 지역에 있을 때만 연락이 가능했다.

"부끄럽죠. 저라고 왜 자존심이 없겠어요. 근데, 요즘 너무 힘들어요. 요즘 그래요."

그는 또 멋쩍게 웃었다. 요즘 힘들다니, 거짓말이다. 그는 요즘 힘든 게 아니다. 살아오는 동안 내내 힘들었다. 그런 그에게 형사는 잔혹한 장난질까지 쳤다.

완주경찰서로 잡혀 온 첫날인 1999년 2월 15일. 그는 형사에게 두들겨 맞고 겁에 질려 펑펑 울었다. 그 상태로 엉터리 자술서를 썼고, 1차 신문을 받았다. 형사가 마지막으로 임명선에게 "피의자는 본직(경찰)으로부터 조사받을 시 가혹행위 등을 당하면서 조사를 받지 않았나요?"라고 물었다. 이런 답변이 적혀 있다.

"폭언이나 가혹행위 등을 전혀 받지 않고 조사를 받았습니다. 참 좋은 세상인 것 같군요."

세상에나, '참 좋은 세상'이라니. 임명선에게 세상이 좋았던 적은 단 하루도 없다. 그의 꿈은 남들처럼 평범하게 하루를 보내는 것이다.

"사람을 그렇게 패놓고, 저런 말을 자기들 마음대로 써놓다니……. 저는요, 그 형사들, 사람으로 생각하지 않아요. 어떻게 사람이 그럴 수가 있어요?"

임명선은 금방 울어 버릴 것처럼 내 눈을 똑바로 쳐다봤다. 그의 흰 코가 다시 눈에 들어왔다. 국가는 임명선의 인생만 망친 것이 아니다. 몸도 망쳐 놨다. 국가는 임명선의 코에 대해서도 책임을 져야 한다.

가짜 살인범 최대열 | "어디가 모자란 듯"

바람 소리가 선명한 검은 밤이었다. 갑자기 전화기가 울렸다. '가짜 살인범 3인조' 중 가장 덩치가 좋은 최대열이었다.

"기자님…… 잘 지내쥬?"

"네, 대열 씨 무슨 일 있어요?"

"아녀유. 그냥 했슈."

최대열은 금방 전화를 끊었다. 1~2분 뒤 전화기에 다시 '최대열'이 찍혔다. 전화를 받자 그는 머뭇거렸다. 무슨 할 말이 분명히 있는 듯했다. 더듬더듬 "아니…… 뭐…… 그게……"를 반복했다. 편하게 이야기하라고 몇 번을 말하자 결심한 듯 입을 열었다.

"기자님, 기사 잘 봤는데유. 내 이름은 최대열인데, 왜 기사에는 최재필로 나와유? 글구 우리 친구들 이름도 죄 틀리셨데유. 임명선은 임수철, 강인구는 강상현으로 돼있고……. 기자님, 내 이름도 몰라유? 이만큼 알고 지냈으면 이름 정도는 알아야 하는 거 아녀유?"

충청도 사투리가 묘하게 섞인 그의 목소리가 살짝 높아졌다. 순간 말문이 막혔다.

"아, 그거요. '최재필'은 가명이에요. 일부러 기사에는 가짜 이름을 붙인 거예요. 가명……"(당시는 여러 이유로 기사에서 가명을 썼다).

"아…… 네…… 그렇구만유. 알것슈. 늦었네유. 기자님, 잘 자유."

최대열은 지적장애인이다. 스토리펀딩 기획 기사 안에 '가명'이라고 썼지만, 그 의미를 모르는 것 같았다. 전화를 끊고 한동안 멍했다. 그가 말할 때마다 선명하게 드러나는 '검은 입'이 떠올랐다.

그는 윗앞니 세 개가 없다. 입을 열면 텅 빈 그 자리가 검게 보인다. 대화를 할 때마다 시선이 자꾸 검은 입으로 쏠렸다. 미안했다. 앞니 세 개는 어디로 사라졌을까.

"제가 누명을 쓰고 감옥에 갔잖아유. 감방에서 어떤 놈이 '너 왜

© 이희훈

"내 말은 한 번도 안 믿어 줬어유! 아주 환장하겠어유. 나도 사람인데,
왜 나한테 이러는 거예유? 나 사람 맞잖아유?
근데 이 나라는 나한테 자꾸 왜 그래유!"_최대열

여기 왔느냐.'며 깐족거리데유. 난 죄 없이 왔다니께, 계속 약을 올리는 거예유. 그러다 뒤엉켜 싸웠어유. 그때 이 세 개가 부러졌어유. 피 엄청 엄청 흘렸슈."

그가 멋쩍게 웃었다. 다시 입안의 어둠이 도드라졌다. "많이 아팠겠네요."라고 위로하자 최대열이 목소리를 높였다.

"갸는 코뼈 부러졌을 거예유! 갸도 코피 엄청 흘렸슈. 내가 더 많이 때렸슈!"

'가명'의 뜻도 모르는 최대열은 살인 누명을 썼다. 전북 완주경찰서가 주먹과 몽둥이로 그에게 강도 치사 누명을 씌웠다. 그는 죄 없이 교도소에서 4년여를 살면서 앞니 세 개도 잃었다.

"사람을 안 죽였다고, 집에 보내 달라고 애원해도 경찰이 안 보내 주더라구유. 엄청 두들겨 맞았쥬. 눈물도 많이 쏟고……. 지가 힘이 없었어유. 그땐 힘이 없었응게……."

최대열은 힘껏 주먹을 쥐었다. 그는 유독 '그땐 힘이 없었다.'는 걸 강조했다. 하지만 그때만 힘이 없었던 게 아니다. 그는 지금도 힘이 없다.

전북 삼례 나라슈퍼에 강도가 들어 유○○ 할머니가 사망한 때는 1999년 2월 6일 새벽 4시께. 그때 열아홉 살 최대열은 삼례에 있지도 않았다. 전주 매형네 집에서 자고 있었다. 그는 며칠째 매형과 함께 노동일을 했다. 중학교만 졸업한 최대열은 돈을 벌어야 했다.

최대열이 여섯 살이던 1986년 어느 날. 엄마는 아버지가 몰던 경운기에서 떨어졌다. 경운기 바퀴가 엄마 허리를 밟고 지나갔다. 그때부터 엄마는 일어서지 못했다. 하반신 마비 장애인이 됐다. 아버지는 1992년 교통사고를 당해 척추 장애 5급 판정을 받았다. 두 발로 설 수 있지만, 일을 할 수 없었다. 부모님은 '생활보호대상자 1급'으로 지정돼 정부로부터 월 34만 원을 받았다. 여동생까지 네 식구가 보증금 100만 원, 월세 2만 원을 내고 단칸방에서 살았다. 살기 위해 돈이 필요했다. 지적장애인 최대열이 신체장애인 부모를 위해 돈을 벌었다.

전주에서의 일을 끝내고 한동안 삼례 집에서 생활했다. 최대열은 고향에서 강도 치사 사건이 발생한 사실도 몰랐다. 사건이 발생하고 나서 약 열흘 뒤인 2월 15일 이른 아침, 완주경찰서 형사들이 집에서 자는 최대열을 깨웠다. 그는 1997년 절도 혐의로 소년원을 다녀온 적이 있다. 잠에서 덜 깬 최대열에게 형사가 물었다.

"나라슈퍼 할머니, 왜 죽였어?"

"그게 뭐예요?"

형사는 엉뚱하게 말하는 최대열을 한심하다는 듯이 쳐다봤다. 최대열은 잠이 덜 깬 얼굴로 완주경찰서로 끌려갔다. 엄마와 아버지는 아무것도 할 수 없었다. 동네 친구 임명선, 강인구가 경찰서에 먼저 와있었다.

"엄청 두들겨 맞았쥬. 제가 어리고, 힘이 없응게 계속 때리더라구유."

최대열은 힘을 강조하며 또 주먹을 불끈 쥐었다. 그에게 "아무리 때리더라도 끝까지 '나는 죄 없다.'고 항변해야죠."라고 뻔한 말을 했다. 최대열이 한심하다는 듯이 나를 바라봤다.

"맞아 봤슈? 경찰봉으로 맞아 봤슈? 꼭 안 맞아 본 사람들이 그렇게 말한다니까! 몇 대 때리는 게 아녀유. 며칠 동안 사정없이 계속 때려유. 발바닥, 뺨, 뒤통수…… 친구들 비명 소리를 들으며 맞아 봤슈? 저도 한동안 억울하다고 울며 애원했슈. 그러다 결국 굴복했쥬. 내가 힘이 없어서 항복했쥬."

최대열은 고개를 숙이고 자기 주먹을 바라봤다. 잠시 침묵. 갑자기 고개를 휙 올리며 나를 원망스럽게 바라봤다.

"그래도 제가 제일 오래 버텼슈! 몽둥이 앞에서 할 말 다했슈!"

괜한 허세가 아니다. 최대열은 '가짜 살인범 3인조' 중에서 가장 오랫동안, 끝까지 자신의 무죄를 주장했다. 무엇보다 그에겐 입증할 수 있는 알리바이가 있었다. 나라슈퍼에서 할머니가 사망한 날, 그는 전주 누나네 집에서 잤다. 함께 노동일을 하던 아저씨들도 그의 알리바이를 입증할 수 있었다. 그럼에도 대법원은 그에게 유죄를 선고했다.

"내가 힘이 없고, 우리 부모님이 모두 장애인이라서 그랬을까요? 내가 말을 하면 도대체 형사들이 믿어 주질 않아유. 매형이랑 함께 일한 아저씨들한테 물어보면 되잖아유! 내 말을 믿지도 않고, 아저씨들 말도 안 듣고……. 무조건 내가 할머니를 죽였다는 거예유. 무슨 경찰들이 그래! 세상이 왜 그래유?"

경찰은 최대열의 말을 외면했다. 사건을 조작하기에 바빴다. 완주경찰서는 며칠을 조작했어도 구멍을 남겼다. 완주경찰서가 작성한 최대열의 1차 신문조서에 따르면 범인은 3인조가 아닌 '4인조'로 되어 있다.

최대열의 오랜 저항은 검찰 수사 기록에 고스란히 남아 있다. 전주지검이 1999년 2월 22일 작성한 신문조서에는 이렇게 나온다.

(강도 치사 사건이 발생한) 나라슈퍼를 알고 있나요?

"경찰에 잡혀서야 알았습니다."

나라슈퍼에서 돈을 빼앗은 사실이 있나요?

"저는 없습니다."

피의자(최대열)는 1999년 2월 6일 새벽에 강인구, 임명선과 (함께 나라슈퍼에서) 돈을 빼앗지 않았나요?

"아닙니다. 저는 2월 5, 6일 매형을 따라서 전주에서 일을 했고, 7일엔 무주에서 일했습니다."

5일, 전주 어디에서 무슨 일을 했나요?

(송천역 근처에서 삼각형 건물을 지었다거나, 창고를 지었다며 횡설수설)

경찰서에서는 왜 강인구, 임명선과 함께 돈을 빼앗았다고 했나요?

"모르겠습니다. 제가 갑자기 충격을 받아서 말이 잘못 나왔나 봅니다."

그 뒤에 검사는 이렇게 적어 놨다.

"피의자의 태도가 어디가 모자란 듯."

"유리한 증거나 할 말이 있느냐?"는 검사의 마지막 질문에 최대열은 집에 보내 달라는 뜻으로 이렇게 답했다.

"저는 부모님을 돌봐야 하고, 돈 벌어서 집도 사야 하고, 제 동생 학교도 다니게 해야 합니다."

알리바이를 대며 집에 보내 달라는 최대열은 '모자란 놈' 취급을 당했다. 계속 무죄를 주장하는 그에게 검사가 말했다.

"너 자꾸 이러면 내가 판사에게 무기징역이나 사형을 내려 달라고 말한다!"

겁먹은 최대열은 입을 다물었다. 모욕은 이어졌다. 법원은 최대열의 알리바이를 입증하는 누나의 탄원서를 무시했다. 전주보호관찰소 보호관찰관마저 최대열을 외면했다. 그에 대한 판결전조사서에는 이렇게 적혀 있다.

본인 및 보호자 모두가 반성하기보다는 억울하게 누명을 썼다고 항변하고 있으며, 결단코 범죄에 가담한 적이 없다고 진술함.

소년원에서 가퇴원되어 사회에 적응하지 못하고 재범한 것으로 판단되고, 본인 및 보호자가 본 사건에 대해 강력히 부인하는데 다소 신빙성이 없어 보임.

가난한 장애인 부모 밑에서 자란 미성년 지적장애인 최대열. 그의 말은 '횡설수설', 집에 보내 달라는 애원은 '어디가 모자란' 행동, 무죄 주장은 '반성하지 않는' 모습으로 여겨졌다. 경찰·검찰·법원에서 그는 인간으로 대우받지 못했다.

사건이 발생한 지 약 1년 뒤, 부산지검이 나라슈퍼에서 할머니를 죽게 한 '진짜 3인조'를 수사했다. 천주교 교화위원의 도움을 받아 최대열은 다시 한 번 힘을 내 '진범이 잡혔다. 나는 억울하다.'며 법원에 재심을 청구했다. 법원은 재심 청구를 기각해 또 최대열을 무시했다.

"내 말은 한 번도 안 믿어 줬어유! 아주 환장하겠어유. 나도 사람인데, 왜 나한테 이러는 거예유? 기자님, 나 사람 맞잖아유? 근데 이 나라는 나한테 자꾸 왜 그래유!"

할 말이 없었다. 어두워진 저녁에 보증금 50만 원, 월세 20만 원인 그의 집에서 나왔다. 그에겐 아내와 어린 두 딸이 있다. 한참을 걸어가는데, 최대열이 뛰어 나왔다. 그가 움켜쥔 주먹을 풀고 머리를 긁었다.

"기자님, 미안한데유……. 7만 원만 빌려줘유……. 제가 힘이 없어서……. 낮에 애기가 아파서 병원에 다녀왔는데, 돈이 없어서 외상했어유. 그래도 의사 선생님이 엄청 착해서 외상을 해줬어유.(웃음) 미안해유……. 제가 힘이 없어서……."

그는 또 힘 타령을 했다. 그의 주머니에 10만 원을 찔러줬다. 최대열은 멋쩍게 웃었다. 그의 검은 입이 더 검게 보였다.

범죄 유전자

살인 누명을 쓴 1999년 당시 '삼례 3인조'의 처지를 요약하면 이렇다.

강인구 : 사건 당시 18세. 중학교 중퇴. 지적장애 있음. 한글을 잘 쓸 줄 몰랐음. 7세 때 어머니 사망. 알코올의존증 아버지 역시 한글을 쓸 줄 몰랐음. 체포 당시 월세 10만 원짜리 집에서 아버지와 둘이 거주.

최대열 : 사건 당시 19세. 중학교 졸업. 지적장애 있음. 한글을 잘 쓸 줄 몰랐음. 어머니는 하반신 마비 1급 장애인, 아버지는 척추 장애 5급 장애인. 모든 가족이 보증금 100만 원, 월세 2만 원짜리 단칸방에 거주. 최대열이 건설 노동을 하며 부모를 부양.

임명선 : 사건 당시 20세. 중학교 중퇴. 아버지 알코올의존증. 어머니는 임명선이 수감된 뒤 정신 질환을 앓기 시작. 당시 부모님의 전 재산은 500만 원. 아버지는 임명선 수감 중 사망.

이들은 '사회적 약자'라는 말로 다 설명할 수 없는, 한국 사회의 밑바닥 인생이었다. 완주경찰서는 특별한 단서나 제보 없이 이들을 범인으로 조작했다. 부모는 아들을 도울 수 없는 처지였고, 없는 집 자식들인 삼례 3인조는 변호인의 조력 없이 경찰 수사를 받았다. 경찰은 거침없이 범인을 조작했고, 그만큼 허점이 많은 수사 기록을 남겼다.

삼례 나라슈퍼 3인조 강도 치사 사건이 발생한 지 약 20년 세월이 흘렀다. 몽둥이로 가짜 살인범을 만들어 낸 경찰들은 거의 모두 현직에 있다. 2015년 12월, 전주 덕진경찰서에서 일하는 장해구 형사에게 전화를 걸었다. 그의 목소리는 크고 당당했다.

"네, 전주 덕진경찰서 형사 장해구입니다!"

"안녕하세요, 박상규 기자입니다."

순식간에 그의 목소리는 쪼그라들었다.

"네……. 제가 지금 바빠요."

"삼례 나라슈퍼 강도 치사 사건 수사하셨죠? 삼례 3인조 아시죠?"

"그게…… 어…… 제가 지금 굉장히 바빠요."

'삼례' 이야기가 나오자 그는 당황했다. 서둘러 전화를 끊으려 했다.

"왜 전화를 끊으려 하세요? 뭐 걸리는 게 있나요?"

"제가 지금 피의자 신문하고 있어요. 나중에……."

장해구 형사는 마음대로 전화를 끊었다. 그는 삼례 나라슈퍼 3인조 강도 치사 사건을 수사하면서 주먹으로 '가짜 살인범'을 만들어 낸 인물 중 한 명이다. 특히 그가 삼례 3인조에게 욕설을 퍼붓고 구타하는 모습의 일부는 동영상으로 남아 있다.

이번엔 장해구의 선배 형사에게 전화를 해봤다. 그는 삼례 3인조에게 살인 누명을 씌우고도 승진을 하여 '경찰의 꽃'이라 불리는 경찰서장 승진을 목전에 둔 오재경 형사다. 그는 전주 완산경찰서 수사과장으로 일하고 있었다.

"오재경 수사과장님 연결 부탁합니다!"

"무슨 일 때문이죠?"

"삼례 나라슈퍼 3인조 강도 치사 사건 때문에 전화했습니다. 수사에 문제가 많던데요. 맞았다는 사람도 있고…….

"(웃음) 네……. 오재경 과장님 지금 없어요."

몇 번 연락을 해도 그는 늘 자리에 없다고 했다. 전화번호를 남겨도 연락을 하지 않았다. 어쩔 수 없이 직접 찾아갔다.

해가 바뀐 2016년 1월, 전주에 눈이 많이 내린 날이었다. 〈뉴스타파〉취재진과 함께 전주 완산경찰서를 찾았다. 경찰서 직원은 이번에도 "오재경 수사과장은 자리에 없다."고 했다. 수사과장 사무실 앞에서 기다렸다. 얼마 뒤, 현장에 없다는 오재경 수사과장이 사무실에서 나왔다. 그는 손으로 카메라를 막으며 취재를 피했다. 그는 자리를 피하며 이런 말을 남겼다.

"당시 나는 완주경찰서에 배치받은 지 얼마 안 돼 사건 내용을 잘 몰라요. 아래 형사들이 다 알아서 한 거지."

그는 후배들에게 책임을 넘겼다. 같은 날, 장해구 형사도 전주 덕진경찰서에서 만났다. 그가 경찰서 옆 흡연 구역에서 담배에 불을 댕기려는 순간이었다. 취재진이 다가가 인사하자 그는 태연한 척 담배에 불을 붙였다. 몇 가지 질문을 하자 그는 형사를 피해 도망가는 범인처럼 빠른 걸음으로 경찰서 안으로 들어가 버렸다.

기자는 기사로 말하고, 판사는 판결문으로 말한다. 그렇다면 형사사건을 수사하는 경찰은? 당연히 수사로 말해야 한다. 모든 수사기록에는 사건을 맡은 형사 이름이 기록된다. 이름을 걸고 한 일임에도, 삼례 나라슈퍼 3인조 강도 치사 사건을 수사했던 형사들은 입을 굳게 닫았다. 이들 중 핵심 관계자 한 명은 과거 SBS〈그것이 알고 싶다〉취재진에게 이런 말을 했다.

"때리긴 누가 때려요! 내 얼굴이 그럴 얼굴입니까? (지적장애가 있는 삼례 3인조는) 보기에는 아둔해 보이는데요, (중략) 범죄 아이큐는 하늘과 땅 차이예요. 범죄 하는 방법은요, 걔네들 나름대로 그 유전자가 발달되어 있어요."

형사는 수사 결과와 기록으로 말하면 된다. 얼굴을 걸 필요는 없다. 과학적 근거 없이 '범죄 유전자'를 거론할 이유는 더욱 없다. 과연 이들은 어떤 수사 기록을 남겼을까?

완주경찰서 소속 형사들이 남긴 수사 기록은 뒤죽박죽 엉터리다. 객관적 실체와 일치하는 내용은 거의 없다. 삼례 3인조의 유죄를 입증할 물적 증거를 하나도 확보하지 못했다. 가난한 미성년 지적장애인 세 명에게 살인 누명을 씌웠으니 당연한 결과다.

한글을 쓸 줄 모르는 지적장애인의 자필 자술서가 버젓이 존재하는가 하면, 범행을 모의하고 실행했다는 3인조의 진술도 대부분 사실과 일치하지 않는다.

이들이 삼례 3인조를 검찰에 송치하면서 적은 '범죄 사실'에는 이렇게 적혀 있다.

> 피해자 최성자가 운영하는 나라슈퍼의 잠긴 대문을 피의자 임명선이 담을 넘어 문을 열어 주자 최대열, 강인구가 차례로 침입해, 다시 임명선이 잠겨 진 주방 샷시(새시)문 손잡이를 미리 준비한 펜치로 잡고 십자드라이버 두 개로 문틈을 벌려 잠김 상태를 풀고 ……

고장 나 잠겨 있지 않은 대문을 피해 담을 넘어 들어갔다니. 더욱 코미디 같은 상황은 따로 있다. 경찰이 범죄 사실에 적은 내용에 따르면, 이 사건의 핵심 주모자는 임명선이다. 그가 펜치, 드라이버 두 개, 식칼(길이 31센티미터), 녹색 면테이프(청테이프)를 집에서 미리 준비해 와 친구들을 선동해 범행을 저질렀다는 게 경찰의 수사 결과다. 경찰이 작성한 임명선 3차 피의자 신문조서에는 이렇게 적혀 있다.

> 집에 있던 뿌라이어(펜치) 한 개, 긴 십자드라이버 한 개, 짧은 십자드라이 버 한 개, 청테이프 한 개를 제 바지 양쪽 주머니에 넣고, 부엌칼 한 개를 허 리춤에 차고 집에서 걸어 나오던 중 강인구, 최대열을 만났습니다.

청테이프를 비롯한 저 많은 범행 도구가 바지 주머니에 들어갈까? 그런 바지가 있다고 치자. 31센티미터에 이르는 식칼을 칼집도 없이 허리춤에 차고 다니는 것도 어색하지만, 그럴 수 있다고 하자. 그러면 저 상태에서 남의 집 대문을 넘을 수 있을까? 경찰 수사 기록에 따르면 임명선은 신기한 기술을 가졌다. 식칼을 허리에 찬 채 대문을 넘었는데 무사했으니 말이다.

이번엔 물적 증거에 관한 내용을 보자. 최성자 씨는 당시 사건으로 현금 15만 원과 반지 두 개, 목걸이 한 개, 귀걸이 한 쌍 등 패물을 빼앗겼다.

경찰은 패물에 대해서도 대충 조작해 놨다. 임명선의 1차 피의자 신문조서에는 이렇게 나온다.

그 물건(패물)들은 필요가 없을 것 같아 범행 후 저희 집 앞 도랑에 버렸습니다.

하지만 최대열의 2차 피의자 신문조서에는 전혀 다른 이야기가 나온다.

(훔친 패물 중) 은반지는 여자 친구에게 줬고, (나머지는) 임명선 집 가는 길목에 쓰레기 태우는 곳이 있는데 그 옆 땅에 파묻어 두었습니다.

오락가락 서로 다른 진술. 경찰은 패물을 찾았을까? 삼례 3인조는 범인이 아니니 당연히 찾았을 리 없다. 완주경찰서 측은 "도랑물 속을 수색했으나 증거물을 발견하지 못했다."고 조작해 놨다.

완주경찰서의 문제는 여기서 끝나지 않는다. 사건을 수사했던 형사들은 곧바로 치명적인 잘못을 저질렀다. 사건 발생 약 2개월 뒤인 1999년 4월, 완주경찰서에 중요한 전화 한 통이 걸려 왔다.

"나라슈퍼 할머니를 죽인 진짜 범인들을 알고 있습니다."

진범을 안다는 전화. 가짜 살인범 3인조를 조작해 검찰로 송치한 완주경찰서 측은 얼마나 당황했을까?

"범인이 다 검거되어 이미 끝난 사건인데요."

"그들은 범인이 아니고요. 제가 교도소에서 알고 지냈던 선배와 친구들이 진짜 범인입니다."

이 제보자와 형사들은 다음 날 전북 익산에서 만나 함께 저녁 식사를 하고 다방에서 이야기를 나눴다. 제보자는 모든 사실을 이야기했다.

"익산에 사는 조○○, 부산에 사는 이○○, 배○○이 나라슈퍼에서 강도짓을 하다가 할머니를 죽였습니다. 그때 빼앗은 목걸이, 반지 등을 팔 때 제가 조○○와 함께 갔기에 금은방이 어딘지도 압니다."

그의 진술은 모두 사실이었다. 완주경찰서는 자신들의 잘못이 드러나는 게 두려웠는지, 수사 기록에 이런 흔적을 남기고 진범 제보를 뭉개 버렸다.

"금전을 노린 정신 이상자의 진술로 판단됨."

진범 제보가 왔을 때 잘못을 바로잡았으면, 이 사건은 2개월 만에 정리될 수 있었다. 20년 가까운 시간을 끌 필요도 없었다. 완주 경찰서가 살인범을 조작한 지 약 14년이 흘렀을 때, 장해구 형사는 어떤 사건을 해결한 뒤 한 지역 일간지와 인터뷰를 했다. 그는 이런 말도 했다.

"경찰관으로서 국민의 재산을 보호한다는 사명감을 항상 가슴에 새기며 최선을 다하겠습니다."

범죄적 지능

앞서 말했듯 삼례 3인조 중 최대열은 포기하지 않고 자신의 무죄를 주장했다. 그는 대법원까지 상고를 했다. 유죄가 확정된 뒤에도 한 천주교 교화위원의 도움으로 재심까지 청구했다. 법원은 그의 호소를 모두 외면했다. 최대열은 그가 많은 기대를 걸었던 '똑똑한 남자'를 잊을 수 없다.

그는 바로 1999년 2월 6일 전북 삼례 나라슈퍼에서 발생한 강도 치사 사건을 수사했던 최성우 검사. 최 검사는 주먹과 몽둥이로 '가짜 살인범 3인조'를 만들어 낸 완주경찰서의 수사를 제대로 검증하지 않았다. 억울함을 호소하는 최대열의 말도 외면했다. 그의 잘못은 여기서 끝나지 않는다. 최성우 검사는 약 10개월 뒤 더 큰 일을 꾸민다.

내막은 이렇다. 부산지검 소속 최종원 검사(2018년 서울남부지검장 을 끝으로 검찰을 떠났다)가 "삼례 나라슈퍼에서 유○○ 할머니를 사망 하게 한 진범은 따로 있다."는 첩보를 입수해 수사를 시작했다. 가 짜 살인범 삼례 3인조처럼, 진범은 세 명이었다. 부산에서 나고 자 란 '부산 3인조' 조○○, 배○○, 이○○이 그들이다.

이들의 자백은 범행 현장 상황은 물론이고 피해자 진술과 일치 했다. 나라슈퍼 내부 약도까지 정확히 그렸다. 범인이 아니면 알 수 없는 정보까지 모두 털어났다. 요약하면 이렇다.

"여관에서 히로뽕을 투약한 뒤 돈을 구하려고 강도짓을 하기로 했습니다. 나라슈퍼에 가기 전에 다른 집 몇 곳을 털려고 했으나, 실패했습니다. 나라슈퍼 대문은 열려 있었습니다. 집에 있던 할머 니가 소리를 질러 청테이프로 입과 다리를 결박했습니다. 잠시 뒤 할머니가 숨을 쉬지 않아 물을 떠다 먹이는 등 인공호흡을 했습니 다. 그래도 움직임이 없어 훔친 돈 약 10만 원과 반지, 목걸이 등 패물을 들고 도망갔습니다."

경상도 말투, 열린 대문, 물에 젖은 할머니의 입 주위, 심지어 사 라진 돈 액수까지 모든 게 범행 상황과 일치했다. 게다가 이들이 훔 친 패물을 매입했다는 금은방 주인까지 나타나 검찰에서 진술했다.

여자용 목걸이에는 녹색 큐빅이 4~5개 정도 들어가고 하얀색 작은 큐빅이 수십 개 박혀 있었고, 여자용 반지에는 큰 큐빅이 한 개 박혀 있었으며, 팔찌에는 큐빅 세 개가 박혀 있었습니다.

최성자 씨가 나라슈퍼에서 빼앗긴 패물과 그대로 일치했다. 진범이 자백하고, 장물을 매입한 당사자까지 나타난 상황. 최종원 검사가 진범 '부산 3인조'를 기소할 무렵, 이상한 일이 벌어졌다. 이종찬 부산지검장이 최종원 검사를 불렀다.

"최 검사, 사건에서 손 떼고 '부산 3인조' 전주로 보내."

거의 수사를 마무리했는데, 기소하지 말고 전주지검으로 사건을 보내라니, 당혹스러운 일이었다. 이종찬 지검장이 이런 지시를 내린 속사정은 그의 이력을 알면 쉽게 짐작할 수 있다. 전주지검에서 최성우 검사가 가짜 살인범 삼례 3인조를 수사하고 기소한 1999년 당시, 전주지검장은 바로 이종찬이었다. 그는 자신이 전주지검장으로 있었을 때 잘못된 수사가 이루어졌다는 사실이 드러나는 걸 원치 않았을 것이다.

당시 이종찬 부산지검장이 '부산 3인조' 이송만 관여했는지, 그 이후 전주지검의 수사에 영향을 미쳤는지, 그 진실은 알 수 없다. 당사자들이 모두 침묵하기 때문이다.

한 가지는 확실하다. 그가 전주지검으로 보낸 '부산 3인조'를 최성우 검사가 다시 맡았다는 점이다. 10여 개월 전에 엉뚱한 범인을 기소했는데, 과연 최성우 검사는 스스로 잘못을 인정하고 문제를 바로잡았을까?

진범 부산 3인조는 최성우 검사에게도 모든 걸 자백했다. 딱 1차 진술 때까지만 말이다. 2차 진술 때부터 부산 3인조는 약속이라도 한 듯이 범행을 부인하기 시작했다. 무슨 일이 있었을까?

훗날 부산 3인조 가운데 한 명인 이○○ 씨가 입을 열었다.

"아니, 우리가 범행을 저질렀다고 자백을 다 했는데도 (최성우 검사가) 오히려 '너희는 범인이 아니다.'라고 말을 하는 거예요. 이런 상황에서 우리가 뭘 어떻게 합니까?"

진범 이 씨는 최성우 검사의 주선(?)으로 부산 3인조와 삼례 3인조가 대질했던 일도 들려줬다. 앞서 보았듯 최성우 검사는 진범인 부산 3인조를 앞에 두고 삼례 3인조에게 이렇게 다그쳤다고 한다.

"너희 똑바로 말해! 너네가 나라슈퍼 할머니 죽게 했지? 맞잖아!"

삼례 3인조는 이 자리에서도 자신들이 범인이라고 허위 자백했다. 이 모습을 보고 진범 이 씨가 펑펑 울었다. 강인구 씨가 말한 '나를 위해 울어 준 한 사람'이 바로 이 씨다.

최성우 검사는 부산 3인조에게 '범죄 혐의 없음'이라는 손쉬운 결론을 내렸다. 그러면서 가짜 살인범 삼례 3인조의 지적장애에 대해 이렇게 적어 놨다.

임명선, 최대열, 강인구의 지능에 관하여 보면, 아이큐가 70을 약간 상회할 정도로 지능이 낮은 것은 사실이나, (중략) 지능이 낮을 뿐 범죄적 지능은 발달한 것으로 보여 종전의 수사 및 재판 과정에서 허위 자백했다고 단정하기 어려움.

'범죄적 지능'을 논하는 최성우 검사. 서울 법대를 졸업한 그는 살인 누명을 쓴 지적장애인 삼례 3인조를 다시 교도소로 보냈다. 진범은 처벌하지 않았다. 그는 이로부터 약 1년 뒤 검찰을 떠나 변호사 일을 시작했다. 한국 최대 법률사무소 김앤장에서 오랫동안 활동했다. 김앤장은 억대 연봉을 받는 변호사가 수두룩한 곳이다.

이 사건의 재심 개시 여부를 결정하는 심문 기일이 전주지방법원에서 열린 2016년 초, 박준영 변호사는 최성우 변호사를 증인으로 신청했다. 그즈음 최성우 변호사는 김앤장을 그만뒀다. 그는 우회적으로 심적 고통과 불안을 호소했다. 증인 채택을 하지 말아 달라는 뜻이었다.

박 변호사는 재판부와 논의해 증인 신청을 철회했다. 전주지법은 2016년 7월 재심을 개시했고, 같은 해 10월 28일 삼례 3인조에게 무죄를 선고했다.

얼마 뒤, 최성우 변호사는 김앤장에 다시 들어갔다. 그는 자신이 잘못 기소한 삼례 3인조에게 '미안하다.'는 말을 한 번도 하지 않았다. 또 한 명, 진범 '부산 3인조'를 전주지검으로 이송하도록 해 결과적으로 진실 규명을 방해한 이종찬 부산지검장은 훗날 이명박 정부 초대 민정수석을 맡았다.

진범과 검사, 누가 더 독한가

앞서 말한 대로, 최성우 검사는 삼례 3인조에게 사과한 적이 없다. 잘못을 인정하지도 않았다. 삼례 3인조에 관해서 물으면 그는 늘 "과거 사건에 대해 언급하는 건 적절하지 않다."는 뜻을 밝혀 왔다. 그의 이런 모습은 부산 3인조의 태도와 대조적이다.

이들은 자신들의 범행으로 사망한 유○○ 할머니와 유가족에게 최소한 한 차례 이상 사죄한 적이 있다. 자신들 대신 교도소에 갇힌 삼례 3인조에게도 미안하다는 뜻을 밝혔다. 죄책감 때문에 악몽을 꾼다고도 했다.

사실은 밤마다 할머니가 죽어 있는 모습이 선명하게 떠오르는 등 수많은 죄책의 밤을 지새웠습니다. 사망한 할머니, 유가족에게 미안한 마음이 큽니다. 잘못했습니다. _진범 이○○(2000년 1월 25일 부산지검에서 진술)

저희들로 인하여 무고한 옥고를 치르고 있는 다른 사람들(가짜 살인범 3인조)

에게 미안한 마음이 들어 모든 사실을 솔직히 털어놓기로 했습니다. 이렇게 작정을 하니 마음이 홀가분합니다. _진범 배○○(2000년 1월 25일 부산지검에서 진술)

배○○, 이○○와 같이 강도짓을 하다 할머니를 죽인 사건 때문에 밤마다 할머니의 혼령이 꿈에 나타나 저를 괴롭혀 저로서는 참을 수 없는 고통이었습니다. _진범 조○○(2000년 1월 27일 부산지검에서 진술)

최성우 검사는 이런 진범들을 처벌하지 않아 반성의 기회마저 빼앗았다. 진범 배○○은 2015년 자살했다. 조○○은 운 좋게(?) 처벌을 피한 뒤에도 몇 차례 범죄를 저질렀다. 나라슈퍼 사건과 수법이 비슷한 범죄로 교도소에 다녀오기도 했다. 최 검사가 진범을 풀어 준 탓에 또 다른 시민들이 무서운 피해를 겪은 셈이다.

황당한 일도 있었다. 나라슈퍼에서 사망한 유○○ 할머니의 사위 박성우 씨는 한 시절 식당 주방 환기구 설치 등 설비 일을 했다. 새로 식당을 여는 자영업자가 박 씨의 주요 고객이었다.

진범 조○○과 그의 형은 전북의 한 중소도시에서 살았다. 형이 자영업을 했고, 진범 조 씨는 그곳에서 형을 도와 일하기도 했다. 진범의 가족이 자영업을 시작했을 때, 이곳의 설비를 박성우 씨가 맡아서 했다.

결국 박성우 씨는 장모님을 살해한 범인과 그 가족을 고객으로 다시 만난 셈이다. 게다가 진범의 형이 운영하고, 조 씨가 일했던 그곳은 박성우 씨의 집과 무척 가까웠다. 살인 피해자 유가족과 진범은 서로의 정체를 모른 채 이웃으로 함께 살았던 것이다.

박성우 씨는 나중에 이 사실을 알고 기겁을 했다.

진범, 스스로 입을 열다

열한 개의 숫자를 받아 쥔 박준영 변호사의 눈빛이 떨렸다. 마른 기침을 몇 번 했다.

"나중에 천천히 해봅시다. 괜히 사람 자극해도 좋지 않고……."

박 변호사는 망설였다. 자극하지 말자는 이유를 댔지만, 그는 잔뜩 긴장하고 있었다. 박 변호사는 번호만 입력한 뒤 전화기를 점퍼 주머니에 넣었다.

"삼례 사건 진범 이○○ 010- ……"

여러 경로를 거쳐 어렵게 박 변호사의 손에 들어온 열한 개의 숫자. 삼례 나라슈퍼 3인조 강도 치사 사건의 진범 가운데 한 명의 연락처였다. 그의 전화번호를 파악하기까지 수년이 걸렸는데, 그에게 연락하는 건 더 어려웠다. 고의가 아니었다 해도, 사람이 죽은 강도 사건의 진범이 아닌가. 그것도 검사가 고의적으로 처벌하지 않은 진범.

진범 이○○의 전화번호는 다시 오랫동안 박 변호사의 주머니에 잠들어 있었다. 이러다 진범 목소리도 못 듣고, 나라슈퍼 강도 치사 사건의 진실을 밝히는 스토리펀딩 기획 '가짜 살인범 3인조의 슬픔' 연재가 끝날 듯했다. 2015년 12월 말이었다. 내가 박 변호사에게 전화를 걸었다.

"진범에게 전화 안 합니까? 변호사님, 무서우면 제가 할까요?"

"그게…… (한숨) 아이고…… 알았어요. 제가 연락할게요."

박 변호사는 용기를 냈다. 잠시 뒤 카카오톡으로 음성 파일 하나가 도착했다. 박 변호사와 진범 이○○ 씨의 전화 통화가 녹음된 파일이었다. 박 변호사는 떠는데, 오히려 진범의 목소리는 낮고 침착했다.

"2016년 1월 2일 오후 6시, 부산 서면 롯데백화점 앞에서 봅시다."

진범은 이 말을 남기고 전화를 끊었다. 정말 진범은 약속 장소에 나타날까? 우리는 긴장한 채 약속 장소로 향했다. 박 변호사와 함께 삼례 사건 재심을 추진하는 신윤경 변호사도 동행했다. 우리 중 누가 진범을 맞을 것인가.

"일단, 박 기자님은 다른 곳에 숨어 있어요. 기자가 온다는 말은 안 했거든요. 결정적으로 박 기자님 얼굴이 좀……. 진범이 왔다가 그냥 도망가면 어떻게 합니까."

박 변호사와 신 변호사가 롯데백화점 앞에서 기다렸다. 나는 멀찍이 떨어져 있었다. 약속 시간이 거의 다 됐을 때 박 변호사가 진범에게 전화했다.

"저희 얼굴 모르시죠? 인상착의 알려주려고요."

"됐습니다. 이미 얼굴 다 압니다."

만난 적이 없는데, 어떻게 얼굴을 다 안다는 걸까.

"변호사님, 좋은 일 많이 하시던데요? 인터넷으로 다 찾아봤습니다. 알아서 찾아갈게요. 아, 참…… 저 혼자 안 갑니다. 한 사람 더 데리고 갑니다."

한 사람이 더 온다니. 조직폭력배와 함께 오는 건 아닌지 걱정됐다. 롯데백화점 앞에 부는 바람이 더 차갑게 느껴졌다. 박 변호사는 몸을 웅크렸다. 심장이 저절로 작아진 듯했다. 금방 진범이 박 변호사 앞에 나타났다. 키가 크고 얼굴이 붉었다.

"제가 이○○입니다. 저쪽으로 가시죠."

진범 이 씨는 젊은 여성과 함께 나타났다. 박 변호사는 그가 이끄는 대로 따라갔다. 롯데백화점을 끼고 오른쪽으로 들어가니 사람이 더 많았다. 박 변호사와 신 변호사, 진범과 한 여인은 인파 속으로 사라졌다. 박 변호사와는 한동안 전화가 연결되지 않았다.

30분 뒤, 박 변호사가 문자로 자신의 위치를 알려줬다. 스마트폰 지도를 이용해 찾아가니 해물찜을 파는 식당이었다. 변호사 두 명, 진범과 한 여인이 마주 앉아 있었다. 그들 사이에 놓인 붉은 해물찜에선 뜨거운 김이 올라왔다. 어색함을 깨려는 듯 박 변호사가 소주병을 잡고 진범에게 한잔 권했다.

"저기…… 제가…… 생긴 건 이래도요. 나쁜 사람 아닙니다. 저를 믿으세요. 저만 믿으시면 일이 잘 풀릴 겁니다."

진범은 별말을 하지 않았다. 박 변호사는 "저를 믿으세요."라는 말을 계속 반복했다. 진범과 함께 온 여인이 해물찜을 사람들에게 분배했다. 진범 대신 박 변호사가 소개했다.

"진범이랑 같이 온……, 아니, 이○○ 씨랑 같이 온 조카랍니다. 법대에 다닌다는데요. 진실을 말하고 참회하는 모습을 조카에게 보여 주고 싶어서 데리고 왔대요. (이 씨를 보면서) 근데, 제가 사람을 앞에 두고 자꾸 진범, 진범…… 하는 게 좀 그렇네요. 뭐라 딱히 부를 호칭도 없고……."

이 씨는 말없이 소주를 들이켰다. 그는 해물찜도, 볶음밥에도 거의 손을 대지 않았다. 박 변호사는 그에게 "있는 그대로 사실만 말해 달라."고 부탁했다. 진범은 박 변호사를 믿기로 했다. 동영상 촬영, 녹음 등 모두 응했다. 그는 카페로 이동해 모든 진실을 이야기했다.

"그동안 죄책감이 컸습니다. 우리가 (할머니를 죽게) 했는데, 그 사람들(삼례 3인조)이 누명을 썼으니까요. 누군가에게 얻어터지는 악몽을 자주 꿨습니다. 저와 친구들이 삼례 나라슈퍼 사건의 진범이 맞습니다. 지금이라도 처벌을 받으라면 받겠습니다(이 사건 공소시효는 2009년 2월 5일 만료됐다). 1999년에도 검사에게 모두 자백했습니다. 우리도 그날의 진실이 궁금합니다. 자백한 우리를 왜 검사가 풀어 줬는지……."

그의 조카는 옆에서 삼촌의 자백을 지켜봤다. 이 씨는 "모든 걸 털어놓으니 마음이 조금 후련하다."고 했다. 과거의 일을 풀어놓는 동안 그의 눈은 몇 번 젖었다. 박 변호사는 다시 '믿음 타령'을 시작했다.

"저를 믿으세요. 진짜 참회하고 반성하시면, 세상이 용서할 겁니다."

사실 이쯤이면 족하다. 삼례 나라슈퍼 3인조 강도 치사 사건의 재심을 추진하는 변호사로서 더는 바랄 게 없는 상황이다. 진범이 나타나 진실을 말하는 동영상을 촬영했으니 말이다. 법원이 재심을 거부하기 어려운 상황 아닌가. 그럼에도 박 변호사는 멈추지 않고 한 걸음 더 나아갔다. 일을 더 만들었다. 얼마 뒤, 진범 이 씨에게 전화를 걸었다.

"그때 사건으로 가족을 잃은 유가족을 한번 만나야 하지 않겠습니까? 만나서 사죄를 하고, 돌아가신 유○○ 할머니 묘소도 가보셔야죠. 누명 쓴 삼례 3인조도 만나 보시고요."

이 씨는 당혹스러워했다. 사죄와 참회가 싫은 게 아니었다. 박 변호사의 제안으로 여러 상황이 만들어지는 게 부담스러웠다. 고민 끝에 이 씨가 말했다.

"갑시다. 다 나 때문에 벌어진 일인데, 고개 숙이고 참회해야죠."

'디데이'가 2016년 1월 29일로 잡혔다. 결심을 했어도 마음이 복잡했다. 이 씨는 아침부터 소주를 마시며 박 변호사를 기다렸다. 박 변호사의 마음이 급해졌다. 술에 취한 이 씨가 마음을 바꿀까 봐 걱정했다.

수원에 사는 박 변호사는 차에 시동을 걸고 시속 150킬로미터로 진범을 향해 달려갔다. 진범은 경상남도의 한 중소도시에 산다. 그날따라 하필 눈이 쏟아졌다. 그날의 여정은 이랬다.

경기도 수원에서 경남 소도시로 달려가 진범 이 씨를 차에 태운다. → 경남에서 삼례 3인조가 사는 전라북도 전주로 간다. → 유○○ 할머니 묘소가 있는 충청남도의 소도시로 간다.

이 모든 걸 박 변호사가 기획하고 추진했다. 다행히 진범 이 씨는 박 변호사의 진심을 이해했다. 그는 마음을 바꾸지 않았고 박 변호사의 차에 올라탔다. 차는 가짜 살인범 3인조가 있는 전주로 출발했다. 흰 눈은 계속 쏟아졌다.

얼마쯤 달렸을까. 이 씨의 어머니가 울먹이며 그에게 전화를 걸었다. 큰 죄를 지은 아들이 걱정된 것이다. 세상의 모든 어머니 마음은 비슷하지 않은가. 이 씨가 어머니에게 말했다.

"엄마, 걔들(삼례 3인조)이 엄마 아들이라고 생각해 보세요. 그러면 제가 찾아가는 게 맞겠죠? 엄마도 그런 걸 원하겠죠?"

전주에서 삼례 3인조를 만났을 때, 이 씨가 먼저 손을 내밀었다.

그는 "미안합니다."라고 짧게 말했다. 3인조는 "이렇게라도 진실을 말해 줘서 고맙습니다."라고 답했다.

이제는 충남으로 달려갈 시간. 그곳에서 하룻밤을 머물고 다음 날 아침 유○○ 할머니 묘소를 참배하기로 했다. 박 변호사와 나, 이 씨가 같은 모텔 방을 쓰기로 했다. 방 열쇠를 받고 박 변호사가 웃으며 말했다.

"이제는 우리가 같은 방을 쓰는 사이가 됐네요.(웃음) 우리는 한 배를 탔습니다! 긴장하지 마세요. 저 나쁜 놈 아닙니다."

우리는 무사히 밤을 보냈다. 다음 날 아침, 박 변호사는 어색한 분위기를 없애려고 텔레비전 뉴스를 틀었다. 하필이면 그때 뉴스에서 '이태원 살인 사건' 진범 아서 존 패터슨(Arthur John Patterson)이 1심에서 징역 20년을 선고받았다는 소식이 흘러나왔다. 분위기가 이상해졌다. 이 씨보다 박 변호사의 얼굴이 더 굳어졌다.

모텔에서 나와 유○○ 할머니 묘소로 가는 길. 이 씨는 할머니 묘소에 바칠 술, 북어포, 과일을 샀다. 많이 긴장했는지 이 씨는 떨고 있었다. 그런 이 씨의 손을 유 할머니의 유가족 박성우 씨가 잡아 줬다. 박 씨가 울면서 말했다.

"죄는 밉지만…… 이렇게 용기를 내줘서 고맙네. 늦게라도 반성하고 사죄를 한다니, 다행이네."

이 씨는 할머니 묘소에 술을 올리고 사죄의 절을 올렸다.

"할머니, 정말 죄송합니다. 제가 너무 늦게 찾아왔습니다. 이제

© 박상규

2016년 1월 29일 진범 이 씨와 함께 찾아간, 피해자 유○○ 할머니의 묘소.

"그동안 죄책감이 컸습니다.
우리가 (할머니를 죽게) 했는데, 그 사람들(삼례 3인조)이 누명을
썼으니까요. 누군가에게 얻어터지는 악몽을 자주 꿨습니다.
저와 친구들이 삼례 나라슈퍼 사건의 진범이 맞습니다.
지금이라도 처벌을 받으라면 받겠습니다(이 사건 공소시효는 2009년
2월 5일 만료됐다). 1999년에도 검사에게 모두 자백했습니다.
우리도 그날의 진실이 궁금합니다.
자백한 우리를 왜 검사가 풀어 줬는지……."

라도 좋은 곳에서 편히 쉬셨으면 좋겠습니다. 정말 죄송합니다."

이 씨는 쉽게 일어서지 못했다. 그런 이 씨 옆에서 유가족 박성우 씨가 눈물을 흘렸다. 봉분 위로 따뜻한 겨울 햇볕이 쏟아졌다.

삼례 나라슈퍼 강도 치사 사건은 1999년 2월 6일 발생했다. 그로부터 진범이 나타나 희생자 묘소에 참회의 절을 올리기까지 17년이 걸렸다. 멀고 먼 길. 이 여정은 사건 발생 뒤 1년도 안 돼 끝날 수 있었다. 이 씨 등 진범 부산 3인조가 부산지검에서 모든 범행을 시인했을 때 말이다. 검찰이 자신들의 잘못을 감추기 위해 벌인 일이 여러 사람을 고통스럽게 했다. 이 씨는 자주 말했다.

"삼례 3인조 그분들, 정말 생각할수록 불쌍하네요. 그분들 기사를 읽으면 지금도 눈물이 납니다."

이 씨는 "나는 평생 사죄하면서 살아야 한다."고 자주 말한다. 그런 이 씨에게 물은 적이 있다. 왜 세상 사람들 앞에 섰느냐고. 그냥 숨어서 모른 척하며 살 수도 있는데, 왜 굳이 나왔느냐고. 그는 두 가지를 이야기했다.

"누명 쓴 삼례 3인조가 불쌍하잖아요."

다른 하나는?

"박준영 변호사 때문이지! 아, 정말 그 사람 때문에 아주 죽겠어요. 그래도 뭐, 박 변호사 덕분에 유가족과 할머니에게 정식으로 참회할 기회를 가졌죠. 하여간 그 양반, 별종이야 별종……."

해원의 시간

　피해자와 유가족이 나서 억울한 삼례 3인조를 돕고, 진범까지 세상에 나와 양심선언을 했다. 재심 개시와 무죄판결은 자명했다. 이 사건의 재심은 2016년 7월 11일에 확정됐다. 전주지방법원에서는 같은 해 10월 7일 마지막 재심 공판이 열렸다. 20여 일 뒤로 선고일이 정해졌다.

　부산에서 전주까지 가는 길은 까마득했다. 고속도로 위를 달리는 세 시간은 17년 세월만큼 아득했다. 목적지에 가까워질수록 가슴은 한없이 내려앉았다. 차창 밖은 더없이 어두웠다.

　가기 싫어도 가야만 하는 길이 있다. 피하고 싶어도 만나야만 하는 사람도 있다. 원통한 마음을 풀고, 서로 용서하고 화해하는 해원(解冤)의 시간은 저절로 오지 않는다. 가슴에 한을 맺히게 한 사람이 다가가야 한다.

　검은 밤, '삼례 나라슈퍼 3인조 강도 치사 사건'의 진범 이○○ 씨가 길을 나선 이유다. 2016년 10월 27일 밤, 오늘을 넘기면 더는 기회가 없다. 다음 날인 10월 28일 전주지방법원이 삼례 사건 재심을 선고하기 전에 고개를 숙여야 했다. 마지막 한 사람, 그가 아직 용서하지 않았다.

　"먼 길을 돌고 돌아 내가 여길 다시 오네요."

　고속도로 어느 지점에서 '삼례' 지명이 보였다. 이 씨는 한숨을 여러 번 토했다. 고통·회한·슬픔이 뒤섞인 듯했다. 한숨과 한숨 사이의 짧은 순간에 내가 물었다.

"최성자 선생님이 뺨을 한 대 때릴 수도 있는데요. 어떻게 하실 겁니까?"

"때리면 맞아야죠. 그래서라도 그분 마음이 좀 풀리면 좋겠네요."

앞서 말한 대로, 진범 이 씨는 2016년 초 삼례 사건의 유가족을 만나 사죄했다. 자신과 친구들의 범행으로 목숨을 잃은 유○○ 할머니의 묘소를 찾아 참회의 절을 했다. 유가족은 그를 용서했다.

하지만 최성자 씨는 아직 마음을 열지 못했다. 그럴 만한 사정이 있다. 삼례 나라슈퍼에 3인조 강도가 든 1999년 2월 6일 새벽, 최 씨는 자신의 목에 차가운 흉기를 대고 "움직이면 죽여 버린다."고 말한 강도의 목소리를 들은 이후 큰 트라우마에 시달렸다.

진범 이 씨와 피해자 최성자 씨. 두 사람 모두 먼 길을 돌아왔다. 법원의 삼례 사건 선고를 하루 앞둔 10월 27일 밤, 두 사람은 전주의 한 시골집에서 만나기로 했다. 최 씨가 먼저 도착해 이 씨를 기다렸다. 현장에 도착했을 땐, 사건이 벌어진 17년 전 그 새벽처럼 세상은 캄캄했다.

이 씨는 최성자 씨가 있는 집으로 쉽게 들어가지 못했다. 마른 두 손으로 얼굴을 몇 번 훔쳤다. 신발을 벗고 집으로 들어갔을 때, 최성자 씨가 먼저 다가와 손을 내밀었다.

"그냥 서로 다 내려놓읍시다."

"죄송합니다. 그리고, 고맙습니다."

둘은 손을 잡았다. 이 씨는 얼굴을 들지 못했다. 집 안에 있던 삼
례 3인조와 그 가족이 박수를 쳐줬다. 이렇게 비어 있던 삼례 사건
의 마지막 퍼즐이 채워졌다. 이 한 조각을 채워 넣기 위해 박준영
변호사가 많이 노력했다. 그가 최성자 씨와 이 씨를 만나 다리를 놓
았다.

이제는 마침표를 찍어야 할 시간. 다음 날 28일 아침, 이 씨는
전주지방법원으로 향했다. 자신과 친구들이 진범이고, 그 사실을
이미 법정에서 증언했으니, 삼례 3인조의 무죄는 당연했다. 그래도
초조했다.

법정은 사람들로 꽉 찼다. 이 씨는 맨 뒤에 선 채 선고를 기다렸
다. 저 앞에 앉아 있는 박준영 변호사와 삼례 3인조도 초조해 보였
다. 박 변호사는 기도를 하는지 고개를 숙이고 눈을 감았다. 재판부
가 입장해 찬찬히 판결문을 읽었다.

"17년간 크나큰 정신적·육체적 고통을 겪은 피고인들과 그 가
족 여러분께 깊은 위로의 말씀을 드립니다."

무죄였다. 법정에서 박수가 터졌다. 박수 소리는 오래 이어졌다.
진범의 눈이 붉게 젖었다. 법정 밖에서 삼례 3인조와 가족, 유가족
과 피해자 등이 기자회견을 했다. 삼례 3인조는 "이제 무거운 짐을
내려놓게 됐다."며 "그동안 도와주신 모든 분들에게 고맙다."고 말
했다. 삼례 3인조 중 한 명인 최대열 씨의 누나 최수영 씨는 마이크

를 잡고 펑펑 울었다.

"오늘 너무 기쁘고요. 박준영 변호사님, 너무 감사드립니다. (돌아가신) 엄마, 아빠도 좋아하실 것 같아요. 많은 분들이 도와주셔서 고맙고 감사드립니다."

그 말에 박준영 변호사는 "나는 별로 한 일이 없다."며 공을 다른 쪽으로 돌렸다. 사람들은 웃고 울면서 함께 "만세!"를 외쳤다. 진범은 멀찍이 떨어져서 이 광경을 바라봤다.

"이제야 모든 게 자기 자리를 찾았네요."

삼례 3인조와 가족, 유가족, 피해자, 진범 등은 다시 어제의 그 '화해의 집'에 모였다. 함께 축하 파티를 했다. 누명을 벗은 삼례 3인조는 케이크의 촛불을 껐다. 박수가 터졌고, 함께 건배를 했다.

최성자 씨는 다른 사람들보다 먼저 자리를 떴다. 해가 기울자 사람들은 각자의 집으로 돌아갔다. 박준영 변호사도 다른 일정 탓에 일찍 떠났다. 넓은 집에 진범 이 씨와 나, 그리고 지인 두 명만 남았다. 깊은 밤, 이 씨가 많은 이야기를 풀어냈다.

"사실 2002년에 저를 찾아온 방송사 피디가 있었어요. 앞으로 많은 기자들과 변호사들이 나를 찾아올 거라고 생각했죠. 그런데, 뭐 10여 년 동안 아무도 안 찾아오던데요? 날 찾아온 변호사는 박준영 그 사람이 유일해요. 깜짝 놀랐죠. 뭐, 이런 사람이 있나 싶었지. 근데 내가 박 변호사를 만난 게 복이죠.(웃음)"

박 변호사가 진범을 찾아간 2015년 말, 그때 박 변호사는 진범에게 약속했다.

"사실만 말해 주면, 다음부터는 찾아오거나 귀찮게 하지 않을게요. 진실만 말해 주십시오."

진범은 모든 걸 이야기했다. 박 변호사는 약속을 지키지 않았다. 계속 진범을 찾아가 귀찮게 했다. 박 변호사는 "과거의 잘못으로 악몽을 꾸고 죄책감에 시달린다."는 진범 이 씨의 말을 허투루 듣지 않았다.

이해의 노둣돌, 화해의 징검다리는 저절로 놓이지 않는다. 박 변호사가 이 씨를 설득해 유○○ 할머니 묘소를 참배하도록 했다. 그런 모습을 보고 유가족은 이 씨를 용서했다. 그렇게 여러 사람의 가슴에 맺힌 원한이 풀렸다.

진범 이 씨는 전주에서 2박 3일을 보내고, 왔던 길을 되밟아 부산으로 떠났다. 부산 자택에 도착할 즈음 이 씨가 말했다.

"저는 계속 반성하면서 살아갈 일만 남았네요. 반성을 해도 내가 한 일이 사라지는 건 아니니, 계속 그렇게 살아야죠."

이 씨는 또 보자며 내 손을 잡았다. 집으로 향하는 그의 넓은 등이 유난히 고단하고 쓸쓸해 보였다. 이틀 뒤, 최성자 씨는 박준영 변호사에게 긴 문자메시지를 보냈다.

선고 전날 (진범) 이 씨를 처음 만났을 때 사실은 많이 떨렸어요. 그런데 만나고 나니까 막상 제가 생각했던 그런 무서운 인상이 아니었어요. 선하게 생기고, 수줍어하시고, 저하고 눈도 잘 못 맞추더군요. 그래서 제가 먼저 손을 내밀고 "이젠 잊고 사세요. 저도 잊고 살게요."라고 말했어요.

근데 그게 제가 진심을 다해 말한 게 아니었나 봐요. 무죄 선고받고 농가 주택에서 즐겁게 뒤풀이하고 계실 때 분위기 깨지 않으려고 아무한테도 인사 안 드리고 빠져나왔습니다. 그런데 자꾸만 이 씨가 마음에 걸리는 거예요. '그분을 마지막으로 보고 올 걸 그랬구나.' 뭐 그런 생각이 자꾸 드는 거예요. 무죄를 받으니 그분이 진정으로 용서가 됩니다. 그래서 이젠 정말 용서하겠노라고, 그러니 지난 일 다 잊고 행복하게 사시라고, (자신이 진범임을) 고백해 줘서 감사하다고, 세상에 나와 진실을 얘기하기가 참 힘들었을 텐데 고맙다고…… 그 말을 했어야 했는데, 그게 걸려요.

변호사님, 제가 그분께 연락할 수 있는 방법도 없고 변호사님이 제 맘을 대신 전해 주세요. 이젠 다 잊고 행복하게 사시라고요. 이렇게 무죄를 받고 (진실을) 바로잡을 수 있었던 거 그분의 용기 덕분이잖아요. 앞으로는 행복한 일만 있길 바란다고 전해 주세요.

박 변호사는 이 문자를 그대로 이 씨에게 전달했다. 잠시 뒤, 이번엔 진범 이 씨가 문자를 보냈다.

미안하고, 감사하고, 고맙습니다. 저희로 인해 긴 시간 고통의 날을 보내신 것 정말 죄송합니다. 용서해 줘서 정말 감사합니다. 앞으로 열심히 살겠습니다. 저 또한 마지막 날 가시는 뒷모습을 보며 인사를 드려야 했는데, 그렇게 못 해 후회했습니다. 먼저 손 내밀어 주셔서 고맙습니다. 이제 무거운 마음의 짐 내려놓으시고 항상 건강하고 행복만 가득하길 기원합니다.

이렇게 삼례 사건의 마지막 퍼즐 한 조각까지 맞춰졌다. 2016년 10월 30일 박준영 변호사는 페이스북에 감사의 글을 하나 올렸다. 한 대목은 이렇다.

삼례 나라슈퍼 사건은 제가 진행하고 있는 여러 재심 사례 중 가장 한 일이 없었습니다. 세상에 이 사건을 처음으로 알린 교화위원이 계시고, 공론화의 근거가 되었던 현장검증 동영상을 촬영하고 무려 17년간 보관했던 유족이 있었으며, 사건 이후 밤이면 집밖에 나가지도 못하고 엘리베이터도 잘 못 타는 트라우마 속에서도 재심을 위해 발 벗고 나선 피해자가 있었습니다. 삼례 3인조의 억울한 삶 이야기를 듣고 피해자와 유가족을 찾아가 사죄하고, 법정에 자진 출석해 "내가 진범입니다!"라고 증언까지 한 진범이 있었습니다. 이런 여러 사람의 노력이 모여 오늘의 정의로운 결과에 이를 수 있었습니다. 그리고 스토리펀딩, 페이스북을 통해 함께해 주신 많은 분들의 지지와 격려 또한 적지 않은 힘을 보냈습니다.

그의 말대로, 이 사건을 해결하기 위해 많은 사람이 노력했다. 그 노력이 쌓여 여기까지 왔다. 그나저나, 정말 박 변호사는 쉽게 왔을까?

인간에 대한 예의

때에 절어 너절한 수천 쪽의 사건 기록보다 박준영 변호사가 더 피곤해 보였다. 수원에 사는 박 변호사가 전주에 사는 '삼례 3인조'를 태우고 지리산 아래 구례까지 왔으니 그럴 만도 했다.

박 변호사는 와이셔츠를 벗고 일명 '난닝구 패션'으로 노트북을 켰다. 그 앞에 임명선 씨가 긴장한 채 앉았다. 2016년 5월 31일 자정께였다.

"임명선 씨, 완주경찰서에서 조사 다 받고 나서, '참 좋은 세상인 것 같군요.'라고 말한 적 있어요?"

"그거 제가 한 말 아녜요. 경찰이 자기들 마음대로 쓴 거예요."

"그때 '내가 이런 말 안 했다.'라고 항의는 안 했어요?"

"무서워서……. 그 순간에 어떻게 항의를 해요."

둘은 한참을 이야기했다. 임 씨와의 대화는 새벽에 끝났다.

"명선 씨, 고생하셨어요. 내일 검사 앞에서 쫄지 말고 당당하게! 아셨죠? 대열 씨 좀 깨워 주시고, 명선 씨는 이제 들어가서 좀 쉬세요."

숙소로 향하는 명선 씨 머리 위로 지리산의 별이 총총했다. 곳곳에서 개구리가 울었다. 금방 잠에서 깬 최대열 씨가 피곤한 얼굴로 박 변호사 앞에 앉았다. 지리산의 깊은 밤, 둘은 다시 17년 전 사건 속으로 걸어 들어갔다. 박 변호사는 밤을 샜다.

© 박상규
2016년 5월 31일, 다음 날 있을 삼례 재판을 준비하는 모습.

비장애인도 읽기 힘든 재심 청구서를 그들에게 굳이 왜 줬냐고 물었다.
그거 줘봤자 제대로 읽기나 하겠냐고.
"재심 청구 당사자인데, 당연히 줘야죠!
지적장애가 있다고 절차를 안 지키거나, 설명을 생략하면 안 됩니다.
다른 사람과 똑같이 대해야죠. 가난한 지적장애인이라고 무시하고
인간 취급도 안 해서 이 사달이 난 거 아닙니까!"

전주지방법원에서 재심 개시 여부를 결정하는 심문 기일이 한창이던 때였다. 다음 날인 6월 1일은 삼례 나라슈퍼 강도 치사 사건의 살인 누명을 쓴 삼례 3인조가 17년 만에 법원에서 검사의 신문을 받는 날이었다. 박 변호사는 잠들 수 없었다.

1심 법원에서부터 대법원까지 유죄를 판결한 사건, 게다가 과거한 차례 재심 청구 기각까지. 이 모든 법원의 결정을 뒤집고 3인조의 누명을 벗기는 일은 적당히 준비해서는 불가능하다. 박 변호사는 수천 쪽의 사건 기록을 다시 꼼꼼하게 살폈다. 경찰·검찰이 작성한 '삼례 3인조'의 진술 조서부터 과거 법원 공판 기록까지 모두 확인했다.

재판 준비는 다음 날 오전 9시까지 이어졌다. 아침 해에 지리산이 빛났다. 근처 식당에서 아침을 먹고 전주지방법원으로 출발하자는 내 제안을 박 변호사가 만류했다. 바쁘니 컵라면으로 대충 때우자고 했다. '바쁘다'는 말, 사실이 아니었다.

전주에서 열리는 재판 준비를 지리산 아래, 구례에서 하는 데는 이유가 있었다. 전날 박 변호사는 내게 전화로 말했다.

"삼례 3인조랑 밤새 재판을 준비하고 작업을 해야 하는데, 마땅한 숙소가 없네요."

숙소가 없는 게 아니다. 박 변호사에겐 돈이 없었다. 성인 여러 명이 함께 작업할 수 있는 공간이 딸린 숙소를 구하려면 적지 않은 돈이 필요했다. 파산 위기의 박 변호사에겐 부담인 게 사실이다. 내가 사는 지리산으로 불렀다. 아는 지인이 카페 딸린 숙소를 싸게 내줬다. 지인은 컵라면 먹을 때 김치를 내주며 안타까워했다.

"이렇게 힘들게 준비하는 걸 몰랐네요. 오늘 재판 잘하세요!"

먼 곳에서 컵라면을 먹으며 준비한 재판. 박준영 변호사의 의뢰인 삼례 3인조는 실망을 했을까? 아니다. 오히려 최고의 조력을 받았다. 삼례 3인조 중 한 명인 강인구 씨가 더듬으며 말했다.

"저희는…… 진짜…… 고맙죠……. 우리…… 인간답게…… 대해 준…… 사람은…… 박 변호사님이…… 처음이에요."

애초 삼례 3인조가 자신들의 억울함을 풀어 달라고 박 변호사를 찾아간 게 아니다. 이들은 그럴 표현력과 돈이 없다. 반대로, 박 변호사가 이들을 찾아 나섰다.

"2011년이었어요. 방송에서 우연히 강인구 씨의 얼굴을 봤는데, 너무 불쌍해 보이는 거예요. 그때부터 3인조를 찾아 나섰죠. 맨 처음 인구 씨랑 연락이 닿았는데, 나를 피하더라고요. 당신을 돕고 싶다고 하고 변호사라고 밝혀도 경찰인 줄 알고 연락을 끊더라고요. 얼마나 당하고만 살았으면 그랬겠어요."

박 변호사는 강인구 씨를 시작으로 최대열, 임명선 씨를 차례로 만났다. 살아오면서 인간으로서 존엄한 대접을 거의 받아 보지 못한 이들은 박 변호사에게도 쉽게 마음을 열지 않았다. 이들의 사건 기록은 과거 삼례 3인조를 도왔던 한 변호사 사무실에서 찾았다. 피해자와 유가족을 만나고, 진범을 찾아 설득했다. 그렇게 3년이 흘렀다. 3인조는 조금씩 마음을 열었다.

이들은 재심 청구서를 2015년 3월 법원에 접수했다. 대한민국 법원은 '법적 안정성'을 이유로 재심 결정에 보수적이다. 게다가 삼례 사건은 대법원에서 유죄 확정판결, 재심 기각 결정까지 내려진 바 있다. 이걸 뒤집는 건 보통 일이 아니다. 경찰·검찰의 수사가 잘못됐고, 대법원의 경험 많은 판사까지 오판했다고 지적하는 일이니 더욱 그렇다.

진범을 수사한 기록이 있으니, 법원의 재심 결정은 당연한 일 아니었냐고? 그 기록을 증거로 제출했음에도 대법원은 한 차례 재심을 기각했다. 경찰이 위법하게 수사했다는 증거를 다시 찾아, 재심에 인색한 법원을 설득하는 그 답답하고 지난한 일을 박준영 변호사가 했다. 삼례 3인조를 만나 재심을 해보자고 설득하고 법원의 무죄를 이끌어 내기까지 5년이 넘게 걸렸다.

다시 2016년 6월 1일 재심 심문 기일 재판으로 돌아가자. 박 변호사와 밤샘 준비를 했음에도 피고인석에 앉은 삼례 3인조는 검사와 재판장 앞에서 떨었다. 검사의 질문에는 진술거부권으로 맞서기로 했는데, 삼례 3인조의 입에서는 밤새도록 훈련한 "진술을 거부합니다."라는 말이 나오지 않았다. 박 변호사가 자기 의자를 끌고 나가 피고인들 바로 옆에 앉았다. 재판장이 제지했다.

"지금 뭐 하는 거죠?"

"원래 이렇게 하는 겁니다. 변호인이 당연히 피고인 옆에 앉아

야지요!"

"꼭 그렇게까지 할 필요가 있나요?"

"그럼요! 저는 피고인들의 변호인입니다."

박 변호사가 바로 옆에 딱 붙어 앉았기 때문일까? 삼례 3인조는 그토록 무서워하는 검사 신문을 잘 견뎠다. 2016년 10월 28일 전주지방법원은 삼례 3인조에게 17년 만에 무죄를 선고했다.

박 변호사는 어떻게 재심 결정과 무죄판결을 이끌어 냈을까? 치밀한 증거 수집과 검사의 주장을 깨는 정연한 논리가 적중했을까? 물론 그럴 수도 있다. 박 변호사 곁에서 2년을 지켜본 나는 좀 다른 생각을 한다.

박 변호사는 일상에서 '삼례 3인조'에게 말을 놓은 적이 없다. 그들에게 지적장애가 있어도, 나이가 어려도, 수임료는커녕 자신에게 냉면 한 그릇 못 사주는 사람들이어도, 그는 꼬박꼬박 높임말을 쓰며 자신의 의뢰인을 존중했다. 3인조가 그의 말을 잘 이해 못 해도 그는 짜증내지 않았다.

국가가 존엄한 인간으로 대하지 않은 삼례 3인조를, 고졸의 가난한 박 변호사가 사람으로 대했다. 인간에 대한 예의와 존중. 박 변호사의 변론은 거기서 출발하고, 다시 거기로 향했다. 박 변호사는 그걸로 싸웠고, 그걸로 이겼다.

© 이희훈
2016년 10월 28일 무죄판결을 받은 강인구, 임명선, 최대열 씨(왼쪽부터).

"헌법이 정한 바대로, 이 사건 피고인들이 존엄한 인간으로 대우를
받았나요? 행복추구권은 보장받았나요? 이들이 법 앞에 평등했나요?
오히려 차별을 받지는 않았나요? 국가는 장애가 있거나 미성년자였던
이들, 그리고 이들의 가정을 어떻게 보호했나요?
이 사건을 수사했던 경찰, 검사, 그리고 재판을 했던 판사는 이들에게
봉사자였나요? 이들에 대한 책임을 진 사실이 있나요?"
_박준영 변호사의 삼례 나라슈퍼 강도 치사 사건의 최종 변론 중에서

익산 약촌 오거리
택시 기사 살인 사건

3장

그들은 왜 살인범을 풀어 줬나

처음엔 부인을 했다. 그런데 국선변호인이 "에이, 별거 아닌데 혐의 인정하면 불구속이 될 수 있다."고 했다. 그래서 어느 정도 혐의를 인정했더니 그대로 구속돼 검찰로 왔다. 피고인은 '이제 부인해야지.' 했는데 검찰은 "경찰에서 다 인정했는데, 인정하는 게 어떻겠느냐?"고 나온다. 또 혐의를 인정한다. 자백 뒤 기소된 상황에서 무죄 증거가 쏟아졌다. 담당 변호인이 무지하게 다퉜다. 그런데 선고일 즈음해서 변호인이 "유죄가 날 것 같다. 전과도 있고, 자백하면 집행유예가 나올 것 같다."고 했다. 피고인은 빨리 집으로 돌아가는 게 목적이니까, 1심에서 쭉 부인하다 최후 진술에서 [허위] 자백한다. 그랬더니 판사가 징역형을 선고했다.

_「'무죄'라 말하기 어려운 법정」, 『한겨레21』 제958호 중에서

뒤바뀐 운명

> "하지만 저는 죄가 없습니다." K가 말했다.
>
> ……
>
> "그건 맞습니다." "그러나 죄 있는 자들은 늘 그렇게 말하곤 하지요."
>
> _프란츠 카프카, 『소송』 중에서

　　자정이 넘어 세상은 어두웠다. 익산시 ○○은행 앞에서 한 사내가 왼쪽 도로 끝을 바라봤다. 빈 택시 한 대가 달려왔다. 사내는 손을 들어 택시를 세웠다.

　　"약촌오거리 좀 갑시다."

　　택시 뒷좌석에 앉은 사내는 가방 속의 칼을 만졌다. 약촌오거리를 500미터쯤 앞두고 택시를 세웠다. 칼을 꺼내야 하는데 심장이 떨려 몸이 움직이지 않았다. 칼 대신 동전 몇 개를 꺼내 요금을 치렀다. 그가 가진 돈의 전부였다.

　　사내는 어두운 거리에 서서 한참을 생각했다. '결심한 대로 해야 하나, 여기서 멈춰야 하나.' 고민이 채 끝나지 않았는데 저쪽에서 택시 한 대가 경적을 울리며 다가왔다. 사내는 택시에 올라탔다.

　　택시는 약촌오거리를 향해 천천히 달렸다. 사내는 가방 속 식칼

손잡이를 움켜쥐었다. 택시는 목적지 약촌오거리에서 멈췄다. 사내는 요금 대신 식칼을 택시 기사의 목에 갖다 댔다.

"가진 돈 다 내놔."

"뭐야?!"

택시 기사 유호준(가명)은 순간적으로 저항했다. 뒷좌석의 사내가 곧바로 칼로 공격했다. 유호준은 택시에 설치된 무전기를 들고 가까스로 말했다.

"약촌오거리…… 강도……."

유 씨는 택시 운전석 문을 열고 탈출을 시도했다. 사내는 왼손으로 유 씨의 왼쪽 어깨를 잡아 안으로 끌어당겼다.

'택시 기사를 놓치면 내가 죽는다.'

사내는 정신없이 칼을 휘둘렀다. 어디를 몇 번 찔렀는지도 모른다. 택시 기사의 움직임이 약해졌다. 사내는 칼을 들고 택시에서 내려 어둠 속으로 사라졌다. 택시는 더는 움직이지 않았다. 택시와 기사의 운명은 거기까지였다. 택시 기사는 병원으로 이송됐으나 과다 출혈 등으로 사망했다.

한차례 소나기가 쏟아져 끈적한 2000년 8월 10일 새벽, 익산 약촌오거리 택시 기사 살인 사건은 이렇게 끝났다. 피범벅이 된 택시는 얼마 뒤 폐차됐다.

약촌오거리에 경찰이 깔렸다. 택시 한 대가 정차돼 있고, 경찰이 주변을 수색했다. 오토바이로 커피 배달 여성을 태워다 주고 다방으로 돌아가던 소년이 경찰에게 물었다.

"뭐 하시는 거예요? 무슨 일 났어요?"

"택시 기사가 칼에 찔렸는데, 혹시 이 주변에서 수상한 사람 본적 있어?"

"어…… 아까 이 근처에서 남자 두 명이 뛰어가는 걸 봤는데요."

"그래?"

소년은 익산경찰서에서 자신이 목격한 두 사람에 대해 진술했다. 키는 두 사람 모두 약 170센티미터였고, 한 명은 흰색 운동화를, 다른 한 명은 샌들을 신었다고 했다. 흰색 운동화를 신은 남자의 머리는 노란색으로 물들인 상태였다고 진술했다.

곧 소년은 전북지방경찰청으로 가 몽타주를 작성했다. 뛰어가는 뒷모습만 기억나는데, 경찰은 자꾸 얼굴을 기억해 보라고 했다. 이상하게 자기 선배 얼굴이 탄생했다. 다음 날, 소년은 익산을 빠져나와 천안으로 갔다. 경찰은 엉뚱한 몽타주를 그려 놓고 곧바로 익산을 떠난 소년이 의심스러웠다. 소년에게 연락해 익산으로 오라고 했다. 소년은 천안보다 더 멀리, 이번에는 서울로 갔다. 경찰의 의심은 확신이 됐다.

경찰이 소년을 잘 타일러 익산으로 오게 했다. 경찰은 소년을 마중 나갔다. 소년은 범행 일체를 자백했다. 자필로 진술서도 한 장 썼다.

© 이희훈
2000년 8월 10일 살인 사건이 벌어진 익산 약촌오거리.

뒤바뀐 운명.
"뭐 하시는 거예요? 무슨 일 났어요?"
"택시 기사가 칼에 찔렸는데, 혹시 이 주변에서 수상한 사람 본 적 있어?"
"어…… 아까 이 근처에서 남자 두 명이 뛰어가는 걸 봤는데요."
"그래?"

택시가 오는 것을 무시하고 커브를 틀었는데, 택시 기사 아저씨가 저에게 욕을 해서 제가 택시를 세웠습니다. 택시 기사 아저씨와 제가 말다툼을 했습니다. 택시 기사 아저씨가 저를 때려서 화가 나 오토바이 의자 밑에 있는 칼을 꺼내 택시 기사 아저씨 어깨를 잡고 찔렀습니다. _2000년 8월 13일 최성필

일은 간단히 마무리됐다. 익산경찰서가 범인으로 체포한 소년은 15세 최성필(가명)이다.

운 좋은 친구

택시에서 내린 살인범은 어두운 골목길을 달렸다. 가까운 곳에 친구 임태형(가명)이 살았다. 공중전화박스에서 친구에게 전화를 걸었다.

"태형아, 너 어디냐? 나 지금 너희 집 근처거든. 빨리 좀 와줘라."

임태형은 집에 없었다. 헐떡이는 친구의 다급한 목소리를 들으니 뭔 일이 터진 게 분명했다. 임태형은 함께 놀고 있던 오정현(가명)과 집으로 뛰어갔다. 살인범은 임태형의 집 현관 앞 계단에 앉아 친구를 기다렸다.

임태형이 숨을 헐떡이며 뛰어왔다. 현관문을 열고 집 안으로 들

어가려는데 살인범이 오정현의 어깨를 잡았다.

"너는 들어오지 마. 그냥 네 집으로 돌아가 주면 고맙겠다."

뭔가 낌새가 좋지 않은, 비밀스러운 일이 있는 듯해 오정현은 발길을 돌렸다. 임태형과 살인범만 집 안으로 들어갔다. 방 전등을 켰을 때, 임태형은 깜짝 놀랐다. 친구의 상의는 붉은 피로 범벅이었다. 얼굴은 땀에 젖어 번들거렸다.

"야, 무슨 일이야?"

친구는 방금 전, 자신이 한 일을 털어놨다. 택시 뒷좌석에서 칼로 택시 기사를 공격했다고 말했다. 택시 기사가 몸집이 좋아 잡히면 큰일 난다는 생각에 정신없이 찔렀다고 고백했다. 임태형은 자기 셔츠를 내주며 피 묻은 옷을 갈아입으라고 했다.

친구는 옷을 벗어 남색 가방에 넣었다. 그때 가방 안에 있던 직사각형의 작은 종이상자가 보였다.

"그건 뭐야?"

"칼."

"그걸로 택시 기사를 찌른 거야? 한번 보자."

살인범은 피 묻은 종이 상자를 열었다. 가정에서 쓰는 식칼에 붉은 피가 군데군데 묻어 있었다. 돼지비계 같은 하얀 지방분도 보였다. 가만 보니, 칼끝이 조금 휘었다.

살인범은 칼을 다시 종이 상자에 넣고 임태형의 침대 매트리스 밑에 숨겼다. 임태형은 그 위에서 잠을 잤다. 아침에 일어나 창밖을 보니, 약촌오거리 쪽이 사람들로 붐볐다. 경찰 여럿이 여전히 현장 수색을 하고 있었다.

"네 칼을 찾나 보다."

살인범은 아무 대답도 하지 않은 채 약촌오거리 쪽만 가만히 바라봤다. 임태형과 살인범은 밖으로 나가지 않았다. 집 안에서 텔레비전을 보거나 인터넷을 하며 시간을 보냈다. 늦은 오후, 임태형의 아버지가 집 앞 도로에서 택시 기사가 살해됐다는 뉴스를 전했다.

"너희도 밤길 조심해. 집 앞에서 살인 사건이 났으니까 괜히 밤에 돌아다니지 말고."

두 친구는 아버지의 말을 따랐다. 집 밖으로 나가지 않은 채 텔레비전 뉴스와 인터넷 검색으로 '약촌오거리 택시 기사 살인 사건'의 수사 상황을 알아봤다. 그렇게 약 일주일 동안 집에서만 생활했다. 살인범은 자신의 집으로 돌아가고 나서도 한참 뒤에야 택시 기사를 찌른 칼을 찾아갔다.

살인범은 어느 날 택시를 탔다. 그날처럼 뒷좌석에 앉았다. 택시 기사에게 슬쩍 물었다.

"약촌오거리에서 벌어진 택시 기사 살인 사건 어떻게 됐습니까?"

"다방 커피 배달 돕는 '오토맨'이 범인인데 금방 체포됐습니다. 어린놈의 자식이 사람을 그렇게 끔찍하게 죽이고……. 세상 참 별일 다 있습니다."

살인범은 가만히 눈을 감고 심호흡을 했다. 임태형도 오토맨이 체포됐다는 소식을 들었다. 그가 운 좋은 친구에게 말했다.

"걔(오토맨)는 참 재수도 없다, 그치? 너는 천만다행이고."

"……."

"경찰은 왜 엉뚱한 범인을 잡았을까, 빨리 사건 끝내고 싶었나?"

"그만 얘기하자. 그 사건, 빨리 잊고 싶은데, 자꾸 머릿속에 그때 기억이 맴돌아 나도 좀 괴롭다."

'또라이' 형사

3년이 흘렀다. 약촌오거리에서 택시 기사를 살해한 진범이 따로 있다는 첩보가 군산경찰서 황상만 형사반장의 귀에 들어왔다. 황 반장은 내사를 해봤다. 근거 없는 이야기가 아니었다. 한 발짝 더 들어갔다. 뭔가가 보였다. 황 반장의 가슴이 뛰었다.

황 반장은 먼저 임태형을 찾아갔다. 임태형은 모든 걸 이야기했다. 친구의 피에 젖은 옷, 붉은 피와 흰 지방분이 묻어 있던, 끝이 조금 휘어진 칼 등에 대해서. 황 반장은 이번엔 살인 사건 용의자를 찾아갔다. 그는 부인했다.

"친구 임태형한테 다 듣고 왔어. 그냥 솔직히 말해. 숨긴다고 해서, 했던 일이 사라지는 건 아니니까."

용의자도 모든 걸 자백했다. 황상만 반장은 관련 내용을 수사과장·경찰서장에게 보고했다. 법원에서 유죄 확정을 받은 범인이 교도소에 있는데, 또 다른 범인이 나타났으니 보통 일이 아니었다. 두 친구를 경찰서장의 방으로 데려갔다. 서장이 잘 타이르며 말했다.

"너희, 괜히 영웅심으로 없는 말 지어낼 필요 없어. 알았지?"

두 친구는 이 자리에서도 자백했다. 황상만 반장은 본격적인 수사를 시작했다. 동영상을 촬영하고, 녹음을 하며 두 친구의 진술을 받았다. 황 반장이 용의자에서 피의자 신분이 된 그에게 말했다.

"3년 전 일이잖아. 기억이 안 나면 그냥 기억에 없다고 말하면 돼. 억지로 끌어내지 마."

"아니요, 다 기억나요. 택시 기사가 운동을 했는지 몸이 좋았거든요. 제가 무서워서 정신없이 찔렀어요. 한 번은 오른쪽 목 밑 쇄골 부위를 찔렀는데 칼끝에 뼈가 걸리는 느낌이 들었어요."

끝이 휜 칼의 비밀은 이렇게 풀렸다. 황상만은 검사에게 두 사람을 구속해 달라고 영장 청구를 요청했다. 그러나 검사는 구속영장을 청구하지 않았다. 피의자와 친구는 풀려났다.

황상만 반장은 두 친구를 다시 불러 수사를 했다. 둘은 또 자백했다. 둘의 진술은 당시 범행 상황과 일치했다. 검사는 이번에도 구속영장을 청구하지 않았다. 둘은 또 풀려났다. 황 반장은 두 친구를 다시 수사했다. 그렇게 보강 수사를 진행하며 계속 영장 청구를 요청했다. 주변에서 이런저런 말이 나왔다.

© 박상규
황상만 전 형사반장의 2003년 당시 일기장.

"어떻게 해야 하나. 모른 체할까?
그렇다면 나 자신의 양심은 물론 형사로서의 양심과
어른으로서의 양심 모두를 버리고 국민을 속이는 결과도
될 것이지만, 억울하게 교도소에 수감되어 있는 어린
소년에게는 더욱 큰 죄를 짓는 결과가 될 텐데.
어떻게 하나."

"이봐, 황 반장! 검사가 수사하지 말라는 신호를 보내는 거잖아. 왜 이렇게 눈치가 없어?"

"쟤들이 범인인데, 여기서 수사를 그만두라고? 그건 안 되지."

"바보 같은 짓 그만하고 당장 수사 접어. 당신이 다칠 거야."

"뭔 소리래."

"왜 이렇게 말을 못 알아들어? 당신 '또라이'야?"

'또라이' 황 반장은 수사를 계속했다. 피의자는 네 번, 임태형은 다섯 번 자백했다. 그럼에도 검사가 계속 풀어 주자 두 친구는 어느 순간부터 범행을 부인했다. 둘이 함께 정신병원에 입원하기도 했다. 황 반장은 '또라이' 짓을 계속했다. 수사과장과 경찰서장을 찾아갔다.

"한동안 난 이 사건만 수사할 거니까, 다른 일 시키지 마세요. 나도 고집이 있으니, 여기서 끝낼 수는 없어요."

약 1년 동안 개인 돈 1000만 원을 넘게 쓰면서 사건에 매달렸다. 범행을 자백했던 피의자는 검사가 자신을 구속하지 않자 어느 순간부터 범행을 부인하기 시작했다. 그가 태연하게 황 반장에게 말했다.

"택시 기사를 죽였다고 한 건 지어낸 말이었어요. 저희 부모님이 이혼을 하셔서 제가 관심 받고 싶어서 했던 말이었어요. 반장님, 그동안 저 때문에 고생 많았습니다."

피의자는 경찰서를 자기 발로 걸어서 나갔다. 저만치 가다가 고개를 돌려 황 반장을 쳐다봤다. 그가 묘하게 웃었다. '또라이' 형사의 끝은 비참했다. 그는 더는 수사할 수 없는 지구대로 좌천됐다.

대질 ᅵ **사랑의 대화**

황상만 반장이 남긴 수사 기록은 경찰 캐비닛 속에 잠들었다. 사건을 검찰로 송치하든, 아니면 '혐의 없음'으로 종결 처리하든 해야 하는데, 아무도 건드리지 않은 채, 사건 기록은 3년간 잠들었다.

그러나 누구든, 어떻게든 종결을 해야 했다. 익산 약촌오거리에서 택시 기사가 살해된 지 약 6년이 지난 2006년 6월이었다. '오토맨' 최성필 씨는 김천교도소에서 복역 중이었다. 검사가 그를 불렀다. 혹시나 하는 기대를 품고 최성필은 호송차에 올랐다. 전주지검 군산지청에 도착해서는 검사실로 바로 가지 않았다. 대기실에서 잠시 기다렸다.

황상만 반장이 살인 혐의로 수사했던 피의자 김○○이 먼저 검사 앞에 앉았다. 검사는 김 씨에게 "2000년 8월 10일 새벽, 익산 약촌오거리에서 택시 기사 유호준을 살해한 적이 있느냐?"고 물었다. 김 씨는 "사람을 죽이지 않았다."고 답했다. 범행을 부인하는 김 씨와 검사는 이런 대화를 나눈다.

경찰에서 조사받을 때 처음엔 살인 사건의 범인이 자신이라고 얘기한 적 있지요?

"네. 그렇게 말한 게 사실입니다."

진범이 아니라면 왜 친구와 수사 경찰관에게 자신이 범인이라고 했나요?

"친구한테는 가오다시(폼)를 잡기 위해서 그런 말을 했고, 당시 저희 부모님들이 이혼을 하여 자식들에게 일체 신경을 쓰지 않아 부모님들도 제가 사람을 죽여 경찰서에 있다고 했을 때 심정이 어떤지 한번 당해 보라는 차원에서 일부러 그런 거짓말을 한 것입니다."

검사와 피의자는 본격적으로 '사랑의 대화'를 나눈다.

살인 사건의 범인도 아니면서 범인이라고 한 후에는 바라는 대로 부모님의 사랑을 받았나요?

"네. 제 나름대로는 관심을 받았다고 생각합니다."

어떤 관심을 받았나요?

"제가 (군산)경찰서에 있을 때 저희 부모님이 면회를 왔는데, 어머니는 저를 보자마자 우시면서 차라리 '내가(어머니가) 죽였다.'고 하라고 했으며, 아버지는 어머니 옆에서 계속 울기만 했습니다."

그런 부모님을 보고 어떤 생각이 들던가요?

"(중략) 아직 제게 관심을 두고 있구나 하는 생각에 고마웠습니다."

검사는 피의자가 거짓말을 하면 확보된 근거를 바탕으로 추궁해 진실을 밝혀야 한다. 국립과학수사연구원이 실시한 사망 택시 기사의 부검 결과, 흉기를 목격한 주변 인물들의 진술, 당시 현장 상황을 목격한 사람의 진술이 있음에도 검사는 그 어떤 '불편한 질문'도 하지 않았다.

이번엔 검사가 최성필을 불러 물었다.

택시 기사 살인 사건과 관련해 지금 심정은 어떤가요?

"억울합니다."

왜 억울한가요?

"제가 사건의 진범이 아니기 때문에 억울합니다."

억울하다면 항소심에서 10년형이 선고됐을 때 상고하면 됐을 텐데, 왜 포기했나요?

"목포교도소에서 같이 생활하던 방 식구들이 상고해 봤자 의미가 없다고
  하여 포기하게 된 것입니다."

살인 사건의 범인이 아니라면 어떻게든 자신의 억울함을 호소했어야 하는 것 아닌가요?

"호소하면 뭐 합니까. 믿어 주지 않는데요."

누구에게 호소했나요?

"검사에게도 하고, 판사에게도 했는데 제 말을 믿어 주지 않았습니다."

당신의 말을 믿어 주지 않은 이유가 뭐라고 생각하나요?

"모르겠습니다."

여전히 최성필의 말을 믿지 않는 검사. 잠시 뒤 검사는 김 씨를 불러 최성필과 대질을 시켰다. 김 씨는 또 앵무새처럼 범행을 부인했다. 최성필은 김 씨와 검사 앞에서 억울함을 호소했다. 마지막으로 검사가 두 사람에게 물었다.

더 할 말이 있나요?

"없습니다." _최성필

"이렇게까지 일이 크게 벌어질 줄은 모르고 한 행동에 대해 깊이 반성하며, 괜한 수고를 끼치게 하여 죄송합니다." _김○○

최성필은 교도소로, 택시 기사를 칼로 열두 번 찌른 혐의로 조사받던 김 씨는 혐의를 벗고 집으로 돌아갔다.

세상은 내게 왜 이러는가

최성필은 교도소에서 10년 가까이 살고 2010년 3월 삼일절 특사로 출소했다. 새로운 비극이 저만치 앞으로 치고 나가 최성필을 맞이했다.

근로복지공단이 최성필에게 구상금 청구 소송을 제기했다. 공단은 2000년 8월 10일 살해당한 택시 기사 유호준의 유족에게 4000만 원가량을 지급했다. '당신이 사람을 죽여서 우리가 돈을 썼으니, 이자까지 합쳐 그 돈을 물어내라.'는 게 공단의 주장이었다.

공단은 최성필과 그의 어머니에게 원금과 13년의 이자를 합쳐 1억 4000만 원을 물어내라고 요구했다. '자식을 잘못 키운 어머니에게도 책임이 있다.'는 게 공단의 논리였다. 살인 누명을 쓰고 10년을 교도소에서 보낸 것도 억울한데, 다시 거액까지 물어내라니. 최성필은 이 세상이 미웠다.

'이 세상은 도대체 내게 왜 이러는가.'

SBS 이대욱 기자가 최성필의 사연을 박준영 변호사에게 알렸다. 이 기자는 한 번 보도하고 끝낼 게 아니라, 어떤 변호사든 이 사건을 맡아 재심을 추진해야 한다고 여겼다. 이를 계기로 박 변호사는 2010년 최성필을 만나 재심을 추진하기로 했다. 하지만 사건 기록이 없어 재심 추진은 쉽지 않았다. 그러다 근로복지공단이 제기한 소송에 대한 방어도 박 변호사가 무료로 맡았다. 최 씨가 질 것이 뻔한, 살인 누명에 이어 돈까지 물어 줘야 하는 상황이었다. 소송이 끝날 무렵, 박 변호사가 최성필과 그의 어머니를 법정으로 불렀다. 그는 판사에게 두 사람을 소개하며 읍소했다.

"재판장님, 이 소송 저희가 진다는 것 잘 알고 있습니다. 재심이 이뤄져 누명을 벗지 못하면 여기 있는 최성필은 거액까지 물어내야 합니다. 재판장님, 세상에 이런 인생이 또 있을까요? 최성필의 사건 기록이라도 입수하게 해주십시오. 최성필 씨는 열다섯 살 때 살인 누명을 썼습니다. 억울한 사람인데, 재심이라도 해봐야 하지 않겠습니까? 사건 기록이 있어야 재심을 청구할 수 있습니다. 재판장님, 부탁드립니다."

하소연, 읍소, 눈물……. 쉽지 않은 길이었다. 위기의 순간에 기회가 찾아왔다. 재판부가 박 변호사의 호소를 귀담아들었다. 법원은 박 변호사가 국가기록원에 있는 '익산 약촌오거리 택시 기사 살인 사건' 기록을 복사할 수 있도록 했다. 황상만 반장이 남긴 수사 기록도 그곳에 있었다. 익산경찰서가 남긴 '가짜 살인범' 최성필 기록과 군산경찰서 황상만 반장이 수사한 기록을 보면 누가 범인인지 쉽게 알 수 있었다. 재심만 열리면 진실 규명은 어렵지 않아 보였다. 박 변호사는 기록에 나오는 사건 관계자를 만나 증언을 확보했다. 살인 사건 용의자 김○○이 택시 기사를 살해할 때 이용한 식칼을 봤다는, 김 씨 친구들의 증언도 확보했다.

기다리는 것만큼 힘든 일도 드물다. 사람을 죽이지 않았는데 살인 누명을 쓰고 교도소에서 10년 세월을 보내는 것만으로도 충분히 힘들었다. 최성필은 2013년 자신의 차 안에서 자살을 시도했다. 다행히 목숨은 구했으나 가슴속의 좌절과 분노는 사라지지 않았다. 박 변호사가 최성필과 그의 가족을 위로했다.

"곧 끝날 거예요. 절대로 허튼 생각 하지 마세요!"

박 변호사는 2013년 4월 재심 청구서를 광주고등법원에 접수했다.

"유력한 범인을 공개합시다"

재심 청구서를 접수한 지 2년. 2015년 2월 10일, 드디어 광주고등법원이 재심 개시 여부를 결정하는 심문 기일을 열었다. 최성필씨와 그의 가족, 박준영·신윤경 변호사는 많은 기대를 품고 법원으로 향했다.

201호 형사대법정은 썰렁했다. 방청석에는 아무도 없었다. 검사는 나오지도 않았다. 판사는 주심 배석판사 혼자였다. 판사는 심문 기일을 실질적으로 진행하려 하지 않았다.

"검사는 나오지도 않았는데, 오늘 뭘 진행해야 하나요?"

박 변호사의 얼굴이 굳었다. 피고인석에 앉은 최성필은 식은땀을 흘렸다.

"재판장님, 여기 피고인은 15년 만에 재판을 받는 겁니다. 피고인 신문이라도 하고 싶습니다."

판사는 다소 난감한 표정을 지었다.

"사실, 제가 아직 기록을 제대로 못 봤습니다."

재심 청구서를 접수한 지 2년이 지났는데, 아직도 기록을 제대로 읽지 않았다니. 박 변호사의 얼굴이 더 굳어졌다.

"판사님, 다시 말하지만 피고인은 살인 누명을 쓰고 10년을 교도소에서 살았습니다. 15년 만에 법원에 왔습니다. 짧게라도 피고인 신문을 하겠습니다."

판사가 동의했다. 어렵게 신문이 시작됐다. 판사도 최성필에게 물었다.

사람을 죽이지 않았는데, 왜 죽였다고 허위 자백을 했나요?

"경찰이 때렸습니다."

경찰이 때렸다는 걸 지금 입증할 수는 없잖아요. 게다가 아무리 때렸어도 사람을 죽였다는 허위 자백을 하면, 그게 엄청 위중한 일이란 걸 몰랐나요?

"......."

최성필의 얼굴에서 식은땀이 흘렀다. 기록을 제대로 읽지 않은 탓에 판사는 사건의 실체를 잘 모르는 듯했다. 박 변호사의 얼굴은 일그러졌다. 심문 기일은 이렇게 허무하게 끝났다.

"안 맞아 본 사람들이 말을 저렇게 쉽게 한다니까요. 골방에서 한번 두들겨 맞아 보세요. 사람 열 명 죽였다는 허위 자백도 할 수 있습니다."

법원을 나서며 최성필은 서럽게 말했다. 15년 전 모텔 방과 경찰서에서 두들겨 맞은 기억이 되살아나는 듯했다.

법원은 익산 택시 기사 살인 사건의 책임에서 결코 자유롭지 않다. 오판으로 최성필에게 중형을 선고한 당사자이기 때문이다. 그럼에도 법원은 별 책임을 느끼지 않는 것 같았다. 뭔가 조치가 필요했다. 이대로 가면 재심 청구는 기각될 것이 뻔했다.

"기자님, 우리가 생각하는 진범을 공개합시다. 이대로 가면 끝입니다. 이번에 재심이 기각되면, 최성필은 평생 살인범으로 살아야 해요. 다시는 기회가 없을 겁니다."

일은 이렇게 시작됐다.

한밤의 질주

밤 12시께였다. 시속 100킬로미터로 차를 모는 박준영 변호사의 목소리는 낮았다.

"무서운 놈입니다. 칼로 사람을 열두 번 찔러 죽였어요. 각오하셔야 합니다."

박 변호사는 정면을 응시했다. 고속도로는 직선이었다. 차 안은 조용했다. 조수석에 앉은 나는 고개를 오른쪽으로 돌려 차창 밖을 바라봤다. 캄캄한 세상, 아무것도 보이지 않았다. 검은 가슴이 바짝 죄었다.

"우습게 볼 사건이 아니에요. 용기가 필요한 사건입니다. 하실 거예요?"

"……."

대답하지 않았다. 많은 게 떠올랐다. 살인범의 얼굴, 흉기, 피범벅이 된 택시, 죽어 가는 사람……. 내 마음을 아는지 모르는지, 박 변호사가 다시 속을 긁었다.

"쉬운 일은 누구나 다 해요! 어려운 일, 아무나 못 하는 일을 해야죠. 누구나 다 쓸 수 있는 글이나 쓰려고 기자 되셨어요? 적당히 편한 길만 찾으면 세상 못 바꿔요. 이 사건은 아무나 다룰 수 없어요. 용기가……."

그놈의 용기, 더 듣기 싫어서 말을 끊었다.

"합시다. 해야지, 뭐……. 어쩔 수 없지. 할 테니까 더 말하지 마세요."

말은 그렇게 했지만, 떨리는 가슴은 진정되지 않았다. 승용차 안에 무거운 침묵이 흘렀다. 얼마쯤 지났을까. 뒷좌석에 앉은 신윤경 변호사가 툭 던졌다.

"저도 할게요."

떨림이 없는 목소리였다. 어두운 침묵이 다시 차 안에 가득 찼다. 모두들 나처럼 칼을 든 살인범을 상상하는 듯했다. 자동차는 어둠을 가르고 계속 앞으로 질주했다. 후진과 유턴이 불가능한 고속도로였다. 저 앞에 뭐가 있을지, 누가 우리를 맞이할지, 가늠이 안 됐다. 어쨌든 우린 함께 가기로 했다. 2015년 2월 10일, 나른한 재판을 끝내고 서울로 향하는 깊은 밤이었다.

"SNS 등 인터넷에 올린 가족사진 모두 숨기세요. 그놈이 무슨 짓을 할지 아무도 모릅니다."

"꼭 그래야 합니까?"

"보통 놈이 아니라니까!"

내 말에 박 변호사가 버럭 했다. 수원에 도착했을 땐 새벽이었다. 박 변호사는 집으로 가지 않고 사무실로 향했다. 컴퓨터를 켜고 SNS에 올린 아내와 두 아이의 사진을 모두 삭제했다.

"죽더라도 혼자 죽어야죠. 나 때문에 가족이 다치는 걸 어떻게 봅니까. 그놈이 내 가족을 건드리면 저도 가만히 안 있을 겁니다."

나는 직업 기자로 10년을 살아온 탓에 인터넷상의 사진을 삭제하는 데 한계가 있었다. 그 대신 내 방에 몽둥이 두 개를 들여놨다. 괜한 호들갑만은 아니다. 사람을 칼로 열두 번 찔러 죽인 유력한 용의자를 세상에 공개하기로 했다. 그가 무슨 짓을 할지는 도무지 예측이 되지 않았다. 얼마 뒤, 우리는 익산 약촌오거리에서 택시 기사를 살해한 유력 용의자를 공개하는 스토리펀딩 기획 '그들은 왜 살인범을 풀어 줬나'를 시작했다.

고문

최성필은 처음 경찰에 체포됐을 때 경찰서로 끌려가지 않았다. 경찰은 익산역 앞 한 모텔로 그를 데려갔다. 사건 발생 사흘 뒤인

2000년 8월 13일 새벽 2시께였다. 일종의 불법 체포, 감금이었다.

형사들은 당시 15세였던 최성필을 속옷만 입게 한 채 모텔 방 한가운데에 앉혔다. 형사들이 그를 둘러쌌다. 한 형사가 그에게 두꺼운 전화번호부 책을 툭 밀었다.

"택시 기사, 누가 죽였어? 찾아봐."

"모릅니다."

"우리가 봤을 땐 네가 범인인데, 맞지?"

"아닙니다. 저는 사람을 죽이지 않았습니다."

말이 끝나자마자 한 형사가 최성필의 뺨을 때렸다. 눈에서 불꽃이 튀고 볼이 얼얼했다. 형사들은 같은 질문을 반복했다. 최성필은 울면서 부인했다. 뺨과 뒤통수를 계속 맞았다. 추궁·부인·구타가 동틀 무렵까지 이어졌다. 끝내 최성필은 형사가 불러 주는 대로 자필 진술서를 한 장 썼다.

"택시 기사 아저씨가 저를 때려서 화가 나 오토바이 의자 밑에 있는 칼을 꺼내 택시 기사 아저씨의 어깨를 잡고 찔렀습니다."

공소사실과도 다른 엉터리 진술서는 이렇게 탄생했다. '가짜 살인범' 최성필은 모텔 방에서 처음 만들어졌다.

유년 시절, 최성필은 어른들의 보살핌을 받지 못했다. 아버지는 경제적으로 무능했고 술을 좋아했다. 술에 취하면 종종 폭력을 썼다. 엄마는 집을 떠날 수밖에 없었다. 그때 최성필은 다섯 살이었다. 엄마는 자리를 잡으면 최성필을 데려갈 생각이었다.

최성필은 아버지와 함께 살았다. 돈을 벌지 않고 술을 좋아한 아버지는 아홉 살 최성필을 충청북도의 할머니 집에 맡겼다. 초등학교 6학년 때 할머니가 돌아가셨다. 아버지는 최성필을 경기도의 한 도시로 데려왔다. 전학 절차도 밟지 않고, 학교도 보내지 않았다. 그렇게 배움이 끊겼다.

아버지는 과음이 부른 교통사고로 1998년 사망했다. 최성필 혼자 남았고, 엄마가 최성필을 데려갔다. 엄마는 식당에서 일하며 어렵게 살았다. 열심히 일해도 가난은 쉽게 물러나지 않았다. 최성필은 중국 음식점 등에서 배달 일을 했다.

2000년 8월 10일 새벽, 택시 기사가 사망한 익산 약촌오거리에서 그의 운명은 급격히 방향을 틀었다. 두 남자가 사건 현장 근처에서 뛰어가는 걸 봤다고 경찰에게 말하지 않았다면 그의 삶은 좀 편안했을까. 그랬다면 살인 누명을 안 썼을까. 경찰에 체포된 2000년 8월 이후 스스로에게 묻고 또 물은 질문이다.

모텔 방에서 살인범으로 다시 태어난 최성필은 경찰서로 끌려갔다. 또 시작됐다.

"경찰서에서도 계속 맞았죠. 자기들이 원하는 대답을 안 하면 때리고, 질문에 제대로 답을 못 하면 또 때리고……. 경찰서에 있는 동안 계속 정신없이 맞았어요."

그에게 "경찰이 어떻게 때리던가요?"라고 물었다. 잔인한 질문이었지만 어쩔 수 없었다.

"뺨과 뒤통수를 맞는 건 기본이고요. 경찰봉으로 발바닥을 자주 맞았어요. 대걸레 자루 있죠? 그걸로 허벅지와 등을 많이 맞았어요. 엎드려뻗쳐 자세로 기합을 받았고, 시멘트 바닥에 머리를 박은 채로 시간을 보내기도 했어요. 아무튼 그땐 너무 많이 맞아서 정신이 없었어요. 형사계 사무실 안쪽에 작은 방이 하나 있거든요. 내가 범행을 부인하면 형사가 그곳으로 끌고 가는 거예요. 거기서 또 맞고……. 무서웠죠. 많이 울기도 했고."

이는 최성필만의 주장이 아니다. 공범으로 의심받았던 최성필의 두 선배도 익산경찰서에서 구타를 당했다고 법정에서 증언했다.

경찰은 15세 미성년자 최성필을 보호하지 않았다. 보호자에게 연락하지 않은 채 수사를 진행했다. 최성필 곁에는 부모님이나 가족, 변호인 등 자신을 돕는 어른이 없었다. 최성필은 자신을 제대로 방어하지 못한 상태에서 허위 자백을 했다. 그것이 물증 없는 이 사건에서 유죄판결의 유력한 증거였다.

최성필은 당시 1심 법원에서 범행을 부인했다. 경찰에게 구타를 당했다고 밝혔다. 하지만 법원은 귀담아 듣지 않았다. 오히려 범행을 부인하는 것은 반성하지 않는 모습으로 비춰졌고, '괘씸죄'의 근거가 됐다. 1심 법원은 최성필에게 징역 15년을 선고했다.

2000년 당시 〈소년법〉 제59조는 "죄를 범할 때에 18세 미만인 소년에 대하여는 사형 또는 무기형으로 처할 것인 때에는 15년의 유기징역으로 한다."고 규정돼 있었다. 결국 15세 최성필에게는 법정 최고형이 선고된 것이다. 최성필은 항소했다. 그는 항소이유서에 이렇게 썼다.

저는 사람을 죽이지 않았습니다. 제가 이렇게 누명을 쓰고 형을 살면 어머님과 식구들은 한평생 가슴에 한을 품고 살아야 합니다. 지금쯤 이번 살인 사건의 진범은 또 다른 범행을 꾸미고 있을지도 모릅니다. 저는 정말 억울합니다. 제가 무슨 죄를 졌다고 이러한 누명을 쓰고 형을 살아야 하는지 앞날이 캄캄합니다.

하지만 최성필은 2심 재판에서 자신이 살인을 했다고 허위로 말했다. 국선변호인은 사람을 죽이지 않았다는 최성필의 말을 들으려 하지 않았다. 죽였다고 해야 형을 깎을 수 있다는 말만 반복했다. 변호인이 피고인에게 허위 자백을 종용한 사례다. 돈 없고 힘없는 어머니는 '아들은 억울하다.'는 탄원서밖에 쓸 수 없었다. 최성필은 사람을 죽이지 않았음에도 어른들에게 거짓으로 용서를 구했다. 재판부는 자비를 베풀 듯 5년을 깎아 줬다. 2심 법원은 최성필에게 징역 10년을 선고했다.

황상만, 다시 길을 나서다

진범으로 보이는 유력 용의자 공개 프로젝트. 변호사, 기자만 나서다고 될 일이 아니었다. 유력한 용의자 김○○을 체포했던 황상만 전 군산경찰서 형사반장의 도움이 필요했다. 2015년 4월 박 변호사가 황 전 반장에게 전화해 도움을 청했다. 황 전 반장은 군산시 자신의 아파트로 우리를 불렀다. 그는 경찰에서 정년퇴직해 행정사를 준비하고 있었다.

익산 약촌오거리. 황상만에게는 가깝고도 먼 곳이다. 백 번 찾았고, 천 번 기억에서 지웠다. 어쩌면 그곳은 그에게 세상의 끝이었는지도 모른다.

다시 길을 나서자고 간청했다. 그의 입에서 고통스러운 신음이 터졌다.

"안 돼. 나한테 자꾸 그러지 말아요. 난 거기 안 가."

박준영 변호사가 다시 한 번 부탁했다.

"반장님, 이번이 마지막입니다. 이번 기회 아니면 진짜 살인범과 '그놈'을 풀어 준 사람들에게 책임을 물을 수 없어요."

"……."

"그냥 이렇게 앉아서 8월 9일을 맞아야 합니까? 반장님 아니면 그 사건에 누가 마침표를 찍어요?" (그 당시 익산 약촌오거리 택시 기사 살인 사건의 공소시효는 2015년 8월 9일부로 만료될 예정이었다.)

황상만은 후배 경찰들을 생각했고, 그들의 처지를 걱정했다. 자기가 다시 나서면 후배 경찰들이 난처해질 수 있다고 했다. 박 변호사가 한 사람의 이름을 꺼냈다.

"반장님, 가짜 살인범 최성필이 그곳에 옵니다. 지금쯤 집에서 출발했을 겁니다. 반장님도 가셔야죠."

"그 아이가 거기에 온다고?"

그의 목소리가 흔들렸다. 지금 최성필은 어떻게 사느냐고 되물었다. 살인 누명을 쓴 채 10년을 교도소에서 살고 나와, 이제는 한 아이의 아버지가 됐다고 박 변호사가 말했다. 2000년 그해, 열다섯 살에 살인 누명을 쓴 최성필. 결국, 그 아이가 황상만을 다시 일으켜 세웠다.

"갑시다."

그가 무거운 숨을 길게 내뱉고는 자리에서 일어났다. 2015년 4월 23일 오전이었다. 목적지는 전북 익산시 약촌오거리. 2000년 8월 10일 새벽 2시께 택시 기사 한 명이 무참히 살해된 곳이다.

"그 사건을 생각하면 미운 사람이 너무 많아. 나 자신에게도 화가 나고. 그래서 약촌오거리에 다시 가기 싫은 거예요."

가기 싫은 곳으로 가면서, 황상만은 아픈 기억을 꺼냈다.

"첩보를 입수하고 군산경찰서 서장, 수사과장 등 모든 간부들이 모여 회의를 했어요. 이걸 수사하느냐 마느냐 고민이 컸지. 3년 전에 익산경찰서가 체포한 가짜 살인범이 교도소에 있잖아. 근데 우리가 진짜 살인범을 잡으면 여러 사람이 난처해지지. 엉뚱한 범인을 잡은 경찰과 검찰, 그 아이에게 10년을 선고한 판사……."

2003년 6월 5일, 군산경찰서 형사반장 황상만은 진짜 살인범으로 보이는 유력한 인물을 체포했다. 1981년생 김○○. 그는 범행 목적, 방법, 도피 장소 등 모든 걸 자백했다. 진짜 살인범이 아니면 알 수 없는 놀라운 정보까지 털어났다.

"김○○에게 모든 자백을 받았어요. 진술은 택시 기사가 살해된 상황과 국립과학수사연구원 사체 부검 결과와도 일치했죠. 흉기를 목격한 사람도 여럿이고. 그런데 우리가 구속시켜 달라고 영장을 신청하면, 검사가 판사에게 영장을 청구하지 않고, 계속 돌려보내더라고."

왜 그랬을까?

"왜긴. 열다섯 살 가짜 살인범을 잡은 경찰과 검찰, 판사 입에서 모두 곡소리 나게 생겼으니 그렇죠. 모두 옷 벗는 게 정상이지. 자기들이 교도소에 넣은 그 아이에게 사과하고 반성해야죠. 근데 그 사람들이 그걸 하기 싫어서 열다섯 살 아이를 계속 교도소에 두고 진짜 살인범을 풀어 준 거라니까!"

앞에서 말한 대로 '또라이' 황상만은 약 1년간 집요하게 사건에 매달렸다.

"주변에서 많이 말렸죠. 계란으로 바위 치기이고 이길 수 없는 싸움이라고. 내가 다칠 거라고 수사하지 말라고 했죠."

그 싸움을 왜 했느냐고 물었다.

"누명 쓰고 교도소에 있는 열다섯 살 아이가 불쌍하잖아요! 형사이기 전에 나도 자식을 둔 부모잖아요. 그 전에 인간이고요! 괴로웠죠. 양심상 절대로 그냥 넘어갈 수가 없었지. 내 눈앞에서 진짜 살인범이 경찰서를 걸어 나가는데, 형사로서도 참을 수가 없더라고요. 이걸 모른 척하면 내가 평생 후회할 거라고 생각했죠."

인간적 양심과 형사로서의 사명감으로 시작한 일. 수사를 포기하라는 유무형의 압력이 시작됐다. 수사팀을 해체하고, 수사비 지급도 끊었다. 황상만은 사비를 들여 혼자 이 사건에 약 1년간 매달렸다. 국가는 포기하지 않는 그를 자리에서 밀어냈다. 큰손이 개입한 듯했다.

"보통 경찰서장은 해당 지역 사람이 하거든요. 근데 느닷없이 경찰청 본청 간부가 군산경찰서장으로 와서 나를 지구대로 보내더라고. 고참 형사반장들의 힘이 너무 커졌다는 이유를 들면서요. 그때 비수사 부서로 간 사람들은 대부분 금방 복귀했거든. 근데 나는 끝까지 복귀시키지 않더라고요. 내가 여러 번 복귀 의사를 밝혔는데도."

1976년 경찰이 돼 수십 년 동안 수사 부서에서 일한 베테랑 형사 황상만. 그는 다시는 사건 수사를 하지 못했고, 2014년 군산의 한 지구대에서 정년퇴직했다. 약촌오거리 살인 사건은 그에게 상처로 남았다. 후회는 하지 않는다.

"내가 유력 용의자 김○○과 원수도 아니고, 그저 진실을 밝히고 싶었을 뿐이었어요. 저는 이런 주장까지 했어요. '백번 양보해서 진짜 살인범 체포를 포기할 수도 있다. 그 대신 교도소에 있는 가짜 살인범 최성필은 풀어 주자. 누가 봐도 그 아이가 범인은 아니지 않느냐.' 난 걔가 진짜 불쌍했어요. 풀어 주고 싶었지. 내가 직접 최성필을 만나려고 했는데……. 그 전에 나를 쳐내더라고."

황상만은 군산의 한 아파트에 산다. 그의 집에서 익산 약촌오거리는 가깝다. 차로 40분이면 도착한다. 그곳에 다시 가는 데 12년이 걸렸다. 그는 차 안에서 내내 고통스러운 한숨을 쉬었다.

어쩌면 직업병인지도 모른다. 현장에 도착한 황상만은 마치 수사라도 하듯이 현장을 살폈다. 진짜 살인범이 도망간 길을 다시 걷기도 했다. 얼마쯤 지났을까. 저쪽에서 가짜 살인범 최성필이 걸어왔다. 아내와 젖먹이 아이도 함께 왔다.

15년 전 살인 사건이 발생한 현장에 도착한 최성필은 황상만에게 꾸벅 허리 숙여 인사했다. 황상만은 손을 내밀어 최성필의 손을 잡았다.

"네가 최성필이냐?"

"네, 맞습니다."

"아이고…… 미안하다. 정말 미안해. 너를 정말 풀어 주고 싶었어. 근데, 그게 뜻대로 되지 않았네. 10년 동안 고생 많았다. 내가 진범을 정말 잡고 싶었거든……. 정말 잡고 싶었어. 어쨌든…… 미

© 이희훈

최성필을 바라보는 황상만 전 형사반장.

"미안하다. 정말 미안해. 너를 정말 풀어 주고 싶었어.
근데, 그게 뜻대로 되지 않았네.
10년 동안 고생 많았다. 내가 진범을 정말 잡고 싶었거든…….
정말 잡고 싶었어. …… 미안하다."

안하다."

엉뚱한 사람을 모텔에서 살인범으로 만든 경찰들, 오판한 판사들, 영장 청구 요청을 계속 반려했던 검사를 대신해 황상만이 미안하다고 말했다.

"보통, 사건을 수사하면 지휘를 하는 검사가 형사반장을 불러, 사건에 대해 이야기하고 의견도 나누고 그래요. 1년 동안 다른 일은 전혀 하지 않고 이 사건에만 매달렸는데, 검사는 나를 한 번도 안 불렀어요. 난 아직도 그 검사 얼굴도 몰라. 전화도 한 번 안 하더라고. 왜 그랬겠어요? 나를 설득할 자신이 없었겠죠. 자기도 난처하고. 그래서 사건을 묵혀 버린 거예요. 일종의 직무유기지."

수사기관이 의도적으로 묵히고 뭉갠 사건. 자신들의 잘못을 감추기 위해 열다섯 살 아이를 계속 교도소에 가둔 사람들. 황상만 반장이 잡은 유력한 용의자를 공개해 재심 개시와 함께 이들의 사과도 받아 내고 싶었다. 이를 위해 전직 형사 황상만, 박준영·신윤경 변호사, 그리고 나로 구성된 '익산 택시 기사 살인 사건 취재팀'이 만들어졌다.

악몽

우리는 할 수 있는, 해야만 하는 모든 걸 하기로 했다. 익산 택시 기사 살인 사건의 공소시효는 2015년 8월 9일 만료될 예정이었다.

사람을 죽였으나 단 하루도 처벌받지 않은 유력 용의자가 우리를 지켜볼 것이 뻔했다. 약하게 보일 수 없었다. 우리는 용의자를 의식하며 최대한 강한(?) 포즈와 결의(?)에 찬 표정으로 사진을 찍었다. 그 사진을 스토리펀딩 소개 페이지에 실었다.

하지만 사진 속 강한 모습과 달리 현실의 우리 가슴은 처참히 쪼그라들었다. 공소시효 만료를 코앞에 둔 '살인범'이 자기 운명을 방해하는 우리를 가만둘까? 그의 보복이 두려웠다. 가족사진을 모두 숨긴 박 변호사는 악몽에 시달렸다. 밤늦게 사무실에서 혼자 일할 때면 온몸에 털이 서는 기분을 자주 느꼈다.

나 역시 악몽으로 밤잠을 설쳤다. 방에 몽둥이 두 개를 두고 살았다. 해가 떨어지면 대문과 창문을 꼭 잠갔다. 밤에 밖에서 작은 소리라도 들리면 화들짝 놀라 일어났다.

우리가 진범으로 생각하는 김○○은, 나, 박준영 변호사와는 근본적으로 달랐다. 일단, 그는 잘 생겼다. 머리카락이 숭숭 빠진 우리와 달리 머리카락도 무성했다. 키는 180센티미터가 넘었고, 친구들 사이에서도 싸움 잘하고 대담하기로 유명했다. 어찌 그가 두렵지 않겠는가.

그는 개명하기까지 했다. 바뀐 그의 이름은, 자신을 정조준한 우리 네 명(황상만, 박준영, 신윤경, 박상규)과 아주 밀접한 관계가 있다. 놀랍고, 섬뜩한 일이다. 황상만 전 반장이 잔뜩 졸아 있는 우리를 위로했다.

"그놈이 보복하는 일은 없을 테니 걱정하지 말아요. 보복을 하면 나부터 죽이려고 하겠지, 설마 당신들을 공격하겠어? 그리고 내가 평생 경찰을 하면서 수많은 흉악범을 잡아 봤잖아요. 단 한 번도 보복은 없었어요. 그런 건 영화에나 나오는 일이니까, 걱정 붙들어 매요."

"반장님은 경찰이니까 그렇죠! 싸움도 잘하시고."

박 변호사가 따졌다. 황 반장은 우리를 보고 웃었다.

"아따, 이 양반들 그렇게 겁이 많아서 무슨 일을 하겠다는 거야? 겁먹을 필요 하나도 없어요!"

얼마 뒤, 우리는 놀라운 걸 발견했다. 경찰에서 정년퇴직한 황상만 전 반장은 군산에서 작은 사무실을 운영하고 있다. 그의 사무실 책상 바로 옆에 날카로운 손도끼가 놓여 있었다. 박 변호사가 "반장님, 이건 뭡니까?" 하고 물었다. 황 반장은 웃었다.

"김○○이 찾아오면 어떡해? 내 몸은 내가 지켜야지. 안 그래요?"

© 이희훈
황상만 전 형사반장, 신윤경 변호사, 박상규 기자, 박준영 변호사(왼쪽부터).

사람을 죽였으나 단 하루도 처벌받지 않은 유력 용의자가
우리를 지켜볼 것이 뻔했다.
약하게 보일 수 없었다.
우리는 용의자를 의식하며 최대한 강한(?) 포즈와
결의(?)에 찬 표정으로 사진을 찍었다.

검사가 보호하는 유력 용의자

시간은 속절없이 흘렀다. 광주고등법원 제1 형사부(재판부 서경환)는 2015년 6월 22일 최성필 씨가 청구한 재심을 받아들였다.

재판부는 "위 재심 청구 사건이 〈형사소송법〉 제420조 5호에서 규정하고 있는 '유죄의 선고를 받은 자에 대하여 무죄를 인정할 명백한 증거가 새로 발견된 때'에 해당한다."라며 "재심의 청구가 이유 있다."고 밝혔다.

여기서 말하는 '무죄를 인정할 명백한 증거'는 바로 황상만 반장이 남긴 용의자 김○○의 수사 기록이다. 즉 광주고등법원은 약촌오거리에서 택시 기사를 살해한 범인은 최성필이 아니라 김○○일 수 있음을 인정한 셈이다.

검찰이 사흘 내에 즉시항고 하지 않으면 최성필 씨는 다시 재판을 받게 된다. 만약 검찰이 불복해 항고하면? 박 변호사는 그런 일은 없을 것이라 자신했다.

"오는 8월 9일이면 이 사건의 공소시효가 끝나는데, 검찰이 어떻게 항고를 하겠어요? 유력 용의자를 체포할 수 없는 상황을 만드는 건데, 검찰이 그런 무리수를 두지는 않을 겁니다."

그러나 자신도 불안했는지, 박 변호사는 실례(?)를 무릅쓰고 검찰에 전화를 했다. 유력 용의자가 따로 존재하는 사건이고, 공소시효 만료가 코앞이니 항고를 하지 말아 달라고 당부했다.

예상은 빗나갔다. 검찰은 즉시항고를 했다. 검찰은 끝까지 '범인은 최성필'이라고 주장했다. 이로써, 사건 정황과 일치하는 자백을 했음에도 검찰이 풀어 준 김 씨는 다시 한 번 검찰의 보호를 받게 됐다. 이렇게 운 좋은 용의자가 또 있었을까?

이제 이 사건의 재심 개시 여부는 대법원이 결정하게 됐다. 대법원이 공소시효가 끝나는 2015년 8월 9일 이전에 재심을 결정하리라고 기대하기는 어려웠다. 결국 진범을 체포하는 일은 영원히 물 건너가는 것처럼 보였다.

기쁨에 환호하고 있을 용의자 김 씨의 잘생긴 얼굴이 그려졌다. 황상만 전 형사반장, 박준영 변호사, 신윤경 변호사는 허탈감에 사색이 됐다.

막판에 반전의 기회가 찾아왔다. 공소시효 만료를 약 열흘 앞둔 2015년 7월 31일자로 살인죄의 공소시효를 폐지하는 〈형사소송법〉 개정안, 일명 '태완이 법'이 발효됐다. 실망감에 일그러진 용의자 김 씨의 얼굴이 그려졌다.

검사는 개를 잡았다

검찰 때문에 개 한 마리가 죽었다. 회식 때 먹으려고 검찰이 개를 죽인 건 아니다. 개가 검사의 차에 뛰어든 것도 아니다.

2015년 여름의 일이다. 검찰은 모 사립대학의 저명한 법의학 A 교수에게 살인 사건과 관련해 어떤 감정을 요청했다. 이 교수는 〈동물보호법〉을 어기고 단골 보신탕집을 활용해 개를 죽여 실험을 했다. 실험에 이용된 개는 식용으로 유통됐다. 더 심각한 일은 따로 있다.

불법 과정을 거쳐 작성된 이 감정서는 2015년 9월 대법원에 제출됐다. 검찰은 공익이 아닌, 약촌오거리 택시 기사 살인범으로 여겨지는 김○○을 보호하기 위해 이 감정서를 활용했다. 유력한 살인 용의자를 위해, 공권력에 의해, 불법으로 죽임을 당한 개라니. 이런 '개죽음'이 세상에 또 있을까 싶다. 내막은 이렇다.

택시 기사 유호준을 칼로 12회 찔러 살해했다고 밝힌 김○○이 황상만 반장에게 한 자백은 놀랍다. 특히 살해 도구인 칼에 관한 진술이 그랬다. 황 반장은 이 칼을 봤다는, 김 씨 친구들의 진술까지 확보했다.

오른손으로 잡고 있던 칼로 택시 기사를 공격하자 칼끝에 뼈가 걸리는 느낌이 들었습니다. 잡히면 죽는다는 생각에 마구 찔렀습니다. _2003년 6월 5일 당시 피의자 김○○ 신문조서에서

가정집에서 쓰는 식칼이었는데 칼끝이 휘어 있었습니다. 칼날에 피가 묻어

있었고, 돼지비계 모양의 지방분이 묻어 있었습니다. _김○○을 숨겨 주고 한동안

칼을 보관했던 친구 임태형이 군산경찰서에서 수차례 진술

칼에는 거무스름한 피와 흰색의 지방 기름 같은 것이 섞여서 굳어 있는 것

을 보았습니다. _김○○의 친구 양○○의 진술

일반 식칼이었고, 칼에는 오래되고 굳은 검붉은 색의 피와 지방 같은 기름

기가 칼 앞부분과 옆 부분 위쪽에 많이 묻어 있었습니다. _김○○의 친구 홍○○의

진술

정리하면 이렇다. 김○○은 칼로 택시 기사 유 씨를 찔렀을 때 칼끝에 뼈가 걸리는 느낌을 받았다. 그의 말대로 친구들은 칼끝이 휘어진 칼을 봤고, 거기에는 흰색 지방과 붉은 피가 묻어 있었다.

김○○이 모든 걸 자백했고 칼을 본 증인들이 있는 상황. 검찰이 재심을 막으려면 무엇보다 칼에 대한 여러 사람의 진술을 깨부숴야 했다.

정말 사람을 찌른 칼에는 피와 함께 하얀 지방이 묻을까? 칼끝이 휘어진 칼로 사람을 찌르면 몸에 남는 흉터의 모양은 어떨까? 검찰은 A교수에게 바로 이 내용의 감정을 요청한 것이다. A교수가 2015년 8월 6일 제출한 감정서에는 이렇게 적혀 있다.

감정인은 개의 뒷다리(대퇴부) 위쪽을 면 티셔츠로 덮고 과도로 찔러보는 등의 실험을 시행했다. 머리에 전기 충격을 가해 개를 죽인 후 털을 제거하고 피를 흘려 내지 않은 상태에서 칼로 개의 허벅지를 찔렀다. (중략)

칼끝을 휘지 않고 찌를 경우 옷을 덮지 않고 찌르면 칼에는 피가 약하게 묻어나 올 정도였고, 옷을 덮고 찌르면 칼이 살에서 빠져나오며 칼 면이 옷에 씻겨 칼 면에는 핏자국이 거의 남아 있지 않았다.

칼끝을 휘고 찌를 경우 옷을 덮지 않고 찌르면 기름과 섬유 조직 같은 작은 조직 덩어리가 묻어 나왔으나, 옷을 덮고 찌를 경우 칼이 옷을 빠져나오면서 옷에 조직이 씻겨 칼에서는 조직이 묻어나는 현상이 관찰되지 않았다.

감정이란 "재판에 도움을 주기 위하여, 재판에 관련된 특정한 사항에 대하여 그 분야의 전문가가 의견과 지식을 보고하는 일"을 뜻한다. 상식적으로 이런 의문이 든다. 사람, 그것도 심장과 복부 등을 12회 찌른 칼과, 근육이 밀집된 개의 뒷다리를 한 번 찌른 칼을 눈으로 비교한 걸 과연 그 분야 전문가의 과학적인 감정이라고 할 수 있을까?

게다가 이 감정서에는 언제, 어디서, 누구와 함께, 어떤 종의 개를 죽여서 실험했는지 등의 정보가 없다. 대학 등에서 동물을 대상으로 실험을 하려면 〈동물보호법〉 제25조 3항에 따라, 동물실험윤리위원회를 구성하고 여기에서 심의를 받은 뒤에 시행해야 한다. A교수는 절차를 지켜 실험을 했을까? 그에게 전화를 해봤다.

선생님, 오랫동안 부검 전문가로 활동하셨는데요. 윤리위원회 심의를 거쳐서 개를 죽였나요?

"무슨! 윤리위원회를 구성하고 심의를 받으려면 얼마나 복잡하고 피곤한지 아세요? 그런 거 안 거치고 저 혼자 했습니다."

그럼 개를 어디서 죽였나요?

"제가 잘 가는 단골 보신탕집이 있어요. 그곳에 개를 납품하는 '개장수'가 있는데, 그 양반한테 가서 개를 죽이고 뒷다리를 칼로 찔러 봤습니다."

부검 분야의 전문가가 그런 식으로 실험을 해도 되나요?

"어차피 보신탕용으로 죽을 개를 먼저 전기 충격기로 죽인 뒤에 실험했는데, 뭐가 그리 문제인가요? 그 개, 식용으로 다시 팔려 나갔습니다."

〈동물보호법〉에 따라 실험을 해야 맞는 것 아닌가요?

"네, 절차는 그게 맞는데요. 저는 지키지 않았어요. 절차를 지키지 않았다고 기자님 편한 대로 쓰셔도 됩니다."

절차도 문제지만, 사람의 가슴을 찌른 칼과 개의 뒷다리를 찌른 칼을 비교하는 게 적절한가요?

"물론 사람과 개는 다르죠! 어쨌든 뭐 크게 의미 있는 실험은 아닙니다."

보신탕집에 개를 납품하는 '개장수'에게 가서 실시한 실험과 감정서. 결코 가볍지 않은 실험이었다. 살인 누명을 쓴 최성필의 운명이 달린 일이었다. 그럼에도 검찰은 불법으로 실험된 감정서를 대법원에 제출해, 개의 뒷다리를 찌른 칼의 모양을 근거로 이렇게 주장했다.

"결국 범행에 사용된 칼에 돼지비계 모양의 지방분이 묻어 있을 가능성은 거의 없음에도 이를 목격했다는 임태형의 진술은 신빙성이 없습니다."

대법원은 2015년 12월 11일 약촌오거리 택시 기사 살인 사건의 재심을 확정했다. 개의 뒷다리를 칼로 찔러 본 검찰 쪽의 감정서와 주장은 받아들이지 않았다. 대법원의 판단 역시 광주고등법원과 같았다. 과거 최성필에게 유죄를 선고한 판결을 유지할 수 없을 만큼 '명백한 증거'가 나타났다는 것이다. 다시 말하지만, 약촌오거리에서 택시 기사 유호준을 살해한 사람은 김○○이라는 취지였다.

엄마는 닭을 잡았다

검찰이 개를 잡기 한참 전에 가짜 살인범 최성필의 엄마는 닭 두 마리를 잡았다. 최성필이 살인 혐의로 익산경찰서에 체포됐을 때의 일이다.

아들이 경찰에 체포됐다니, 그것도 사람을 죽였다니. 잘 믿어지지 않았다. 이럴 땐 무엇을 어떻게 해야 하는지 알 수 없었다. 곁에서 알려주는 사람도 없었다. 일가친척 중엔 현직 판검사는커녕 파출소 직원도 한 사람 없었다. 변호사를 구할 돈은 더욱 없었다. 엄마는 식당에서 일하며 힘들게 살았다. 이럴 땐 없는 것투성이인 삶이 그렇게 서러울 수가 없었다.

엄마는 일단 익산경찰서로 찾아갔다. 잔뜩 주눅 든 아들 최성필은 엄마에게 별말을 하지 않았다. 엄마는 아들이 구타를 당한 정황을 목격했다. 2000년 12월 8일 전주지방법원 군산지원에서 열린 공판에서 엄마는 이렇게 진술했다.

(익산경찰서) 형사계에서 (아들 최성필을) 면회할 때 보니, 형사계 옆에 대기실처럼 생긴 곳이 있었습니다. (형사가) 그 안으로 피고인(최성필)을 데리고 갔는데, 때리는 소리가 났습니다. 그다음에 아들의 얼굴을 보니 얼굴과 목이 빨개진 상태로 울고 있었습니다.

아들의 빨개진 얼굴을 보고 엄마는 큰소리를 치며 항의했다. 형사들은 엄마에게 아들을 만날 기회를 거의 주지 않았다. 미성년자 최성필은 변호사의 조력 없이 경찰 수사를 받았다. 집으로 돌아간 엄마는 뭐라도 해야 했다.

엄마는 닭을 잡았다. 울긋불긋한 털에 윤기가 흐르고 살이 통통하게 오른 토종닭 두 마리를 잡았다. 닭을 압력솥에 넣고 백숙을 푹 끓여 압력솥째 보자기로 쌌다. 국물이 흐르지 않게 조심하면서, 엄마는 압력솥을 들고 익산경찰서로 갔다. 아들에게 먹이고 싶었다.

아니, 솔직히 형사들에게 먹이고 싶었다. 뜨거운 국물과 함께 닭고기 좀 드시고 내 아들 좀 잘 봐달라고 부탁했다. 엄마는 백숙이 든 압력솥을 익산경찰서에 두고 집으로 돌아왔다.

아들은 토종닭을 먹지 못했다. 모텔 방에서 살인범으로 만들어진 열다섯 살 아들이 경찰서에서 편하게 닭다리를 뜯는다면 오히려 그게 이상한 일이다.

아들이 그 맛있는 토종닭 다리 하나라도 뜯었으면 덜 서러웠을까. 형사들이 그 백숙을 배불리 먹고 우리 귀한 아들 소중히 다뤄 줬으면 가슴이 덜 아팠을까. 엄마는 그때를 생각하면 지금도 눈물이 난다.

"아니, 그럼 내가 뭘 어떻게 합니까? 돈이 있으면 변호사를 구했겠죠. 돈이 없으니까 닭을 잡은 거죠!"

'백숙을 먹은' 형사들이 우리 아들을 곱게 다뤄 줬을까 하고 며칠 뒤 찾아간 익산경찰서. 아들은 이미 구치소로 끌려가고 없었다. 엄마는 아들이 떠난 경찰서 주차장에서 엉엉 울었다.

아들은 1심 법원에서 징역 15년을 선고받았고, 엄마의 가슴에는 대못이 박혔다. 엄마는 2001년 광주고등법원에 다음과 같은 내용의 탄원서를 냈다.

(아들 최성필이) 제대로 배우지 못하고 부모의 사랑이 부족하다 보니, 어린 마음에 부정한 대답(허위 자백)을 한 것 같습니다. (중략) 존경하는 재판장

님, 제가 가진 것이 너무 없어서 변호인 선임을 못 했습니다. 가진 것이 있어 변호인을 선임했으면 이렇게 억울한 선고를 받지 않았겠지요.

가진 게 없어 변호사를 구하지 못한 엄마는 닭의 모가지를 비틀어서라도 아들을 구하고 싶었다. 그게 가난한 엄마의 마음이었다.

최성필의 식은땀과 박준영의 분노

최성필의 손은 축축했다. 악수를 마친 나는 손을 바지에 문질러물기를 닦았다. 미지근하고 끈적한 감촉은 오래갔다.

"미안해요. 법원에만 오면 아직도 식은땀이 나네요. 숨 막히고, 떨리고……. 저도 죽겠어요."

최성필의 등을 두드려 줬다. 넓고 단단한 등도 식은땀으로 축축했다. 온몸이 식은땀으로 푹 젖은 그는 광주고등법원 201호 법정에 입장했다. 익산 약촌오거리 택시 기사 살인 사건 재심 두 번째공판이 열린 2016년 7월 21일 오후였다.

"피고인 최성필 씨 오셨나요? 앞으로 나오세요."

'살인범'은 판사의 부름을 받고 피고인석에 앉았다. 그 자리에서도 계속 손으로 얼굴의 식은땀을 닦았다. 6년 전부터 자신을 돕는 박준영 변호사가 옆에 앉아 있어도 긴장을 풀지 못했다. 31세, 180센티미터가 넘는 키, 100킬로그램에 가까운 몸무게, 현재 한 아이의 아버지. 이 거구의 어른은 아직도 법원에만 오면 벌벌 떤다.

어쩔 수 없는 일이다. 경찰·검찰·법원이 최성필을 이렇게 만들었다. 그러나 상황은 달라졌다. 앞서 말했듯 2015년 12월 대법원은 이 사건의 재심을 결정하며 "(최성필의) 유죄를 그대로 유지하기 어려울 정도의 새롭고 명백한 증거가 발견됐다."고 밝혔다. 사건 발생 3년 뒤 군산경찰서가 체포한 김○○이 진범이라는 취지다. 재심 재판을 맡은 재판부도 이를 잘 안다. 21일 2차 공판 때 노경필 재판장(부장판사)이 최성필에게 직접 물었다.

"이번 사건의 재심 결정은 최 씨가 유죄가 아닐 수 있는 증거가 새롭게 나왔고, 이게 법원에서 채택돼 (재심이) 이뤄진 겁니다. 현재로는 무죄 가능성이 높은 게 사실입니다. 무죄판결을 빨리 받을 수 있을 듯한데요. 피고인은 재판이 빨리 진행되길 원하십니까?"

박준영 변호사의 얼굴이 굳어졌다.

"아니, 재판장님! 변호인이 이렇게 옆에 있는데 피고인에게 직접 물으시면 안 되는 거 아닙니까?"

재판부는 이 사건을 빨리 마무리하고 싶어 했다. 대법원에서 재심을 결정한 만큼 최성필이 16년 만에 누명을 벗는 건 거의 확실하기 때문이다. 재판부는 2016년 6월 16일 1차 공판 때도 "빨리 무죄를 선고받아 누명을 벗는 게 피고인에게 좋지 않느냐."는 취지로 말했다. 재판부는 증인도 부르지 말자고 했다. 궁금한 사항이나 묻고 싶은 게 있으면 '서면 질의서'를 보내 답을 받자고 제안했다. 박준영 변호사가 제동을 걸었다.

"당연히 누명을 벗어야죠. 피고인 최성필이 사람을 죽이지 않았으니까요! 하지만, 그렇게 간단히 끝낼 일이 아닙니다. 약촌오거리 택시 기사 살인 사건에서 경찰은 위법 수사를 했고, 검찰은 진짜 살인범을 체포하고도 풀어 줬습니다. 오판으로 열다섯 살 최성필에게 징역 10년이라는 중형을 선고한 법원도 책임에서 자유로울 수 없습니다. 절차대로 재판을 진행해 이 사건의 진실을 밝혀야 합니다. 사건 관련자를 증인으로 신청하겠습니다. 그들을 불러 주십시오."

박 변호사 앞에는 전주지검 군산지청 소속 검사 세 명이 앉아 있었다. 검찰은 이 재판을 포기한 걸까? 이들은 별말을 하지 않았다. 재판장이 재판을 빨리 마무리하자 하고, 변호인이 날선 비판을 해도 특별한 반응이 없었다. 검사는 왜 세 명이나 공판에 나왔을까? 검사 측이 의견을 밝혔다.

"검사는 공익의 대표자로서 진실과 정의의 원칙에 따라 실체적 진실을 밝히기 위해 노력하겠습니다. (중략) 수사 과정에서의 일부 문제에도 원 사건 1심과 2심 재판부가 피고인(최성필)에게 유죄를 선고한 것은 이 사건의 범인으로 인정할 만한 사정도 존재하기 때문입니다. 피고인은 과거 1심 재판 때 사건을 담당했던 형사에게 편지를 보내 '죄 지은 것을 반성한다.'고 했습니다."

얼굴이 굳어진 박 변호사가 자리에서 일어났다. 재판장이 만류했지만 박 변호사는 마이크를 잡았다.

"진실과 정의? 지금 검찰이 그런 말을 할 자격이 있습니까? 대한민국 국민이 이 사건 기록을 본다면 과연 어느 누가 피고인 최성필이 범인이라고 하겠습니까! 도대체 왜 (검사는) 세 분이나 여기에 오셨습니까? 차라리 이 시간에 진범을 수사하십시오! 개는 왜 불법으로 죽였습니까?"

재판장이 다시 만류했다.

"몇 번 말해도 (검찰이 이해를 못 하는 것 같아) 알아듣게끔 설명을 한 겁니다."

박 변호사는 이 말을 하고 자리에 앉았다. 세 검사는 여전히 아무 말도 하지 않았다. 2차 공판이 마무리됐을 때 박준영 변호사는 한 검사에게 작게 말했다.

"검사님, 상식적으로 합시다. 진범을 잡으셔야죠. 수사 안 하십니까?"

검사는 작은 목소리로 "재판 결과를 보고……."라며 말끝을 흐렸다. 박준영 변호사의 말대로 경찰·검찰·법원은 이 사건의 책임에서 자유롭지 않다. 경찰은 위법 수사와 몽둥이로 살인범을 조작했고, 검찰은 경찰 수사를 검증하지 못했다. 법원은 지문, 혈흔 등 아무런 물적 증거가 없음에도 최성필에게 중형을 선고했다.

대법원의 재심 결정에도 이들은 사과는커녕 유감 표명도 하지 않았다. 경찰·검찰은 재수사를 하지 않고, 법원은 재판을 빨리 마무리하려 했다. 이런 국가기관의 모습은 가짜 살인범 최성필이 지금도 트라우마에 시달리며 식은땀을 흘리는 모습과 대조적이었다.

"부끄럽지 않습니다"

재판은 박준영 변호사의 주장대로 절차를 따라 진행되었다.

최성필을 수사했던 과거 익산경찰서 소속 형사 둘이 2016년 8월 25일 광주고등법원 형사대법정 증인석에 섰다.

당시 사건을 수사했던 익산경찰서 경찰들은 모든 걸 조작했다. 앞서 말했듯이, 살인 누명을 쓴 최성필은 물론이고 공범으로 의심받은 그의 선배도 "경찰이 몽둥이로 허벅지, 엉덩이 등을 때리며 허위 자백을 강요했다."고 말한 바 있다.

익산경찰서가 작성한 사건 기록에는 조작의 흔적이 고스란히 남았다. 우선 이들은 열다섯 살 최성필을 익산역에서 처음 체포했을 때 경찰서가 아닌 모텔 방으로 데려갔다. 명백한 불법 감금이자 수사다. 박○○ 경찰이 먼저 증인석에 섰다. 박준영 변호사가 신문을 했다.

익산역에서 경찰서까지 차로 10분도 안 걸리는데, 왜 최성필을 모텔로 데려갔나요?

"기억 안 납니다. 밥을 안 먹고, 잠을 못 잤다고 해서 데려간 듯합니다."

긴급체포서에 적힌 시간을 보니, (2000년) 8월 13일 새벽 4시 40분에 체포했다고 나오네요. 재워 주려고 데려갔으면, 그냥 재워야죠. 그 새벽에 왜 체포를 합니까?

"잘 기억나지 않습니다. 자백했으니까 체포했겠죠."

모텔에서 자백? 그럼 모텔 방에서 범행을 추궁했다는 건데, 그거 불법 수사 아닌가요?

"기억나지 않습니다."

최성필을 구타하려고 모텔로 데려간 것 아닌가요?

"구타하려면 왜 모텔로 갑니까. 다른 곳에서도 때릴 수 있는데."

최성필은 당시 열다섯 살 소년이었는데, 수사할 때 왜 보호자를 입회시키지 않았죠?

"그런 절차는 업무 미숙으로 몰랐습니다."

사건 발생 3년 뒤 진범(유력 용의자) 김○○이 군산경찰서에서 자백한 것 아시죠?

"당시 방송(〈그것이 알고 싶다〉, 〈PD수첩〉 등을 비롯한 방송 프로그램 및 뉴스에 소개되었다)을 보고 알았습니다."

그때 '아, 우리 수사가 잘못됐구나!'라고 느끼지 않았나요?

"제가 수사 책임자가 아니어서, 전체적인 건 잘 모릅니다."

당시 수사로 누가 포상을 받았나요?

"임○○ 형사가 '경찰청장상'을 받았습니다."

경찰청장상이면 경찰 내부에서는 가장 큰 상인데, 임○○ 형사가 수사 책임자였나 보네요.

"임 형사가 꼭 공이 커서 받은 건 아닙니다. 평소 상이 부족한 사람에게 상을 주기도 합니다."

평소 성과가 없어 상을 못 받은 사람에게 경찰청장상을 주기도 한다는 증언에 법원 방청석에서 웃음이 터졌다. 박○○ 경찰은 살인범을 조작했음에도 당시 '전북지방경찰청장상'을 받았다. 다음으로, 경찰청장상을 받았다는 임○○ 경찰이 증인석에 섰다.

임○○ 경찰은 앞뒤가 맞지 않는 수사를 진행한 당사자다. 그가 2000년 8월 16일 작성한 압수 조서를 보자.

피의자 최성필이 택시 기사를 살해할 때 사용했던 칼이라며 ○○다방 주방에 있던 칼을 본건 증거물로 임의 제출하므로 영장 없이 압수하다.

그가 이틀 뒤인 8월 18일에 작성한 피의자 최성필 제3회 신문조서를 보자. 그는 최성필에게 계속 범행에 이용한 칼이 어디 있느냐고 묻고 있다. 범인이 아닌 최성필이 답을 못 하자, 그는 답답한지 묻고 또 묻는다.

범행에 이용한 칼을 약촌오거리 하수구에 버렸다고 했는데, 사실인가요?

그곳에 버렸다면 왜 거기에 칼이 없나요?

칼을 버린 장소는 정확히 어디인가요?

칼을 버리지 않고 숨겨 놓고선 거짓말하는 것 아닌가요?

8월 16일에 칼을 압수했다면서, 8월 18일에 칼의 행방을 계속 추궁하는 임○○ 경찰. 웃어야 할까, 울어야 할까. 당시 수사 공로로 경찰청장상을 받은 그에게 박준영 변호사가 물었다.

8월 16일에 칼을 압수했다면서, 이틀 후에 왜 자꾸 칼을 찾죠?

"기억나지 않습니다."

사건 발생 3년 뒤에 김○○이 군산경찰서에서 자백한 것 알고 있죠?

"네."

그 소식을 듣고 '아, 내 수사가 잘못됐구나.' 하는 생각 안 했나요?

"정당한 수사라고 생각합니다."

그러면 지금은 최성필과 김○○ 중 누가 범인이라고 생각합니까?

"말할 수 없습니다."

여기 있는 피고인 최성필이 범인입니까?

"말할 수 없습니다."

자신들이 범인이라며 열다섯 살 최성필을 체포해 구속했는데, 이제 와서 범인이 누군지 말할 수 없다니. 도대체 무슨 말일까? 재판이 끝난 뒤 급히 법원을 빠져나가는 두 경찰을 쫓아가 물었다. 대답은 임○○ 경찰이 했다.

왜 이제 와서 범인이 누군지 특정을 못 합니까?

"물어보지 마세요."

당신들이 최성필이 범인이라며 체포해 구속했잖아요.

"대답하기 싫어요."

솔직히 지금은 최성필이 범인이 아니란 거 아시죠?

"그만하세요!"

당시 최성필은 열다섯 살이었는데, 왜 때렸어요?

"때린 적 없어요."

그럼 그가 왜 허위 자백을 했을까요?

"……."

형사님이 보시기에도 김○○이 범인이죠?

"할 말 없어요. 그만하시라고!"

대법원은 최성필이 범인이 아니라는 취지로 재심을 결정했는데요.

"조용히 하세요!"

이 사건 조작한 거 맞죠?

"조용히 하세요!"

부끄럽지 않으세요?

"하나도 안 부끄러워요!"

세 번째 죽음

이른 아침부터 전화기가 울리면 불길한 느낌이 들기 마련이다. 지난 2016년 9월 28일 아침도 그랬다. 발신자는 '박준영 변호사'였다. 박 변호사의 목소리가 낮게 흔들렸다.

"안타까운 일이 벌어졌습니다."

예감은 빗나가지 않았다.

"경찰 박○○ 경위가 자살했다고 하네요."

아침 공기가 겨울처럼 차가웠다. 금방 전화를 끊었다. 노트북을 켜고 '약촌오거리 살인 사건'을 검색했다. 박 경위의 죽음을 다룬 기사가 쏟아졌다. 내용은 비슷했다. 박 경위는 '익산 약촌오거리 택시 기사 살인 사건' 재심 개시 이후 심적 고통을 주변에 호소했다고 한다.

노트북을 덮고 물을 한 잔 마셨다. 책상에 앉아 처음이자 마지막으로 본 그날의 박 경위 모습을 떠올렸다. 긴장을 숨기지 못하던 그의 얼굴이 생각났다.

박 경위는 2016년 8월 25일 광주고등법원에서 열린 약촌오거리 택시 기사 살인 사건 재심 공판 때 증인으로 출석했던 그 사람이다. 그는 증인석에 앉아 떨리는 목소리로 중요한 사실 하나를 인정했다.

2000년 8월 익산경찰서 수사팀이 택시 기사 살인범으로 열다섯 살 최성필을 범인으로 체포했을 때, 최 씨를 경찰서가 아닌 모텔 방으로 데려갔다는 걸 말이다. 경찰의 불법 감금, 수사를 사실상 인정한 셈이다.

박 경위는 사건 수사 당시 28세로 수사팀의 막내였다. 16년이 지난 지금, 그는 진실의 한 조각을 세상에 꺼내 놓고 스스로 목숨을 끊었다. 이번이 몇 번째 죽음인가. 이때까지 약촌오거리 살인 사건의 진실을 아는 사람 세 명이 목숨을 잃었다. 우연일까, 아니면 저주일까?

약촌오거리 살인 사건이 세상에서 잊힐 즈음, 첫 번째 사망자가 경찰 쪽에서 발생했다. 익산경찰서 수사팀에서 고참 형사로 활동했던, 그래서 모든 진실을 알 법한 형사 한 명이 사고로 사망했다.

두 번째 사망자는 유력한 살인 용의자 쪽에서 나왔다. 택시 기사가 살해당한 그날 새벽, 용의자 김○○을 숨겨 준 친구 임태형 씨. 그는 김 씨가 택시 기사를 살해할 때 이용했다는 칼을 목격한 인물이다. 그는 군산경찰서에 체포됐을 때 자신의 피의자 신문조서에 직접 이렇게 썼다.

제 친구 ○○이를 선처해 주세요. 제가 그 당시 ○○이를 설득하여 자수하도록 했어야 했는데, 그리지 못해 지금은 많이 안타까울 뿐입니다. 제 친구를 선처해 주세요.

그러나 앞서 말했듯이, 검찰은 모든 걸 자백하고 기꺼이 처벌을 받겠다는 김○○과 그의 친구를 구속하지 않았다. 검찰의 의도를 간파했을까? 곧 김○○과 친구는 입을 맞춘 듯 범행을 부인하고는 함께 정신병원에 입원했다.

그랬던 임 씨가 2012년 자택에서 스스로 목숨을 끊었다. 그의 유서에는 김○○이 등장한다. 구체적이지는 않지만, 뭔가를 암시하는 내용이다.

김○○이 살아 있지? 내가 못 편 날개 네가 대신 펴줘야겠다. 어설프게 펼 놈 아니라고 봤으니 그 험난한 세월 보낸 거야. 멋지게 잘돼서 나란 놈 잊지 말고. (중략)

옛날이야기 보면, 친구가 쌀가마니 들고 와서 '도와 달라.'는 말을 하지. 난 도와줬다. 왜냐. 친구니까. 친구라서, 친구를 위해서. 그래서 내 삶이 항상 힘든가 봐.

세 번째 죽음은 앞서 언급한 박 경위의 자살이다. 그는 2016년 8월 25일 재심 공판이 끝난 뒤 "왜 김○○을 체포하지 않느냐?"는 기자의 물음에 "재심 결과 등 상황을 좀 지켜보자."고 말했었다. 하지만 박 경위는 재심 결과를 기다리지 않고 스스로 목숨을 끊었다.

부질없는 질문을 해본다. 만약 김○○이 체포된 2003년 그때, 검찰이 그를 풀어 주지 않고 구속했다면 어땠을까. 적어도 두 사람의 자살은 막을 수 있지 않았을까?

많이 양보해서 질문을 바꿔 본다. 대법원이 '진범은 따로 있다'는 취지로 이 사건의 재심을 결정한 2015년 12월, 검찰이 이때라도 재수사를 시작해 진범을 체포했다면? 심적 부담을 던 박 경위는 극단적인 선택 따위는 생각도 안 하지 않았을까?

반성의 시간

먼 길을 돌고 돌아 사건은 원점으로 돌아왔다. 익산경찰서가 위법한 수사로 만들어 낸 '가짜 살인범'은 16년 만에 누명을 벗었다.

광주고등법원 제1 형사부(노경필 부장판사)는 2016년 11월 17일 '익산 약촌오거리 택시 기사 살인 사건'의 피고인 최성필 씨에 대한 재심에서 무죄를 선고했다. 최 씨는 살인 누명을 벗었으나 재판부는 "유감"의 뜻만 전하는 등 소극적인 태도를 보였다.

재판부는 "검찰이 확보한 증거만으로는 공소사실을 인정하기가 충분하지 않다."라며 "10여 년 전 이뤄진 재판에서도 (재판부는) 나름대로는 최선을 다해 재판에 임했을 것이나 결과적으로 재심 청구인이 한 자백의 신빙성에 대해 의심하고 좀 더 세심한 배려와 충분한 숙고가 필요했었다는 생각에 아쉬움이 남는다."라고 밝혔다.

재판부는 위법한 수사를 진행한 경찰과 잘못된 기소를 추진한 검찰에 대해서는 언급하지 않았다. 진범에 대한 언급도 없었다. 뒤바뀐 살인범으로 큰 충격을 받은, 사망한 택시 기사 유가족에게도 사과나 위로의 말을 하지 않았다. 재판부는 재심 공판 때 증인으로 출석한 과거 익산경찰서 소속 경찰이 스스로 목숨을 끊은 일에 대해서는 유감의 뜻을 밝혔다.

박준영 변호사가 5년을 노력해 받아 낸 무죄 선고. 하지만 박 변호사는 웃지 않았다. 오히려 분노했다.

"무죄를 선고하게 된 구체적 이유에 대해서는 한마디 말도 없이, 법원은 자신들의 잘못에 대해서는 무책임한 변명으로 일관했습니다. 재판부의 비겁한 태도로 인해, 무죄를 받고도 크게 즐거워할 기분이 아닙니다. 경찰의 위법 수사와 법원의 오판 때문에 열다섯 살 소년이 10년을 교도소에서 살다가 나왔는데, 어떻게 배려의 말을 한마디도 안 할 수 있습니까!"

상황은 빠르게 돌아갔다. 같은 날, 전주지검 군산지청은 김○○을 경기도 용인에서 체포했다. 검찰은 그동안 김 씨에 대해 출국 금지 조치를 해놓는 등 비공개 수사를 했다. 2016년 12월 6일 구속

기소된 재판이 진행되는 동안 범행을 부인했다. 그는 "부모님에게 관심을 받기 위해 사람을 죽였다고 거짓 진술을 한 것"이라고 주장했다. 법원은 그에게 징역 15년을 선고했다.

이제부터는 반성의 시간. 최성필 씨에게 무죄가 선고된 직후 검찰은 사과문을 발표했다.

공익의 대표자로서 객관적이고 중립적인 입장에서 이 사건의 증거 관계를 전면 재검토했고, 재심 재판을 통해 실체적 진실이 규명될 수 있도록 최선을 다했습니다. 오랜 기간 정신적·육체적 고통을 겪은 피고인과 가족, 진범 논란을 지켜봐야 했던 피해자 유족에게 진심 어린 사과와 위로의 마음을 전합니다.

경찰은 삼례 나라슈퍼 3인조 강도 치사 사건과 익산 사건에 대해 모두 사과했다.

당시 수사 진행 과정에서 적법절차와 인권 중심 수사 원칙을 지키지 못한 부분을 매우 유감스럽게 생각하며, 재심 청구인 등에게 상처를 준 것을 반성합니다. 범죄로 가족을 떠나보내는 충격을 겪었음에도, 당시 진범을 검거하지 못해 겪지 않아도 될 아픔을 감내해야만 했던 피해 유가족에게도 송구스럽게 생각합니다.

이철성 경찰청장은 자필 서명이 담긴 편지를 황상만 전 반장에게 보냈다.

며칠 전 '약촌오거리 살인 사건'이 재심에서 무죄로 선고되었는데, 그 과정에서 황 팀장님께서 사건의 실체적 진실을 밝히는 데 결정적인 역할을 했다는 사실을 잘 알고 있습니다. 먼저 머리 숙여 그간의 노고에 깊은 감사를 드립니다.

이미 법원에서 유죄로 확정한 사건을 뒤집기 위해 재수사한다는 것이 얼마나 어려웠겠습니까. 주변의 만류도 만만치 않았을 겁니다.

그럼에도 불구하고 팀장님은 형사만이 가질 수 있는 긍지와 자존심으로 꿋꿋하게 어려움을 이겨 내고 진실을 밝혀냈습니다. 무려 16년 동안, 그것도 15세부터 31세까지 꽃다운 청춘을 억울함 속에 보낸 최 군의 한 맺힌 응어리를 풀어 주었습니다. (중략)

선배님, 퇴직 이후에도 업무의 전문성을 살려 행정사를 하신다고 들었습니다. 지금도 열정과 집념을 가지고 민원인의 입장에서 멋지게 일하고 계실 것으로 믿습니다.

진정한 형사가 되기 위해 편한 길을 두고 가시밭길을 걸으신 황상만 선배님께 다시 한 번 감사의 말씀을 드리며 가정에 항상 평안과 행복이 함께하길 기원합니다. 경찰청장 이철성 드림.

무죄가 선고되고 김○○이 체포된 뒤 나는 방에서 몽둥이 두 개를 치웠다. 하지만 박준영 변호사는 아직 가족사진을 SNS에 올리지 못하고 있다. 앞으로도 그럴 것이다. 그는 계속 재심 사건을 진행하고 있으며, 여전히 경찰·검찰·법원·진범과 싸우고 있다.

김○○은 2003년 체포됐을 때 황상만 반장 앞에서 사죄하고 반성의 뜻을 밝혔다.

"진즉에 자수를 했더라면 저 대신 교도소에 들어가 있는 사람의 고생이 덜했을 텐데……. 그 사람에게 진심으로 죄송한 마음입니다. 저 때문에 피해를 본 분들께 죄송합니다. 저 또한 많이 힘들었습니다. 이렇게 되어 홀가분하고 죄송하네요. 이 말밖에 할 말이 없네요. 죄송할 따름입니다."

그는 "죄송하다."는 말을 여러 차례 반복했다. 이런 김 씨를 구속하지 않아 반성의 기회를 빼앗은 이는 정종화 검사다. 그는 2016년 11월 현재 부산지검 강력부장으로 일하고 있다.

김 씨와 최성필을 대질시킨 검사는 김훈영이다. 대질 이후 그는 김 씨를 최종 무혐의 처리했다. 김 검사는 이석기 통합진보당 의원 내란 음모 수사를 맡았던 이들 중 한 명이다. 2016년 11월에는 국가정보원에 파견 근무 중이었다.

두 검사는 이 사건에 대해, 10년을 교도소에서 보낸 최성필에게 오랫동안 미안하다는 말을 하지 않았다. 김훈영 검사는 2021년 8월 최성필을 직접 찾아가 고개 숙여 사과했다. 최성필은 김 검사를 용서했다.

© 이희훈
광주고등법원을 나서는 최성필 씨.

그는 16년 만에 살인 누명을 벗을 수 있었다.
그렇지만 최성필에게 무죄판결을 선고하는 것으로 끝낼 수는 없다.
진범을 처벌해야 제대로 정의가 실현되는 것이다.
진범의 처벌, 태완이 덕분이다. 태완이가 이룬 정의다.

4장

나는 살인범이 아닙니다

신의 눈을 갖지 못한 재판부로서는 감히 이 사건의 진실에 도달했다고 자신할 수는 없다. (중략) 다만 자신이 마땅히 누려야 할 최소한의 권리와 적법절차를 보장받지 못한 채 고통을 겪었던 피고인이 마지막 희망으로 기대었던 법원마저 적법절차에 대한 진지한 성찰과 고민이 부족했고, 그 결과 피고인의 호소를 충분히 경청할 수 없었다는 점에 대해서는 어떠한 변명의 여지도 없다고 하겠다.

_춘천 파출소장 딸 살인 사건 재심 무죄 판결문 중에서

검은 밤, 버스 정류장

한 사람의 생애에서 더러는,

자기 혼자 힘으로는 결코 건널 수 없는 운명과도 같은

거대한 강물과 맞닥뜨리기도 하는 법이다.

_임철우, 『봄날』 서문에서

어둠은 파도처럼 밀려와 섬을 삼켰다. 바다에서 불어오는 새벽 바람은 차가웠다. 사람이 다니기엔 어둠이 짙었고, 버스가 오기엔 시간이 일렀다. 버스 정류장은 검은 밤과 한 몸이었다.

어둠 속에서 누군가 버스 정류장으로 다가왔다. 한 사람인지, 두 사람인지, 그보다 많은지 뚜렷하지 않았다. 검은 밤은 많은 걸 숨기고 가려 줬다. 그 혹은 그들은 시신 한 구를 정류장 앞에 내려놓았다. 죽은 자는 남자였다. 그가 신던 신발을 옆에 두었다. 그 혹은 그들은 다시 어둠 속으로 사라졌다. 모든 게 어둠 속에 다시 잠겼다.

오른쪽 뺨이 차가운 땅에 닿게 놓인 시신. 시간이 얼마나 흘렀을까. 태양이 동쪽 바다에서 떠오를 무렵, 누군가 시신을 발견해 경찰에 신고했다. 2000년 3월 7일 새벽, 전남 완도의 한 버스 정류장에서 발생한 일이다.

사망자는 완도읍에 사는 김○○(52세) 씨. 소아마비로 한쪽 다리를 저는 장애인이다. 시신 주변에서 방향등을 비롯한 자동차 파편이 발견됐다. 원래 그곳에 있었는지, 범인이 교통사고로 위장하기 위해 뿌렸는지 알 수 없다. 시신에 큰 외상은 없었다. 시신이 발견된 현장은 김 씨의 집에서 약 6킬로미터 떨어진 곳이다. 다리가 불편한 김 씨가 새벽에 혼자 걸어오기 힘든 곳이다. 경찰은 뺑소니 교통사고를 위장한 살인에 무게를 두고 수사를 벌였다.

사망한 김 씨는 여러 개의 보험에 가입된 상태였다. 경찰은 김 씨의 가족을 의심하기 시작했다. 김 씨는 아내와 오래전에 헤어졌다. 남은 사람은 셋이다. 큰딸 김신혜(당시 23세), 둘째 김종현(가명, 남, 19세), 막내 김수현(가명, 여, 18세).

3월 8일 자정께, 김신혜는 고모부와 함께 완도경찰서로 향했다. 곧 김신혜는 피의자 신분이 됐다. 당시 경찰이 작성한 신문조서의 한 부분은 이렇다.

피의자는 다른 사람을 죽인 사실이 있나요?

"네."

누구를 죽였나요?

"저의 친아버지 김○○을 죽였습니다."

경찰이 작성한 조서에는 김신혜가 수면제를 탄 술을 먹여 아버지를 살해했다고 나온다. 경찰 수사는 빠르게 진행됐다. 그런데 어찌된 일일까. 수사 기록에 따르면, 김신혜는 검찰 수사에서부터 다른 태도를 보인다.

"저는 아버지를 죽이지 않았습니다."

그녀의 주장은 인정되지 않았다. 검찰은 존속살해와 사체 유기 혐의로 김신혜에게 사형을 구형했다. 2000년 8월 31일, 법원은 그녀에게 무기징역을 선고했다. 그로부터 20년 가까운 시간이 흘렀다. 사죄, 반성, 성찰을 해야 할 시간. 그녀는 이제 죄를 인정할까?

"내가 죽이지 않았는데 무슨 반성을 하란 말입니까. 저는 가석방이나 감형도 바라지 않아요. 죄가 있어야 가석방을 받으려고 노력하죠!"

체포된 직후부터 같은 주장을 반복하고 있다. 지치고 포기할 법도 한데, 그런 기미가 보이지 않는다. 박준영 변호사는 2014년 여름 청주여자교도소에서 김신혜를 접견했다. 그때 김신혜가 울면서 말했다.

"만약 우리 아버지가 장애인이 아니었어도, 그 사람들(경찰)이 우리 아버지 (시신을) 함부로 다뤘을까요? 우리 아버지가 서민이 아니라 재벌, 정치인이었어도 그렇게 함부로 했겠냐고요.

내가 만약에 장애인, 서민 딸 아니고 재벌, 정치인의 딸이었어도 그렇게 함부로 재판할 수 있었을까요? 무죄 추정의 원칙? 그런 거 다 속였어요. (중략) 진실은 그 순간을 떠나면 알기 힘들어요. 누군가 (나와 비슷한 상황에서) '난 죽이지 않았다, 진실을 알아 달라.'고 한다면, 나도 100퍼센트 믿는다고 말할 자신 없어요. 나, 그런 거 기대하는 거 아니에요. 내 결백을 믿어 달라고 강요하고 싶지 않아요.

나는 하늘한테만 인정받으면 돼요. (진실은) 내가 아니까, 우리 아버지가 아니까. 근데, 나는 도대체 뭔가요? 내가 대한민국 국민인지, 아닌지 꼭 알고 싶어요. 꼭 인정받고 싶고, 확인하고 싶어요. 나한테도 인권이 있는 건지 알고 싶다고요! 나 인권을 가진 인간이 맞나요? 어떻게 그런 수사를 할 수 있어요?"

이번에는 법원의 판결문을 보자. 수사기관과 법원이 사건을 어떻게 판단했는지 알 수 있다.

피고인(김신혜)은, 아버지인 피해자 김○○이 피고인이 어렸을 때부터 피고인의 어머니와 이혼한 후 술을 마시면 때때로 피고인과 여동생을 성적으로 학대한 데 대하여 불만을 품고 있던 중, 아버지 김○○을 보험계약자로 하여 교통사고 상해보험 등 여덟 개의 보험에 가입한 후 피해자에게 수면제와 알코올을 섞어 마시게 하는 방법으로 피해자를 살해하고, 이를 교통사고로 위장하여 보험금 약 8억 원을 타내기로 마음먹었다.

피고인은 2000년 3월 7일 1시경 아버지 김○○의 집에서 미리 준비한 양주와 수면제 약 30알을 피해자에게 건네주며 '간에 좋은 약'이라고 속여 한꺼번에 먹게 한 후 승용차 조수석에 태워 완도읍 일대를 돌아다님으로써 같은 날 3시경 승용차 안에서 사망에 이르게 하여 피해자를 살해했다.

피고인은 같은 날 4시경, 살해한 피해자를 집에서 약 6킬로미터 떨어진 정도리 버스 승강장 앞길에 버려 사체를 유기했다.

법원은 수사기관의 결론을 그대로 인정했다. 교도소 독방에서 20년 가까이 무죄를 주장하는 무기수의 말과, 보험금을 노리고 아버지를 살해했다는 법원 판결문, 어느 쪽이 사실일까.

법원의 판단이 맞다면 김신혜는 아버지를 죽이고도 반성하지 않는 패륜아다. 김신혜의 주장이 맞다면? 그녀에게 죄를 뒤집어씌운 국가는 제대로 된 국가가 아니다. 섣부른 판단은 금물. 오해는 쉽고, 증명은 어려운 법이니까.

2015년 1월 15일 새벽 4시, 박준영 변호사와 함께 차를 몰아 사건이 발생했던 전남 완도로 향했다. 15년 전, 그때 그 사람들을 하나둘 만나 봤다. 완도를 빠져나올 땐 이미 캄캄한 밤이었다. 우린 마지막으로 사건 현장을 찾았다.

시신이 놓인 그날처럼 사방은 어둡고 적막했다. 바다 쪽에서 차가운 바람이 불었다. 오가는 사람이나 차는 없었다. 가로등이 시신이 있던 자리를 밝히고 있었다. 사건이 발생한 그날, 저 가로등은 모든 걸 지켜봤을 거다.

"이제 감이 좀 와요? 이거 완전히 조작이라니까."

집으로 향하는 차 안에서 박 변호사가 말했다. 캄캄한 차 안, 나는 대답하지 않았다. 솔직히 감이 오지 않았다. 완전히 조작된 사건

© 박상규
2015년 1월 15일 찾은 완도 사건 현장.

전남 완도에서 서울 집으로 향하는 밤길. 의문은 이어졌다.
내게 필요한 건 믿음이 아니라 물증이었다.
그는 의심하기 이전에 의뢰인 편에 서서 의뢰인의 주장에
귀를 기울여야 하는 변호인이다.
변호인과 기자의 역할은 다를 수밖에 없다.

이라니. 경찰이 "범행 일체를 자백했다."고 주장한 범인이 교도소에 무기수로 있지 않은가. 대법원에서도 유죄를 확정했다. '조작'이라는 말을 받아들이기 어려웠다.

"박 기자님, 저를 믿으세요, 저를. 제가 형사사건만 수천 건 맡았던 놈입니다. 이래 뵈도 제가 한 시절 이 바닥에서 '국선 재벌'로 불렸어요. 건당 20만~30만 원씩 받고, 형법전에 나오는 범죄 대부분을 경험했어요. 별별 사건을 다 맡아 봤다니까. 사람 얼굴 보면 느낌 '꽉' 와요. 오원춘 국선변호인도 바로 저였어요. 저는요, 이젠 딱 보면 감이 옵니다. 이 사건 조작이에요!"

"국선 재벌이 자랑입니까? 그리고 딱 보면 안다는 사람이 저 처음 봤을 때 그렇게 무시했습니까?"

이번엔 박준영 변호사가 대답하지 않았다. 전남 완도에서 서울 집으로 향하는 밤길. 의문은 이어졌다. '나만 믿으라'는 국선 재벌에겐 왠지 믿음이 안 갔다. 내게 필요한 건 믿음이 아니라 물증이었다. 게다가 그는 의심하기 이전에 의뢰인 편에 서서 의뢰인의 주장에 귀를 기울여야 하는 변호인이다. 변호인과 기자의 역할은 다를 수밖에 없다.

새벽에 집에 도착했다. 눕지 않고 책상 앞에 앉았다. 경찰과 검사가 작성한 563쪽의 묵직한 수사 기록을 다시 펼쳤다. 이번이 세 번째 정독이었다. 이상한 점이 보이기 시작했다. 온몸에 서늘한 느낌이 퍼졌다. 깊은 수렁으로 조금씩 빨려 들어가는 기분이었다. 창

밖은 아직 캄캄한 새벽이었다. 그 시간에 박 변호사에게 전화를 걸었다.

"변호사님, 완도에 다시 갑시다."

운명의 새벽 네 시간 1

고향집으로 가는 길은 복잡하지 않다. 길은 하나다. 육지와 섬을 연결하는 다리를 건너야 한다. 해남군 북평면과 완도군 군외면 원동리를 잇는 완도대교. 다리 밑은 깊은 바다다. 김신혜는 직접 승용차를 몰아 다리를 건너 섬으로 왔다. 깊은 밤이었다. 원동검문소 CCTV가 이 모습을 찍었다. 하나는 분명해졌다.

2000년 3월 7일 0시 56분. 김신혜 완도 원동검문소 통과.

몇 시간 뒤 또 하나의 사실이 분명해졌다.

2000년 3월 7일 5시 15분께 김신혜 할머니 집 도착. 5시 55분께 김신혜 아버지 김○○ 씨 완도군 정도리 버스 정류장에서 변사체로 발견.

그날 새벽, 김신혜가 완도에 도착한 0시 56분부터 5시 15분까지 대략 네 시간 동안 섬에서는 무슨 일이 벌어졌을까. 김신혜는 어디서 무엇을 했을까. 먼저 경찰과 검찰의 수사 기록과 공소장, 법원 판결문에 기초해 '김신혜, 운명의 네 시간'을 구성해 봤다.

아버지를 죽여야 하는 이유는 분명했다. 예전부터 술주정을 부리고 자신과 여동생을 성추행했으니까. 김신혜의 나이 23세. 무엇이든 새로 시작해도 괜찮은 나이다. 김신혜는 일본 유학을 준비했다. 떠나기 전, 아버지를 끝장내고 싶었다.

일단 2000년 1월부터 아버지 앞으로 교통사고 상해보험 등 보험 여덟 개를 가입했다. 아버지를 살해한 뒤 교통사고로 위장하면 보험금 8억 원을 챙길 수 있다. 살인 방법도 이미 연구를 끝냈다.

영화 등을 보면 쉽게 알 수 있다. 술과 함께 수면제를 먹이면 끝. 김신혜는 수면제 30알을 챙겼다. 양주도 한 병 구했다. 이런 살해 도구를 차에 싣고 고향으로 떠났다. 김신혜가 나고 자란 땅, 거기에 아버지가 있다. 열아홉 살 남동생과 열여덟 살 여동생도 고향에 있다. 여든을 넘긴 할머니와 할아버지도 계신다.

다른 가족은 별 문제가 아니다. 두 동생은 주로 할머니, 할아버지 집에서 생활한다. 아버지 집에서 약 50미터 떨어진 가까운 곳이지만 별 문제가 아니다. 어차피 서로 왕래가 없는 새벽에 일이 끝날 테니까.

고향에 도착하기 전, 고속도로 휴게소에서 할머니 집으로 전화를 해 남동생 김종현과 통화했다. 술에 취한 아버지가 한바탕 소란을 피우고 집으로 돌아갔다고 했다. 아버지가 술에 취했다니, 잘된 일이다.

3월 7일 1시, 아버지 집에 도착했다. 난간이 없는 계단을 올라 2층 아버지 방으로 들어갔다. 오랜만에 보는 아버지는 김신혜를 반겼다. 김신혜는 아버지에게 양주를 따르고 수면제 30알을 줬다.

"간에 좋은 약이에요. 드셔 보세요."

아버지는 양주와 함께 수면제 30알을 삼켰다. 술과 함께 몸에 좋은 약을 먹은 아버지는 기분이 좋아졌다.

"신혜야, 차 끌고 왔지? 우리 드라이브나 한번 하자."

김신혜와 아버지는 2층 방에서 내려와 차에 탔다. 김신혜가 운전대를 잡았고 아버지는 조수석에 앉았다. 차 안에서도 아버지는 김신혜의 허벅지를 만지는 등 또 몹쓸 짓을 시작했다. 아버지는 3시께 차 안에서 의식을 잃었다. 코 밑에 손을 대보니 숨을 쉬지 않았다.

'아버지가 죽었구나.'

김신혜는 죽은 아버지를 태우고 캄캄한 완도 시골길을 약 한 시간 동안 누볐다. 사방이 어두운 새벽 4시, 어느 버스 정류장 앞에 차를 세웠다. 그곳에 사망한 아버지를 내려놨다. 교통사고로 위장하기 위해 자동차 방향지시등 파편을 시신 주변에 뿌렸다. 아버지 신발 한 켤레도 시신 옆에 뒀다. 김신혜는 차를 타고 할머니 집으로 돌아갔다. 5시 15분이었다. 할머니 옆에 누워 잠을 잤다.

5시 55분께, 경찰에 전화 신고가 접수된다.

"정도리 버스 정류장인데요. 한 남자가 쓰러져 있네요."

사망한 아버지는 맨발로 차가운 아스팔트 바닥에 얼굴을 대고 누워 있었다. 그때 김신혜는 따뜻한 방에서 자고 있었다. 7시, 경찰이 집으로 찾아 왔다.

"아버지 김○○이 사망했습니다."

김신혜는 놀란 모습으로 일어났다.

운명의 새벽 네 시간 2

앞의 글은 경찰·검찰의 수사 기록과 판결문에 따라 사건을 재구성한 것이다. 김신혜는 자신의 운명을 바꾼 '완도에서의 네 시간'을 전혀 다르게 말한다. 수사기관이 모든 걸 조작하고, 법원은 오판했다는 주장이다. 그녀는 사건 직후부터 지금까지 약 20년 동안 같은 주장을 해왔다.

김신혜의 말과 주변 사람의 증언에 기초해 '완도에서의 네 시간'을 재구성했다.

완도에 가는 일은 비밀이 아닌 약속이었다. 고향집에 있는 남동생을 태워 함께 서울로 올라오기로 했다. 고향에 사는 친구 박소영(가명), 권유미

(가명)에게도 며칠 전에 전화로 이야기했다.

"나 3월 6일 완도에 간다. 도착하면 전화할게, 얼굴이나 보자."

김신혜는 약속대로 3월 6일 오후 늦게 서울 신사동 집에서 출발했다. 완도대교를 건너 섬에 들어온 시간은 7일 0시 56분. 여기서부터 고향집까지는 차로 30분 넘게 걸린다. 길이 왕복 2차선 도로라 속도 내기도 어렵다.

바다가 내려다보이는 집 앞에 도착한 시각은 1시 30분께. 집으로 곧장 들어가기 싫었다. 집 앞 항만 터미널 공중전화기로 할머니 집에 전화를 걸었다. 여동생 김수현이 전화를 받았다. 동생은 술에 취한 아버지가 한바탕 소란을 피우고 집으로 돌아갔다고 했다.

아버지가 술에 취했다니, 집으로 가는 게 더 주저됐다. 아버지 집에서 50미터 떨어진 할머니 집에 가는 것도 썩 내키지 않았다. 넓지 않은 방에서 할아버지, 할머니, 두 동생과 함께 자야 했다. 놀다 들어가야지 하는 마음으로 친구들에게 전화를 돌렸다. 20대 초반의 김신혜는 고향에 내려오면 친구들과 자주 새벽까지 놀았다.

박소영에게 먼저 연락했다.

"나, 방금 완도에 도착했어. 만나서 놀자!"

"유미랑 방금 전까지 버스터미널에서 너 기다리다가 막 들어왔는데."

"버스 안 타고, 자가용 끌고 왔어. 미안해. 지금이라도 나올래?"

"집에 들어오니까 갑자기 피곤하네. 우리 그냥 내일 만나자."

이번엔 권유미에게 전화를 걸었다.

"유미야, 나 방금 완도에 도착했어. 지금 나올 수 있어?"

"오늘은 너무 늦었다. 내일 가게 문도 열어야 하니까, 우리 나중에 보자."

어쩔 수 없이 김신혜는 혼자 차를 몰아 등대가 보이는 바닷가로 갔다. 서울에서 내려오면 친구들과 종종 새벽까지 어울려 놀던 카페로 향했다. 새벽이라 카페는 문 닫을 준비를 했다.

김신혜는 카페에서 나와 차 안에서 혼자 와인과 맥주를 마셨다. 친구들과 마시려고 서울에서 준비해 온 술이다. 시나리오 등 글쓰기를 좋아하는 김신혜는 차 안에서 이런저런 생각을 했다. 술에 조금 취한 김신혜는 2년 전 교제했다가 헤어진 옛 남자 친구를 떠올렸다.

그녀는 차를 천천히 몰아 완도읍 ○○리에 있는 그의 집 근처로 갔다. 얼굴이나 한 번 볼 수 있지 않을까 해서였다. 그녀는 옛 남자 친구 집 인근에 차를 세워 두고 잠시 눈을 붙였다. 눈을 떠보니 5시가 다 됐다.

김신혜는 차를 몰아 할머니 집으로 향했다. 할머니 집은 아버지가 사는 집을 지나야 닿을 수 있다. 아버지 집 2층 방에 불이 켜진 게 보였다. 김신혜는 집 앞에서 "아버지!"를 몇 번 불렀다. 잠이 들었는지 안에서는 아무런 대답이 없었다. 김신혜는 할머니 집으로 들어가 할머니 옆에 누웠다. 5시 15분이었다.

5시 55분께, 경찰에 전화 신고가 접수된다.

"정도리 버스 정류장인데요. 한 남자가 쓰러져 있네요."

오른쪽 뺨을 찬 아스팔트에 댄 채 쓰러져 있는 남자는 움직이지 않았다. 맨발이었다. 신발 한 켤레가 시신 옆에 있었다. 이미 숨진 상태였다. 그때 김신혜는 따뜻한 방에서 자고 있었다. 7시, 경찰이 집으로 찾아왔다.

"아버지 김○○이 사망했습니다."

김신혜는 놀란 모습으로 일어났다.

아버지의 여섯 시간, 딸의 네 시간

김신혜가 섬을 향해 달려올 즈음, 아버지는 집에서 이웃 김용민
(가명, 당시 38세), 오석태(가명, 당시 57세) 씨와 간자미를 안주 삼아 술
을 마셨다. 3월 6일 17시께 김신혜에게 전화가 걸려 왔다.

"아버지, 종현(남동생)이 데리러 완도에 가요. 술 조금만 드세요!"

아버지는 딸의 말을 듣지 않았다. 이웃들이 떠난 뒤에도 중국요
릿집에 잡채를 주문해 혼자 술을 마셨다. 밤이 깊었다. 술 취한 아
버지는 6일 자정 무렵, 가까운 당신의 어머니 집에 가서 술주정을
부렸다. 그러고는 금방 떠났다. 아버지가 집으로 갔는지, 다른 곳으
로 발길을 돌렸는지, 누군가에게 납치됐는지는 아무도 모른다. 어
머니 집에서 나와 어둠 속으로 묻혔을 뿐이다.

아버지는 7일 5시 55분께 집에서 약 6킬로미터 떨어진 정도리
버스 정류장 앞에서 시신으로 발견됐다. 약 여섯 시간 동안, 아버지
가 어디서 무엇을 했는지 아는 사람은 없다.

김신혜는 2000년 3월 7일 0시 56분에 다리를 건너 완도에 들어
왔다. 검문소 CCTV는 완도대교를 건너오는 모든 차량을 찍는다.
검문소에서 김신혜 고향집까지는 차로 약 30분 걸린다. 그녀는 5
시 15분에 할머니 집에 도착했다. 약 네 시간 동안, 그녀가 어디서
무얼 했는지 입증해 줄 사람은 없다.

김신혜가 섬에 들어온 날 아버지가 죽었다. 좁은 섬이 아니어도

김신혜의 '사라진 네 시간'은 눈에 확 들어온다. 하필이면 그날 김신혜는 본인 자가용이 아닌 렌터카를 끌고 왔다. 완도경찰서는 사건이 발생한 당일부터 김신혜를 용의자로 지목했다. 이 글을 읽는 독자도 김신혜가 의심스러울 거다.

아버지의 빈소는 완도 대성병원에 차려졌다. 시신은 사인을 규명하기 위해 국립과학수사연구원으로 보내졌다. 경찰은 무심한 척 김신혜를 주시했다. 대성통곡을 하는지, 소리 내지 않고 우는지, 혹시 앞에서는 울고 뒤에서 웃는지, 김신혜의 모든 행동을 살폈다. 그녀가 끌고 온 렌터카도 관심의 대상이었다.

경찰이 수사망을 좁혀 왔다. 아버지가 사망한 다음 날인 3월 8일, 완도경찰서가 김신혜를 불렀다. 피의자가 아닌 참고인 신분이었다. 경찰의 포괄적 질문은 점점 좁혀졌지만, 김신혜는 물러서거나 머뭇거리지 않고 맞섰다. 요약하면 이렇다.

아버지가 왜 사망했는지 아나요?

"처음에는 교통사고로 알았는데 친척이나 다른 사람들의 이야기를 들어 보니 술을 마시고 택시를 타고 가다가 택시 기사와 싸워서 기사가 (아버지를) 내려 두고 가 얼어 죽은 것으로 생각했고, (아버지) 이마에 상처가 있는 것으로 보아 다른 사람과 싸워서 (상대방이 아버지를) 죽여서 그곳에 버렸다는 말을 (친척들이) 한 것 같습니다. 그리고 교통사고로 죽은 것 같기도 합니다."

왜 교통사고로 죽은 것으로 생각하나요?

"아버지가 사망했을 때 경찰관들이 왔는데 아버지가 죽은 장소에서 차량
이 파손된 것 같은 파편들이 (시신 주변에) 있었다고 (말하는 것을) 들어 교
통사고로 생각했습니다."

진술인은 서울에 거주하나요?

"네."

무슨 일로 완도에 내려왔나요?

"남동생 김종현이 서울에 있다가 일주일 전에 여동생 김수현, 저와 함께
완도에 내려왔습니다. 다음 날 저만 서울로 올라갔습니다(이번에 남동생을
데리러 내려왔습니다).

(3월 6일) 서울에서 몇 시경에 출발했나요?

"저녁 8시경에 출발했습니다."

서울에서 출발하기 전에 어디에 전화를 했나요?

"정확한 기억이 나지 않습니다."

아버지와 통화한 게 기억나지 않는단 말인가요?

"생각나면 말하겠습니다."

서울에서 완도를 향해 오면서 휴게소에 들렀나요?

"정읍휴게소와 대전 근처 휴게소에 들렀습니다."

휴게소에서 전화를 했나요?

"아버지 집에 전화를 했더니 아버지가 닭죽을 끓여 놓았다고 하면서 과속
하지 말고 천천히 오라고 말했습니다."

아버지에게 전화를 했을 때가 몇 시 정도인가요?

"시간 개념이 없는 편이기에 정확한 시간을 모르겠습니다."

원동검문소를 몇 시경에 통과한 것 같나요?

"정확한 시간은 모르겠습니다."

그럼 집에 전화를 한 곳은 어딘가요?

"(완도) 원동버스터미널 옆에 있는 공중전화에서 할머니 집으로 전화하니 여동생 수현이가 받았습니다. 수현이에게 완도에 다 왔으며 원동이라고 하고, 기다리라는 말과 함께 다른 식구들이 잠을 자는지 물어봤습니다."

원동에서 할머니 집으로 전화를 할 때 몇 시경이었나요?

"저는 시간을 보지 않았는데 동생 수현이가 1시 10분경이라고 말을 했고, 남동생 종현이는 수현이가 말한 그 시간이 아니라고 했습니다."

그다음 바로 집으로 갔나요?

"아닙니다. 중간에 차를 세워 두고 잠을 잤습니다."

어디에서 잠을 잤나요?

"완도읍 ○○리 마을 입구 공터 주차장에서 잤습니다."

시동을 켜고 잤나요?

"시동을 끄고 잤습니다."

집에 다 와 가는데 왜 그곳에서 잠을 잤나요?

"너무 피곤하여 잠을 잤습니다."

몇 시간 정도 잤나요?

"자다가 일어나 보니 5시경이 다 됐습니다."

원동에서 완도에 다 왔다고 (동생에게) 기다리라고 전화를 했는데, (집까지) 얼마 남지 않았는데 바로 집에 가지 않고 왜 그곳에서 잠을 잤나요?

"이유가 있는 것이 아니라 바로 가면 집인데, 계속 운전을 하고 가면 사고가 날 것 같아서 눈이 아파서 잠깐만 쉬었다 가려고 잠을 잔 것입니다."

차는 언제 빌렸나요?

"일요일 날 17시경에 빌렸습니다."

어느 렌터카인가요?

"정확한 이름은 모르겠습니다. 렌터카 회사 직원이 차를 끌고 와 받았습니다. 집에 (렌터카 업체) 명함이 있습니다."

진술인은 집에 도착을 하여 어디로 갔나요?

"아버지가 살고 있는 집에서 문을 열어 보지는 않았고 '아빠'라고 2~3회 불렀으나 대답이 없어 (잠을 자는) 아버지가 깰 것 같아 그냥 할머니 집으로 갔습니다."

왜 아버지 집으로 가지 않고 할머니 집으로 갔나요?

"아버지는 술을 마시면 자식들을 모아 두고 잔소리를 하기 때문에 술 깨면 만나려고 할머니 집으로 갔습니다."

할머니 집에 도착했을 때는 몇 시 정도였나요?

"저는 세수를 하고 잠을 바로 잤는데 정확한 시간은 모르고 할머니가 5시 15분이라고 말했습니다."

진술인이 타고 온 차량은 무슨 차인가요?

"경기65허 ○○○○ EF 소나타 렌터카입니다."

집에 도착한 후에 진술인이 타고 온 차를 운전한 적이 있나요?

"지금까지 한 번도 운전을 하지 않았습니다."

아버지 집에 도착했을 때 불이 꺼져 있던가요?

"2층은 켜져 있었고, 아래층은 꺼져 있었습니다."

아버지가 사망했다는 소식을 어디서 들었나요?

"할머니 집에서 자고 있는데 할머니가 소리를 지르며 저를 깨워 아버지가 돌아가셨다고 했습니다. 일어나 경찰차를 타고 남동생 김종현과 완도 대성병원으로 갔습니다."

진술인이 운전한 (렌터카) 차량을 집에 도착해서는 전혀 운전을 하지 않았다는 말이지요?

"네."

아버지 앞으로 보험을 몇 개나 들어 놓았나요?

"정확한 것은 모르고 7~8개 들었습니다."

진술인이 아버지 앞으로 들어 놓은 것은 무슨 보험인가요?

"자동차 재해보험입니다."

모두 자동차 재해보험이란 말인가요?

"네."

아버지가 평소 밖으로 자주 돌아다니나요?

"거의 집에 있습니다."

자동차 재해보험은 어떤 사고 시에 보험의 혜택을 받나요?

"자동차 사고 시와 상해, 사망, 입원, 일반 사망 시에도 혜택을 받습니다."

한 달에 보험금이 어느 정도인가요?

"7~8개 아버지 교통 상해보험만 30만 원 정도 월 입금되고, 제 앞으로 건강보험, 자동차보험, 암 보험 등 7~8개 가입돼 있는데 제 보험금만 한 달에 120만 원 정도이니 도합 150만 원 정도 들어갑니다."

보험 가입 시기는 언제인가요?

"완도에 살고 있는 막내 고모 김은정(가명)이 권유하고 제가 필요성을 느껴 보험에 가입했는데 1999년 10월경에 두 개, 그 전에 고모가 제 앞으로 가입한 것도 (있는 것으로) 알고 있습니다."

그럼 최근에는 무슨 보험을 가입했나요?

"2000년 1월경에 교통 상해보험을 7~8개 한꺼번에 들었습니다."

보험금을 모두 진술인이 입금하나요?

"네."

진술인의 한 달 수입은 어느 정도인가요?

"300만 원 정도입니다."

평소에 집에서 거주를 하며 바깥출입을 하지 않는 아버지 앞으로 무슨 교통 상해보험을 그렇게 (많이) 들었나요?

"건강보험 (가입을) 생각했는데, 건강보험 (가입이) 성립되지 않아 교통 상해보험으로 바꿨습니다. 그(보험을 든) 이유는 아버지가 사망하면 어린 동생들을 생각해 든 보장성 보험입니다."

아버지 김○○이 사망했는데, 보험금 수령자는 누구인가요?

"특별히 지정한 것은 없으며 상속인으로 해뒀으니 3남매라고 생각합니다."

아버지 앞으로 보험을 들어 놨다는 걸 누구에게 말했나요?

"동생들, 할머니, 아버지, 막내 고모에게 말했습니다."

진술인이 운전한 (렌터카) 차량을 조사하려고 하는데 임의로 제출하겠나요?

"네."

경찰에서 조사를 하려고 하는데 진술인이 보는 곳에서 차량을 가져가는 걸 인정하나요?

"네."

평상시에 완도 지리를 잘 아나요?

"네."

(아버지 시신이 발견된) 정도리에 가본 적이 있나요?

"완도에서 살았기 때문에 잘 압니다."

(완도에 와서 렌터카) 차량을 전혀 타지 않았나요?

"네."

다른 사람에게 차량 키를 준 적이 있나요?

"없습니다."

차량을 빌린 뒤 세차를 했나요?

"하지 않았고 그대로입니다."

만약에 국립과학수사연구원에서 진술인이 운전한 (렌터카를) 감정한 결과 아버지의 머리카락이나 혈흔 반응이 나온다면 어떻게 하겠습니까?

"전혀 그런 사실이 없기 때문에 나올 수가 없으며, (나온다면) 제가 (아버지를 살해한) 범인이라고 생각합니다."

경찰은 김신혜에게 궁금한 것들을 물었다. 서울에서 완도로 온 이유, 완도에 도착한 이후 네 시간의 알리바이, 렌터카를 타고 온 이유, 보험에 가입한 이유와 보험금 규모까지. 기록상으로 보면, 김신혜는 핵심 내용을 흔들림 없이 일관되게 진술한다.

특히 보험에 대한 경찰의 짧은 질문에 그녀는 매우 구체적으로 이야기한다. 가입 시기, 개수, 매달 보험 납입금, 교통 상해보험에 가입한 이유 등을 자신 있게 숨김없이 다 이야기한다.

경찰은 참고인 진술 후반부에서 렌터카를 국과수에 의뢰할 것이고, 차에서 아버지의 흔적이 나오면 어떻게 하겠느냐고 김신혜를 압박한다. 김신혜는 "그렇다면 내가 범인"이라며 직설적으로 받아친다. 둘 다 당당해 보인다.

경찰은 '범인은 당신이야.'라고 확신하는 듯하고, 김신혜는 '웃기지 마. 나는 아니야.'라고 자신하는 모양새다. 김신혜는 경찰서에서 나와 대성병원 장례식장으로 돌아갔다.

경찰은 의심을 풀지 않았다. 김신혜가 참고인 진술을 한 그날 저녁, 경찰은 자신들의 의심을 한 남자에게 흘렸다. 이제 그 남자가 김신혜를 유심히 관찰한다. 곧 국과수에서 김신혜 아버지의 사인에 대한 '중간 의견'을 경찰에 전한다. 부검 결과 약물이나 술에 의한 사망으로 판단된다는 게 국과수의 의견이었다. 한 가지 의혹은 풀렸다. 하지만 파국은 멈추지 않고, 계속해서 김신혜의 가족을 덮쳤다. 한 남자가 결정적인 역할을 했다.

고모부가 말하는 그날

그 남자는 김신혜 고모부 김용환(가명, 당시 48세)이다. 김용환은
"김신혜가 내게 모든 범행을 자백했다."라고 주장하는 인물이다.
그가 김신혜를 경찰서로 끌고, 혹은 데리고 갔다. 그 길이 마지막이
었다. 김신혜는 자기 발로 걸어서 경찰서를 나오지 못했다.

그때가 2000년 3월 8일 자정 무렵이었다. 그로부터 지금까지
김신혜는 갇혀 있다. 김용환이 수사기관에서 한 진술과 경찰의 수
사 기록에 기초해, 3월 8일 낮 12시 이후의 열두 시간을 재구성해
봤다.

김용환은 김신혜의 아버지가 사망한 지 만 하루가 훌쩍 지난 3월 8일
점심께 대성병원 장례식장을 찾았다. 그는 현장에서 완도경찰서 소속 강
성구(가명) 형사를 만났다.

"수사는 잘되고 있습니까?"

"진행하고 있습니다. 그런데, 첫째 딸 신혜가 의심스러워요. 원동검문
소는 7일 0시 56분에 통과했는데, 할머니 집에는 새벽 5시께 들어갔다고
합니다."

이 말을 듣고 보니 김용환도 처조카가 의심스러웠다. '처조카 김신혜는
그 새벽에 네 시간 동안 어디서 무엇을 했을까.' 김용환은 의심의 눈초리로

김신혜를 살폈다. 특이한 점은 없었다. 김신혜는 종일 울다가 지치면 그치고, 그러다 또 울기를 반복했다. 김용환은 김신혜의 눈물 속에 뭔가 다른 게 있는지 계속 살폈다.

'정말 슬퍼서 흘리는 눈물일까, 아니면 아버지를 죽인 죄책감 때문에 흘리는 참회의 눈물일까.'

뭐가 뭔지 알 수 없었다. 밤 11시 20분께 김용환은 김신혜를 대성병원 휴게실로 불렀다. 궁금한 걸 직접 물어보기로 했다. 그는 자기 바로 옆에 김신혜를 앉혔다.

"너, 고모부 믿지? 설마 그런 일은 없으면 좋겠지만, 혹시 네가 그랬다면 빨리 자백하는 게 좋다. (경찰이 네 아버지 시신) 부검을 하고 왔다는데, 경찰이 먼저 알면 큰일 난다. 혹시 네가 한 짓이냐?"

"제가 했어요."

"어떻게 죽였냐?"

"수면제를 먹였어요."

"몇 알이나 먹였냐?"

"30알 먹였어요."

"어디서 구입했냐?"

"서울 종로에서 구입했어요."

"그럼 너 혼자 한 일이냐?"

"네."

이 말을 듣고 김용환은 범인이 김신혜임을 확신했다. 김신혜의 큰아버지 김종철(가명)에게도 이 사실을 알려야겠다고 생각했다. 그는 장례식장에 있던 김종철을 불러서 말했다.

"신혜가 아버지를 죽였다고 하네요."

"그러면 시간 지체하지 말고 빨리 자수를 시켜야지."

김용환은 김신혜를 차에 태웠다. 김신혜의 여동생 수현, 큰아버지, 김종철, 다른 친척 한 명이 함께 자가용에 탔다. 김신혜는 차 뒷좌석 김용환의 왼편에 앉았다. 김신혜는 고모부인 그의 손을 꼭 쥐고 눈물을 흘렸다.

"자수하러 가는 거니까, 별일 없을 거야."

김용환이 김신혜를 위로했다. '자수하러 가는 길'의 도착지는 경찰서가 아니었다. 김용환의 집이었다. 집에는 고모 김은정이 있었다. 고모도 김신혜에게 "자수하라."고 했다. 김용환은 자기 부인의 이 말을 김신혜에게 들려주려고 집으로 끌고 간 걸까?

어쨌든 김신혜는 '굳이' 고모부 집에 들렀다가 고모부와 함께 완도경찰서로 들어갔다. 자기 발로 뚜벅뚜벅 걸어서.

이상은 김용환이 2000년 3월 14일 완도경찰서에서 진술한 내용을 토대로 재구성한 것이다. **3월 14일**. 이 날짜를 꼭 기억하길 바란다. 김신혜 사건에서 날짜와 시간은 무척 중요하다.

김신혜의 반격

통상적인 관점에서 이해하기 어려운 건 한두 가지가 아니다. 김신혜가 참고인 진술을 하며 경찰과 진실 공방을 한 날과, 김용환이 김신혜의 모든 자백을 들었다고 주장한 날은 모두 **2000년 3월 8일 같은 날**이다. 김신혜는 오전에 완도경찰서에서 참고인 진술을 할 때 자신감 있는 모습으로 경찰의 의혹에 답했다.

그랬던 김신혜가 반나절 만에 경찰도 아닌 고모부 김용환에게 "수면제 30알을 먹여 아버지를 죽였다."고 구체적으로 말하다니. 범인이 자수하는 경우는 대개 수사기관에 스스로 범죄 사실을 신고해 처벌의 형량을 낮추려는 의도에서 출발한다.

이런 점을 고려했을 때 경찰서에서 당당하던 김신혜가 별다른 추궁도 하지 않은 고모부에게 범행을 털어놨다는 건 의아한 일이다. 김용환의 설명은 이렇다.

평소 김신혜가 저를 잘 따랐고, 저 또한 신혜에게 남다른 애정이 있었는데 그런 이유로 제게는 거짓말을 할 수 없었고, 자신도 뉘우치고 있었기 때문에 그런 것이라 생각합니다. _2000년 3월 9일 참고인 진술에서

이 점도 이상하다. 김신혜는 몇 년째 서울에서 거주했다. 고모부와는 얼굴 볼 일이 없어 사이가 좋을 리도 없었다. 김신혜의 두 동

생은, 고모·고모부와 김신혜의 사이가 좋지 않다고 법정에서 증언했다. 김용환 또한 김신혜의 아버지와 수년 동안 만나지 않았고, 전화 통화도 하지 않았다고 법정에서 말했다. 김신혜의 아버지는 술에 취하면 여러 친척에게 행패를 부렸기 때문에 서로 거의 남남으로 지냈다.

이쯤에서 김신혜의 말을 들어보자.

"고모부가 왜 그렇게 말하는지 모르겠어요. 난 아버지를 죽이지 않았고, 고모부에게 자백한 적도 없어요. 세상에 누가 친하지도 않은 고모부에게 범행을 자백합니까. **2000년 3월 8일 밤 11시 20분께** 고모부는 저를 불러서 '네 동생 종현이가 아버지를 죽인 것 같다. 네가 자백하지 않으면 동생이 큰일 난다.'라고 말했어요. 그 뒤 저는 고모부 집에 끌려갔고, 내 뜻과 상관없이 경찰서로 간 거예요."

김신혜가 되풀이하는 주장이다. 두 동생의 증언도 이를 뒷받침한다. 남동생 김종현은 당시 누나와 나눈 짧은 대화를 잊을 수 없다. 김신혜가 고모부를 만난 뒤 빈소에 있던 자신을 불렀단다.

"네가 그랬냐(아버지를 죽였냐)?

"내가 미쳤어?"

누나가 구속되기 전, 이것이 남매의 마지막 대화였다고 한다. 여동생 수현 씨도 "당시 장례식장 휴게실 앞을 지나다 고모부와 언니의 대화를 들었다."며 "고모부가 누나를 다그치는 듯한 내용이었다."고 밝혔다.

이렇게 고모부와 김신혜 남매의 주장은 상반된다. 진실은 무엇일까? 한 가지는 확실하다. "평소 김신혜가 나를 잘 따랐고, 나 또한 신혜에게 남다른 애정이 있었다."던 고모부 김용환은 김신혜가 구속된 이후 지금까지 단 한 번도 면회를 가지 않았다.

확실한 것이 하나 더 있다. 강제로 이끌려, 혹은 자발적으로 완도경찰서로 간 김신혜가 피의자 신분으로 첫 신문을 받을 때, 형사 바로 옆에는 김용환이 앉아 있었다. 신문을 한 경찰은 장례식장에서 김용환에게 뭔가를 흘렸던 강성구였다.

경찰과 민간인이 김신혜를 함께 신문한 셈이다.

김신혜 1차 신문

고모부 김용환은 정말 "수면제로 아버지를 죽였다."는 김신혜의 말을 들었을까? 그는 어떻게 경찰보다 먼저 '살해 도구가 수면제'라는 사실을 알았을까? 이 사건에서 수면제 문제는 중대한 사안이다. 살해 도구이기 때문이다.

3월 8일 오전 경찰은 김신혜를 참고인으로 조사할 때 보험, 새벽 네 시간 동안의 알리바이, 렌터카 문제를 집중 추궁했다. 하지만 핵심 사안인 수면제 이야기는 꺼내지도 않았다. 단서가 없었으므로 상상도 하지 못한 듯하다. 경찰은 이때까지 뺑소니를 염두에 두고 수사하고 있었다.

그런데 김용환이 별다른 추궁도 없이 "혹시 네가 한 짓이냐?"라고 묻자마자 김신혜가 "네, 제가 수면제 30알로 아버지를 죽였어요."라고 대답했다고 한다. 게다가 김용환에 따르면 김신혜는 '수면제로 죽였다.'가 아닌 "수면제 30알"이라고 그 수량까지 특정해 이야기했다.

그는 이 사실을 장례식장에서 정말 들었을까? 다른 가능성은 없을까? 그 가능성의 틈을 비집고 들어가 보자. 김신혜를 체포한 완도경찰서는 1차 피의자 신문을 3월 8일 23시 40분에 시작한다. 앞서 말한 대로, 담당은 강성구 형사, 그 옆에는 김용환이 앉아 있었다. 이때 작성된 신문조서는 의미가 크다. 여기에 핵심 내용을 옮긴다.

피의자는 다른 사람을 죽인 사실이 있나요?

"네."

누구를 죽였나요?

"저의 친아버지 김○○을 죽였습니다."

언제 어디서 죽였나요?

"2000년 3월 7일 3시경 완도군 완도읍 ○○리 ○○○번지 소재 저의 아버지가 살고 있는 2층 방 안입니다."

왜 아버지를 죽였나요?

"여동생 김수현이 (서울에 있는) 저의 집에 올라왔는데, 아버지가 술을 마시고 불러서 방 안에 앉혀 놓고 손으로 유방과 음부를 만지면서 성추행을 한다는 소리를 (동생에게) 듣고 화가 났습니다. 아버지가 미워 죽여 버리겠다는 생각을 하고 일주일 전에 내려와 동생 김수현을 완도에 데려다 주고 아버지에게 '왜 수현이를 성추행하느냐?'고 따지려고 했는데 말이 나오지 않아 서울로 그냥 올라갔습니다. 친아버지가 친딸인 수현이를 성추행한다는 것이 원망스럽고 미워서 아버지를 죽이고 저도 같이 따라 죽으려고 (6일에) 서울에서 내려와, 평소 제가 먹고 죽으려고 약국에서 사 모아 둔 수면제와 서울 저의 집에 있던 일본 양주를 가지고 (완도 집에) 왔습니다. (7일 새벽) 아버지에게 '술 한잔하자.'고 하면서 '술에 취하지 않는 약'이라고 말하면서 갈아 두었던 수면제를 양주병에 부어 흔들어 집에 있던 양주잔에 따라 두 잔을 아버지에게 마시게 했습니다. 저도 따라서 죽으려고 했으나 용기가 나지 않아 남은 술을 옛날 활선어 어판장에 부어 버리고 병도 같이 바다에 버렸습니다."

피의자가 아버지에게 먹게 한 수면제 이름은 무엇인가요?

"정확한 이름은 모르겠고 트라독신 성분인 것으로 알고 있습니다."

양주병에 탄 수면제는 원래 가루약인가요?

"서울 저의 집에서 제가 먹고 죽으려고 약국에서 구입하여 모아 두었다가 잠이 오지 않으면 조금씩 먹었던 수면제입니다."

양주는 무슨 양주인가요?

"일본어로 적혀 있어 정확한 이름은 모르겠고 일본 양주란 것만 알고 있습니다."

양주에 탄 수면제의 양은 어느 정도인가요?

"제가 생각하기로는 30알이 넘은 것 같습니다."

양주에 약을 타는 것을 아버지가 보고 아무 말도 하지 않았나요?

"아버지가 술에 많이 취하여 수면제를 보고 '이것이 무엇이냐?'고 물어봐
제가 '술에 취하지 않는 약'이라고 대답을 하고 약을 타서 술병을 흔든 후
에 방 안에 있던 양주잔에 두 잔을 따라 주자 아버지가 마셨습니다."

그럼 수면제가 든 양주를 마신 아버지가 바로 잠이 들던가요?

"잠이 들지 않고 저에게 차량을 가지고 왔느냐고 물어봐 제가 '가져왔다.'
고 말하자 아버지가 저에게 '드라이브를 가자.'고 했습니다. 제가 아버지
를 (2층 방에서) 부축하여 내려와 조수석에 아버지를 태우고 제가 운전을
했습니다. 아버지가 '시월드호텔 방면으로 가보지 않았다.'고 하여 제가
그쪽으로 갔다가 현대아파트를 거쳐 정도리 마을 안 도로를 돌아 집 쪽으
로 갔습니다.

(아버지가 차 안에서) 아무 일 없이 이야기를 하기에 수면제를 많이 먹어도
이상이 없다고 생각하여 집으로 다시 가는 도중에 구수협 활선어 어판장
앞에서 아버지가 잠을 자는 것을 봤습니다. 집으로 가서 방 안으로 (아버
지를) 옮기려 했으나 몸이 무거워 옮길 수가 없었습니다.

(아버지가) 죽었다는 생각을 하고 코에 손을 대어 숨을 쉬는지 확인을 해
보니 숨을 쉬지 않아 죽은 것으로 생각했습니다. 무서워 차 안에 앉아 죽
은 아버지를 버릴 곳을 생각하다가 차량이 다니지 않는 정도리 마을 방면

으로 차를 운전하여 정도리 마을 정류소 근처에 있는 건물 벽에 차를 주차했습니다.

차와 사람들이 지나다니는지 확인을 하고, 제가 차량 (운전석) 문을 열고 나가 조수석 문을 열고 다시 차량 안으로 들어가 운전석에서 조수석에 앉아 있는 아버지를 양손으로 밀어 도로에 떨어트렸습니다. 차량을 운전하여 구수협 활선어 어판장 앞에 차량을 주차해 두고 수면제를 탄 양주를 먹고 죽으려고 했으나, 수면제를 탄 양주를 아버지가 마시고 죽는 것을 보고 마실 용기가 없었습니다. 동생들이 생각나 수면제를 탄 양주를 바다에 버리고 차량을 운전하여 아버지 집 옆에 차량을 주차해 두고 할머니 집으로 바로 갔습니다."

그럼 서울에서 내려올 때 수면제와 양주를 가져온 이유는 무엇인가요?

"아버지를, 양주에 수면제를 타서 죽이려고 가져왔습니다."

언제부터 아버지를 죽여야겠다고 생각했나요?

"일주일 전에 여동생 수현이가 서울에 올라와 아버지가 친딸인 자신을 성추행했다는 말을 듣고 아버지를 죽이고 저도 같이 죽어야겠다고 생각했습니다."

서울에서 몇 시에 출발해 어디를 경유하여 왔나요?

"서울 집에서 19시경 출발해 대전 부근에 있는 휴게소에서 아버지에게 전화를 하여 완도에 내려가고 있다고 말을 하고, 할머니와는 통화를 하지 못했습니다."

원동버스터미널 공중전화에서 할머니 집에 전화를 했나요?

"하지 않았습니다."

그럼 왜 전회 (참고인) 진술 시에는 전화를 했다고 말했나요?

"아버지를 죽인 것을 숨기기 위해 거짓말했습니다."

원동검문소를 통과하여 바로 집으로 갔나요?

"항만 터미널 출입구 택시 타는 곳에 있는 공중전화에서 할머니 집으로 전화를 해 동생 수현이에게 '다 도착했다.'고 말했습니다."

그럼 전화를 하고 바로 집으로 갔나요?

"네."

아버지 집에 도착했을 때 집 안에 불이 켜져 있던가요?

"1, 2층 모두 불이 켜져 있었습니다."

아버지는 어디에 있던가요?

"2층 방 안에 있다가 제가 문을 두드리면서 '아빠'라고 부르니까 아버지가 누구냐고 물어보더니 저를 보고 나서 1층으로 나와서 문을 열어 줘 제가 방 안으로 아버지와 같이 들어갔습니다."

아버지가 사는 집 출입문이 잠겨 있던가요?

"네."

그럼 전회에 (참고인) 진술한 것은 모두 거짓이란 말인가요?

"네, 거짓입니다."

피의자는 서울에서 혼자 왔단 말인가요?

"저 혼자 왔습니다."

다른 사람을 데리고 온 것은 아닌가요?

"저 혼자 왔습니다."

여동생 수현이와 전화 통화를 하면서 아버지에 대해 물어봤나요?

"아버지가 술을 마셔 취했는지 물어봤습니다."

왜 수현이에게 아버지가 술에 취했는지 물어보았나요?

"아버지가 평소에도 술에 취하여 있기 때문에 확인을 하고 수면제를 양주
에 타서 죽이려고 확인을 한 것입니다."

아버지 김ㅇㅇ이 술에 취해 있지 않았으면 어떻게 하려고 했나요?

"술에 취하지 않았으면 왜 친딸인 수현이를 성추행했는지 따지려 했는데,
아버지가 술에 취해 있어 서울에서 생각했던 대로 아버지를 죽였습니다."

수면제는 무엇에 싸 가지고 왔나요?

"하얀 종이에 싸 가지고 왔습니다."

수면제는 어디에서 구입을 했나요?

"종로 쪽에 있는, 상호를 모르는 약국에서 조금씩 사 모아 둔 것입니다."

2000년 1월 하순경 교통 상해보험을 집중적으로 가입한 이유가 무엇인가요?

"아버지는 (소아마비) 장애인이어서 건강보험을 들 수 없어 교통 상해보험
을 들었습니다."

아버지를 죽일 것을 결심하고 보험에 가입한 것은 아닌가요?

"그런 것은 아닙니다."

생활도 어려운데 보험을 많이 가입한 이유가 무엇인가요?

"보험료를 내는 데는 힘들지 않았습니다."

피의자는 직업이 없는데 누가 보험금을 납부했나요?

"남자 친구가 생활비를 주어 보험금을 넣은 것입니다."

보험금을 타기 위해 아버지를 죽인 것이 아닌가요?

"보험을 들 때만 하여도 아버지에 대한 희망이 남아 있었기 때문에 보험을 가입했습니다."

아버지가 죽은 것을 확인한 시간은 몇 시경인가요?

"정확한 시간은 무서워서 볼 수 없었습니다."

아버지를 정류소 앞에 버린 시각은요?

"정확한 시간은 모르겠고, 4~5시경 사이입니다."

할머니 집에 가서 무엇을 했나요?

"세수를 하고 잠을 잤습니다."

할머니 집에 들어간 시각이 언제인가요?

"할머니가 말한 시각은 약 5시 15분경이 맞을 겁니다."

그럼 혼자서 아버지를 죽여 유기했단 말인가요?

"네."

피의자의 남자 친구는 누구이며 남자 친구와는 공모를 했나요?

"이름은 말할 수 없으며 현재 일본에 남자 친구가 있습니다."

아버지 얼굴의 상처는 어떻게 난 것인가요?

"제가 조수석 문을 열고 아버지를 양손으로 밀고 나서 바로 운전을 해 와 버렸기 때문에 모르겠습니다."

아버지를 그곳에 버린 이유는 무엇인가요?

"다른 곳은 차량들이 많이 다녀서 차량들이 다니지 않을 곳을 고르다가 그곳에 버렸습니다."

교통사고를 위장하기 위해 버린 것이 아니란 말인가요?

"네."

그럼 아버지 옆에 있던 마르샤 차 라이트 조각은 피의자가 버린 것이 아닌가요?

"제가 버린 것이 아닙니다."

그럼 왜 아버지 사체 주변에 마르샤 라이트 조각이 있었나요?

"모르겠습니다."

이 신문조서에 따라 사건을 정리하면 다음과 같다.

살해 일시 : 2000년 3월 7시 2~5시 사이

살해 동기 : 아버지의 여동생 성추행

살해 도구 : 수면제 30알과 일본 양주

살해 공범 : 없음. 김신혜 단독 범행

진술 일시 : **2000년 3월 8일 23시 40분께부터**

검증 1 | 고모부 김용환의 이상한 진술

여러 독자는 김신혜의 1차 피의자 신문조서를 보고 많이 놀랐을 것이다. 물론 눈 밝은 독자는 뭔가 이상한 점을 눈치챘을 것이다. 섣부른 판단과 확신이 오판과 오해를 낳는 법. 판단을 잠시 유보하길 바란다.

법원은 구체적이고 직접적인 물적 증거 없이 김신혜에게 존속살해 혐의로 무기징역을 선고했다. 김신혜 고모부와 고모의 증언, 김신혜의 노트, 보험 증서 등을 유죄의 증거로 삼았다. 놀랍게도 수사기관은 수면제 등 살해 도구를 하나도 확보하지 못했고, 사건 현장을 보존하는 데도 실패했다.

법원이 유죄판결의 근거로 삼은 간접 증거들의 신빙성을 하나씩 따져 보자.

김신혜에 대한 1차 피의자 신문조서에 이어 이번에는 최초로 김신혜의 자백을 받았다는 고모부 김용환의 참고인 진술을 보자. 그는 **3월 9일과 14일** 두 차례 완도경찰서에서 진술을 했다. 먼저, 3월 9일 진술서 내용이다.

진술인은 김○○이 언제 사망했는지 알고 있나요?

"정확히는 모르고 2000년 3월 7일 새벽에 죽은 것으로 알고 있습니다."

어떻게 죽었다고 알고 있나요?

"처음에는 뺑소니 교통사고로 사망했다고 듣고 그렇게 알았으나 그 후 안 사실이지만 김○○의 딸인 김신혜가 죽였다고 알고 있습니다."

그 사실을 어떻게 알게 되었나요?

"김○○의 딸 김신혜가 저에게 자신의 죄를 말하고 자수하겠다고 해서 알게 됐습니다."

김신혜가 최초로 진술인에게 자백했다는 말인지요?

"네, 그렇습니다."

김신혜가 진술인에게 자백한 일시와 장소는요?

"2000년 3월 8일 23시 30분께 완도 대성병원 휴게실에서 저에게 자백했습니다."

김신혜가 진술인에게 범죄 사실을 자백하게 된 경위는요?

"김신혜가 경찰서에서 (참고인) 진술을 받는 중 (3월 6일) 자정께 완도에 도착해서 5시경 집에 도착했다는 말을 듣고 이것을 이상하게 여겼습니다. 완도 대성병원에 도착하여 휴게실에서 신혜를 불러 이를 물으며 "혹시 네가 그랬으면 자수해라. 자수하는 것과 잡혀 가는 것은 차이가 많이 난다." 라며 (자백을) 유도하자 잠시 머뭇거린 신혜가 "고모부, 잘못했어요. 그런 것이에요."라고 말하며 눈물을 흘려서 신혜가 그런 것으로 알게 되었습니다."

잘못했다며 눈물을 흘리는 모습을 보고 확신했나요?

"네, 표정을 살피니 눈물을 한없이 흘리면서 후회하는 눈빛으로 그렇게 말해서 저도 믿기 싫었지만 믿게 되었습니다."

아버지를 죽인 동기가 뭐라고 말하던가요?

"평소에 주벽이 심하고 자식들을 너무 괴롭혀서 그랬다고 했습니다."

그 외 다른 이유는 말하지 않던가요?

222

"(아버지가) 막내 동생인 수현이를 성추행했다는 말을 수현이에게 전해 듣고 분개했다는 말도 했습니다."

모든 일을 김신혜 혼자서 했다고 하던가요?

"네, 그렇게 말했습니다."

진술인이 자백을 받고 자수를 권유했다는 말이지요?

"네, 사실입니다."

(김신혜가 참고인 진술을 하면서) 경찰서에서 자수하지 않고 귀가 후 진술인에게 자백한 이유는 무엇인가요?

"평소 김신혜가 저를 잘 따랐고 저 또한 신혜에게 남다른 애정이 있었는데 그런 이유로 저에게는 거짓말을 할 수 없었고, 자신도 뉘우치고 있었기 때문에 그런 것이라고 생각합니다."

김신혜가 진술인이 자백하라고 권유하자 순순히 자수에 응하던가요?

"네, 그렇습니다."

김신혜가 진술인에게 최초 자백 시 어떤 수단과 방법으로 김○○을 죽였다고 말하던가요?

"저도 자수하겠다는 신혜를 보고 자세히 묻기도 싫어 그렇게 했지만, 그때 말하기는 수면제를 30알 먹여서 죽게 했다고 들었습니다."

죽인 후 완도군 정도리에 사체를 유기했다고 말하던가요?

"네, 그렇게 시인했습니다."

진술인이 평소 김신혜를 각별히 아꼈다면 평소 김신혜의 언행은 어떠했나요?

"최근 몇 년은 객지에서 살았기에 자세히 모르지만, 고등학교를 다닐 때까지는 우등생으로 공부도 잘했고 사회에서도 모범생이었습니다."

진술인은 김신혜의 행동이 가능한 일이라고 생각해 봤나요?

"아무리 아버지가 미워도 그럴 수야 없지요. 있을 수 없는 일이지요."

이상의 진술이 사실인가요?

"네, 사실대로 말씀드렸습니다."

김용환은 3월 14일 참고인 진술에서도 비슷한 취지로 이야기했다. 다만 다음과 같은 이야기가 14일 진술에 추가돼 있다.

"제가 '수면제를 몇 알이나 먹였냐?'고 하니 (김신혜가) '30알 먹였어요.'라고 했습니다. 이어서 '수면제는 어디서 구입했냐?' 하니 '서울 종로에서 구입했어요.'라고 했습니다."

진술서대로라면 김용환은 3월 8일 23시께, 그것도 김신혜를 자수시키기 직전의 짧은 시간에, 경찰도 모르는 범행 사실을 모두 알아낸 것이다. 자신이 한마디 하자 김신혜가 술술 이야기했다는 것이다. 김용환의 말을 요약하면 이렇다.

"김신혜는 여동생 수현이가 아버지에게 성추행당했다는 말을 듣고 분개하여, 수면제 30알로 아버지를 죽여 완도읍 정도리 버스정류장 앞에 버렸다고 저에게 말했습니다. 수면제는 서울 종로에서 구입했다고 했습니다."

범행 동기, 범행 도구와 구입처, 시신을 유기한 장소 등 핵심 내용이 김신혜의 1차 피의자 신문조서에 적혀 있는 내용과 똑같다.

놀라운 일이다. 김신혜가 고모부 김용환에게 모두 자백했으니, 이후의 신문조서와 내용이 같은 건 당연하지 않냐고? 그럴 수 있다. 김신혜가 고모부에게 자백했다는 전제하에서는 하등 이상할 것이 없다.

하지만 위의 전제가 깨진다면? 일단, 여기서 한 가지 짚고 넘어갈 것은 김용환의 참고인 진술 시간이다. 김신혜의 1차 피의자 신문조서는 **3월 8일 23시 40분**에 만들어졌다. **김용환은 그보다 늦은 3월 9일, 14일, 각각 진술했다.** 즉 객관적 진술 시간만을 보고 판단하면 김용환의 진술은 김신혜의 1차 피의자 신문 이후에 이루어졌다. 그리고 다시 말하지만, 김용환은 김신혜의 1차 피의자 신문 과정을 경찰 옆에서 지켜보았다. 김신혜에 대한 1차 신문조서가 작성된 뒤에, 그 조서에 근거해 김용환의 '김신혜의 자백 관련 진술'이 만들어졌을 가능성이 있는 것이다. 물론 이 전제는 위와는 정반대다. 즉 자백하지 않았다면 말이다.

사실 김신혜에게 자백을 들었다는 김용환의 주장을 입증할 근거는 어디에도 없다. 이 사건은 물증이 없다. 법원은 김신혜의 자백을 유력한 증거로 보았다. 그런데, 김신혜의 자백을 처음 들었다는 김용환의 진술은 어디까지 믿을 수 있을까. 정리하자면, 이렇다.

1. 2000년 3월 8일 오전. 김신혜, 완도경찰서에서 참고인 조사를 받음. 경찰은 약물(수면제)에 대한 언급 없이 새벽 네 시간 동안의 알리바이, 보험, 렌터카

문제를 추궁.

2. 2000년 3월 8일 오후. 국과수, 김신혜 아버지의 사망 원인이 '약물이나 술'로 보인다는 판단 의견을 완도경찰서에 전달.

3. 2000년 3월 8일 23시 40분께 완도경찰서, 김신혜를 체포. 김신혜가 약물(수면제)로 아버지를 살해했다고 1차 피의자 신문조서를 작성.

4. 2000년 3월 9일, 14일. 고모부 김용환, "김신혜가 수면제 30알로 아버지를 죽였음을 내게 자백했다."고 진술.

여기서 핵심은 2번과 3번 사이에 장례식장에서 있었던 대화에 대한 김용환과 김신혜의 엇갈린 진술이다. 김용환을 직접 만나 보기로 했다.

검증 2 | 고모부 김용환의 비일관성

다시 완도로 향하는 고속도로에 들어섰다. 운전대를 잡은 박준영 변호사가 이전과 달라 보였다. 그의 목소리에 힘이 실렸다.

"박 기자님, 나를 믿으세요, 나를!"

내가 자신에 대한 믿음이 약하다는 걸, 아직도 김신혜를 향한 의심을 버리지 못한다는 걸 박 변호사는 많이 의식하는 듯했다. 박 변호사의 지겨운 레퍼토리가 또 이어졌다.

"제가 말했잖아요. 내가 형사사건만 수천 건 맡은 '국선 재벌'이었다고요. 이제는 웬만한 형사사건을 보면 딱 감이 옵니다. 그 따위로 조서를 꾸며 놓고, 자기들 수사를 믿으라고? 조서만 읽으면 김신혜가 범인이 맞죠. 그렇게 조작해 놨으니까! 그런데 그 조서가 어떻게 만들어졌는지, 김신혜의 자백은 어떻게 나왔는지 이면의 맥락을 봐야 해요. 그래야 진실이 보이는 겁니다! 진실은 쉽게 저절로 안 보여요."

박 변호사는 고개를 휙 돌려 나를 쳐다봤다. 의기양양, 눈으로 '나 믿지?' 신호를 보냈다. 이번엔 그가 좀 달리 보였고, 국선 재벌에 대한 믿음이 커졌다.

"밥은 박 기자님이 사십쇼!"

그때까지는 주머니 사정이 괜찮았으므로 내가 계산했다. 우리는 배를 채우고 완도로 들어갔다. 김신혜와 박 변호사의 고향이다. 김신혜의 고모부 김용환을 만나고 싶었다.

역시 시골과 지역사회는 끈끈했다. 박 변호사는 취재가 막힐 때면 "저, 노화도(완도에 딸린 섬)에서 태어나 자랐습니다. 노화종고 졸업했습니다."라고 말했다. 완도에서는 이게 잘 먹혔다. 완도경찰서에서 근무했던 한 전직 경찰이 김용환과의 만남을 주선했고, 우리는 완도읍의 한 사무실에서 그를 기다렸다. 2015년 1월 26일이었다.

김용환은 많이 긴장한 모습으로 한참 뒤에 나타났다. 이런저런 이야기를 나눈 뒤, 박 변호사가 핵심 질문을 던졌다.

"김신혜가 완도 대성병원 장례식장에서 범행을 자백했다고 했는데, 어떻게 아버지를 죽였는지 물어보셨나요? 그때 수면제 이야기도 나왔나요?"

김용환은 정색을 했다.

"수면제? 그런 말은 안 했지! 그 순간에 어떻게 그런 걸(어떻게 죽였냐는 걸) 물어보겠어요. 상식적으로 장례식장에서 그런 이야기를 왜 합니까. 신혜를 경찰서에 데리고 갈 때까지 저는 (신혜 아버지가) 교통사고로 죽은 줄 알았다니까요!"

그는 김신혜에게 "내가 아버지를 죽였다."는 말만 들었다고 주장했다. 2000년 3월 8일 오후 11시 20분께 완도 대성병원 장례식장 휴게실에서 말이다. 그는 범행 이유, 수단 등에 대해서는 묻지도 듣지도 못했다고 말했다.

그는 상식을 강조했다. 좋은 말이다. 상식대로 따져 보자. 김용환이 과거 경찰서에서 어떻게 진술했는지 핵심만 보자. 그는 김신혜가 체포된 다음 날인 3월 9일 완도경찰서에서 참고인 진술을 했다.

김신혜가 최초로 당신에게 (아버지를 죽였다고) 자백을 했나요?

"네, 그렇습니다."

아버지를 죽인 동기가 뭐라고 말하던가요?

"평소에 주벽이 심하고 자식들을 너무 괴롭혀서 그랬다고 했습니다."

그 외 다른 이유는 말하지 않던가요?

"막내 동생인 수현이를 성추행했다는 말을 듣고 분개했다고 말했습니다."

어떤 수단과 방법으로 아버지를 죽였다고 하던가요?

"자수하겠다는 신혜를 보고 자세히 묻기도 싫었지만, 그때 (신혜가) 말하기는 수면제를 30알 먹여서 죽게 했다고 들었습니다."

죽은 후 완도군 정도리에 사체를 유기했다고 말하던가요?

"네, 그렇게 시인했습니다."

이렇게 말했던 그가 지금은 '그 순간에 어떻게 그런 걸(어떻게 죽였냐는 걸) 물어보느냐.'라고 따지고 있다. 사건 이후 15년이 지나 기억이 희미해진 탓일까?

그렇게만 보기 어렵다. 그가 우리에게 했던 말이 진실일 수 있다. 김용환의 발언은 처음부터 이런저런 부분들에서 일관되지 않았다. 그가 2000년 3월 21일 광주지방검찰청 해남지청에서 한 진술을 보자. 경찰에서 했던 것과 전혀 다른 말을 검사에게 한다.

김신혜에게 자기 아버지를 왜 죽였는지 물어보았나요?

"물어보지 못했습니다."

김신혜에게 살해 동기를 묻지도 듣지도 못했다니. 일주일 만에 증언이 달라졌다. 일주일 전 김용환은 김신혜가 아버지를 살해한 동기를 들었다고 경찰서에서 진술했다. 적어도 경찰·검찰에서 한 그의 증언 중 하나는 거짓이다. 김용환 진술의 비일관성은 여기서 끝나지 않는다.

고모부 김용환이 김신혜의 자백을 들었다는 시각은 2000년 3월 8일 23시 20분께. 그는 경찰서가 아닌 자신의 집으로 김신혜를 데려갔다. 김신혜의 큰아버지 김종철, 친척 이용구(가명), 김신혜의 여동생 수현과 함께 말이다. 집에는 그의 아내 김은정(김신혜의 고모)이 있었다. 총 여섯 명이 같은 집 안에 있는 상황. 김용환은 이 자리에서도 김신혜가 자백했다고 주장했다. 3월 21일 광주지방검찰청 해남지청에서 검사가 그에게 물었다.

집에 가서 김신혜와 어떤 대화를 나눴나요?

"제가 김신혜에게 '정말 수면제를 먹여 아버지를 죽였냐?'라고 물으니까 '그렇다.'고 했고…… (중략)"

하지만 김용환은 그해 6월 27일 광주지방법원 해남지원에서 열린 공판에서 또 말을 바꾼다. 당시 증인으로 출석한 그에게 검사와 변호사가 각각 물었다.

검사 : 집에서 다시 피고인에게 아버지를 약으로 살해했느냐고 물었나요?

"집에서는 물어보지 않았으며, 그 이유는 특별히 없고 그냥 급한 마음에

자정을 넘기지 않고 빨리 자수를 시켜야 한다는 생각으로 물어볼 시간적
여유가 없었습니다."

변호사 : 그때 (집에서) 피고인은 무엇이라고 자백을 했나요?

"저는 현관문 밖에 앉아 있었고, 방 안에서 피고인이 뭐라고 말했는지 저
는 잘 모르겠습니다."

그는 검찰에서는 집에서도 김신혜에게 수면제에 대해 물었다고
밝혔다. 그런데 법원에서는 말을 뒤집었다. 최소한 검찰과 법원에
서 한 증언 중 하나는 거짓말이다. 아니면 모두 거짓이거나. 이상한
점은 여기서 끝나지 않는다.

사건이 발생한 지 1년 뒤인 2001년 SBS 〈뉴스추적〉이 김신혜
사건을 취재했는데, 그때 취재팀이 김용환에게 "신혜 씨가 '내가
아버지를 죽였어요.'라는 말을 (당신에게) 했나요?"라고 물었다. 그
는 이렇게 대답했다.

"그런 것 같아요."

김용환의 말대로 상식적으로 따져 보자. 그는 김신혜에게 살인
동기, 살해 도구와 구입처, 시신 유기에 관한 자백을 최초로 들었다
는 인물이자, 김신혜를 자수시켰다고 밝힌 인물이다. 그런데 1년
만에 "그런 것 같아요."라니. 타인의 살인 자백, 그것도 처조카의
자백이 쉽게 잊힐 일인가?

더욱이 김용환이 수사기관에서 한 진술과 법정 증언은 법원이

김신혜에게 유죄판결을 내리는 데 중요한 증거가 됐다. 검찰은 김신혜에게 사형을 구형했고, 법원은 형량을 낮춰 무기징역을 선고했다. 김신혜는 지금도 교도소에 있다.

김용환의 말은 한 인간의 운명을 결정한 증거였다. 그런데 그의 말은 처음부터 지금까지 일관되지 않으며, 신빙성도 떨어진다. 그럼에도 법원은 그의 증언을 제대로 검증하지 않고 한 인간에게 무기징역을 선고했다.

검증 3 ¦ 고모의 치명적인 거짓말

고모부 김용환과 한창 이야기를 나누고 있을 때 고모 김은정이 나타났다. 그녀는 우리를 보자마자 짜증을 내며 인상을 썼다.

"왜 자꾸 성가시게 하고……."

"이번엔 대한변호사협회에서 (김신혜 재심을 위해) 나섰습니다."

김은정에게 박준영 변호사가 말했다. 최대한 분위기를 좋게 하려고 노력했다.

"저것(김신혜)을 어떻게 해버리고 싶어요. 정말 죽겠어요."

"그래도 김신혜 씨가 좀 불쌍하잖아요."

박 변호사는 열심히 분위기를 바꾸려 했다. 하지만 쉽지 않았다.

"불쌍하긴 뭐가 불쌍해요. 그것(김신혜)은 거기(교도소)서 썩어 죽어야 해요!"(중략)

"그래도 조카잖아요. 면회 다녀온 적은 있나요?"

"아니요. 그때 이후 면회 안 갔어요."

누군가를 성가시게 하는 건 미안한 일이다. 하지만 나와 박 변호사는 김신혜의 고모부 김용환 외에 고모 김은정도 꼭 만나야만 했다. 김신혜 사건은 두 사람의 '입'에서 시작해 '입'으로 끝났다고 볼 수 있다. 법원은 김신혜에게 무기징역을 선고할 때 두 사람의 증언을 주요 근거로 삼았으니까.

23세 조카를 평생 교도소에 가두는 판결에 결정적인 역할을 한 고모와 고모부. 법원은 이들의 말을 합리적 의심의 여지가 없도록 검증하지 않았다.

사건이 발생한 2000년 3월 7일 이후, 이들 부부는 경찰·검찰에서 참고인 진술을 했다. "김신혜가 범행을 우리에게 자백했다."고 말이다. 부부는 증인 자격으로 법정에도 섰다. 여기에서도 같은 취지의 말을 했다. 이들이 무슨 말을 했는지는 '김신혜 사건 기록'에 남아 있다. 기록을 읽어 보면, 고모 김은정 역시 남편처럼 거짓말을 하거나 진술이 일관적이지 않다.

기록상에서 그녀의 거짓말은, 스스로 말한 '처음이자 마지막 면회'에서부터 시작된다. 그날은 2000년 3월 14일이다. 이날 김 씨는 완도경찰서 유치장에 있는 김신혜를 면회했다. 이들의 대화를 당시 유치장에서 근무한 완도경찰서 관계자가 기록했다. 대화 전문을 여기에 옮긴다. 질문자는 고모 김은정, 답변자는 김신혜다.

바빠서 못 왔다. 손이라도 잡고 말하고 싶다.

"그렇게 안 된대."

마음은 어떠냐?

"이상해. 종현(김신혜의 남동생)이에게 이야기 좀 들어봐."

말했냐? 있는 그대로 다 말해라. 너 혼자 입 다물고 있으면 너만 괴롭지. 그러니다 솔직히 털어놔라.

"그런 거 없어. 난 안 했어."

겁먹지 말고 다 말해라. 너 머리가 얼마나 비상하냐. 얼른 털어놓고 새 출발 해야지.

"나는 하지 않았어."

계획이 있었다면 다 털어놔라. 이 말 했다, 저 말 했다 하지 말고. 사실대로 말해라. 고모가 너 나오면 도와줄 테니까, 거짓말하지 말고.

"어제 저녁부터 거짓말 안 했어. 나도 했다고 말하면 편해. 그런데 이건 아닌 것 같아."

고모는 너 혼자 할 수 없는 일이라고 생각하고 있으니, 사실대로 말해라.

"다 말했어."

주변에 누가 있으면 사실대로 말해라.

"그런 거 애초부터 없었어."

형사계에 다 말했어?

"응, 다 말했어."

마음 정리해서 오늘 밤 안으로 사실대로 털어놔라. 괜찮으니까.

"사실대로 말했는데, 조서를 받지 않아. 더 힘들어졌어. 사람 취급도 안 해."

(아버지 살해하라고) 시킨 사람 있으면 있다고 말해라.

"누가 시켜. 시킨 사람 없어."

있는 그대로 해 지기 전에 다 말해라.

"다 말씀드렸어. 있는 그대로 말한다는 게 지금은 소용없어. 내가 했다고
말한 것이 더 편해."

숨기면 너만 괴롭고, 손해야. 알아?

"그런 거 없어. 안 숨겼어. 어제 저녁부터."

사실대로 말하면 빨리 나올 수 있어.

"아니야. 내가 했다고 해도 똑같아. 그럴 만한 이유로 자수를 했다고 해도
믿어 주지 않아."

너 열심히 살았잖아. 어떻게 살았든지 말이야.

"응."

네가 모든 것을 털어놔.

"말해도 이젠 소용없어. 안 믿어 줘. 원동 검문소 CCTV 확인해 보면 혼자
온 거 알 수 있잖아."

안다. 고모는 혼자 할 수 없는 일이라고 생각한다. 숨기지 말고 사실대로 말하고
새 출발 해야지.

"사실대로 말할 거야. 사실대로 말했어."

고모, 삼촌 성격 알지? 남에게 피해 주지 않는 거.

"알면 말하지."

10년, 20년 가도 그때 사실이 다 밝혀진다는 것, 너 알지? 너 머리 좋잖아.

"있는 그대로 말하라며."

깊이 생각해서 있는 대로 다 털어놔라.

"깊이 생각할 것도 없어."

있는 그대로만 말해라. 해 지기 전까지.

"그런데 그게 아닌 것 같아."

누구누구와 왔으면 사실대로 말해. 알았지? 고모는 널 믿는다.

"응. 알았어요."

사실대로 말하겠다고 고모하고 약속하자, 알았지?

"응. 사실대로만 말할 거야."

답답한 대화다. 김신혜는 계속 범행을 부인하고, 고모는 시종일관 "사실대로 말하라."고 추궁한다. 하지만 정작 사실대로 말하지 않은 건 고모 자신이다. 이 면회를 마친 뒤 곧바로 고모는 경찰에게 참고인 진술을 한다. 경찰이 묻는다.

피의자 김신혜가 아버지 김○○을 죽였다고 말하던가요?

"네, 제가 김신혜에게 아버지 김○○을 누구와 함께 죽였는지 물어보니까, 김신혜가 죽였다고 말을 했습니다."

(중략)

그럼 혼자 죽였다고 하던가요?

"저 혼자 죽였다고 말을 하고, 나중에는 '잘 모르겠다.'고 하고, 횡설수설
하여 제가 '횡설수설하지 말라.'고 말을 하자, (김신혜가) '알겠다.'고 했습
니다."

이렇게 김 씨는 조카 김신혜가 하지도 않은 말을 경찰에게 거짓
으로 전했다. 김 씨는 2000년 6월 27일 광주지방법원 해남지원에
서 열린 공판에서는 "(경찰서 유치장 면회 때는 김신혜가) 아버지를 살해
하지 않았다고 말했습니다."라고 다시 말을 바꾼다. 법원은 이런
김 씨의 문제를 지적하지 않았다.

고모는 나와 박준영 변호사를 만났을 때 이상한 이야기를 했다.

"(김신혜 아버지가 사망한 2000년 3월 7일) 사건 한 달 전에 신혜가 저
에게 전화해서 '고모, 나 아버지 미워서 죽이려고 남자 두 명 (완도
에) 데려왔어요.'라고 했어요. 제가 '그러지 말아라.'라고 말렸죠."

아버지를 살해하려고 사람을 데려왔다는 걸 전화로 미리 설명하
는 사람이 있을까? 고모 김은정은 정작 사건 당시 수사기관에 이런
말을 하지도 않았다.

고모 말대로라면 김신혜는 사건 1개월 전에도 살해를 시도할 만
큼 아버지에게 감정이 안 좋았고, 둘의 관계는 나빴어야 마땅하다.

하지만 고모는 2000년 6월 27일 증인으로 출석한 법정에서 다른 이야기를 했다. 당시 변호인이 김은정에게 "피고인(김신혜)과 사망한 아버지는 사이가 나빴나요?"라고 물었다. 그의 답변은 이렇다.

"아버지는 피고인밖에 몰랐고, 둘 사이가 나쁘지는 않았어요."

하지만 김은정 씨는 앞서 진행된 검사 신문에서는 판이한 이야기를 했다. 검사가 "김신혜가 왜 아버지를 살해했는지 이야기한 사실이 있나요?"라고 묻자 김 씨는 이렇게 답한다.

"그런 것은 증인을 포함한 주변 사람들이 잘 알고 있었기 때문에 구태여 김신혜에게 직접 물어보거나 확인하지는 않았습니다. 피고인도 말하지 않았으며, 평소 피해자의 행동으로 보아 그럴 수도 있으리라 생각했습니다."

검사가 "김신혜와 아버지의 관계는 최근 어떠했나요?"라고 재차 물었다.

"아버지는 딸에 대한 애착이 많았지만 주벽이 심해 김신혜를 많이 때렸고, 그래서 신혜는 학교 다닐 때 몇 번이나 자살을 기도한 사실이 있습니다."

자살 기도 여부는 차치하자. 김은정 씨는 법정에서도 왜 모순된 이야기를 했을까? 판사는 왜 이런 문제를 지적하지 않았을까?

사건 발생 이후 지금까지 여러 언론이 김신혜 사건을 다뤘다. 그때마다 김은정은 주요 취재 대상이었다. "왜 자꾸 성가시게 하느냐."는 김 씨의 말은 이런 맥락에서 나왔다. 김은정은 그동안 많이 시달렸는지, 헤어질 무렵 나와 박 변호사에게 이런 말을 했다.

"신혜 (교도소에서) 나오면 내가 총으로 쏴 죽일 거예요!"

검증 4 | 경찰의 위법 수사

국선 재벌 박준영 변호사가 비쩍 마른 고등어 두 마리를 내게 구워 주던 날, 막걸리 안주로 마른오징어를 질겅질겅 씹으며 그가 했던 말이 다시 생각난다.

"주먹으로 치고 몽둥이로 때리는 고문보다 잔혹하고 교묘한 게 뭔 줄 알아요? 많이 배워서 똑똑한 놈들이 저지르는 '조서 조작'이에요! 이게 정말 무서운 겁니다. 때리면 흔적이라도 남죠. 교묘하게 피의자가 허위 자백하게 만들고 조서를 조작하는 건 훗날 검증하기도 어려워요. 배운 놈들이 요즘 그런 짓을 한다니까!"

완도경찰서가 작성한 김신혜 사건 수사 기록으로 들어가 보자. 김신혜는 사건 발생 만 하루가 지난 2000년 3월 8일 자정께 경찰에 의해 체포됐다. 경찰의 공식적인 입장은 예나 지금이나 같다.

"김신혜가 자기 발로 직접 경찰서로 걸어와 범행 일체를 자백했습니다."

여기에는 전제 조건이 있다. 고모부 김용환이 먼저 김신혜의 자백을 듣고 경찰에 자수시켰다는 것이다. 하지만 앞에서 살펴본 대로 김용환의 말을 있는 그대로 받아들이기 힘들다. 이렇게 전제 조건이 삐걱대니 완도경찰서의 수사 기록에는 이상한 점이 많다.

완도경찰서가 2000년 3월 9일 김신혜를 체포한 직후에 작성한 '피의자 검거 보고' 문서에는 이렇게 적혀 있다.

김신혜 검거 일시 및 장소: 2000년 3월 9일 1시 완도군 완도읍 가용리 소재 완도대성병원 영안실.

검거 경위: 평소 우리 서(완도경찰서) 청문감사관과 절친한 피의자(김신혜)의 고모부 김용환이, 피의자가 피해자를 살해 후 위 장소에 유기했다고 신고하여 피의자를 검거.

고모부의 신고로 경찰이 대성병원 영안실에서 김신혜를 체포했다는 것이다. 시작부터 경찰의 공식 의견과 문서 내용이 다르다. 문제는 이어진다. 같은 날 역시 완도경찰서가 작성한 수사 보고 문서에는 이렇게 적혀 있다.

피의자 김신혜가 (아버지) 김○○을 살해하여 유기했다고 피의자의 고모부 김용환과 함께 완도경찰서 ○○○을 찾아가 자수를 하겠다고 하여, 2000년 3월 8일 오후 11시 40분경 김신혜의 신병을 인계받아 피의자 신문 조사를 시작……

이번에는 김신혜가 고모부와 함께 경찰서를 찾아와 자수했다는 내용이다. 당연히 체포 장소는 경찰서 내부다. 같은 날, 같은 완도경찰서가 작성한 문서임에도 김신혜의 체포 장소와 자수 여부가 다르다.

시작이 꼬이니, 뒤의 일이 제대로 풀릴 리 없다. 모든 피의자는 수사기관에 체포되면 불리한 진술을 하지 않을 권리와 변호인을 선임할 수 있다는 미란다원칙을 고지받고 '체포 확인서'에 서명 날인하게 돼있다. 그런데 완도경찰서가 같은 해 3월 9일 작성한 체포 확인서에는 '김신혜'라는 서명이 빠진 채 무인(지장)만 날인돼 있다. 범인이 자기 발로 찾아와 자수했는데, 왜 경찰은 서명도 못 받았을까? 김신혜의 말을 들어보자.

> 우선 저는 자수를 한 것이 아니라, 제 의사와는 상관없이 저도 모르게 그렇게 됐다는 것, 그 상황에서 다른 설명을 해도 결론은 경찰이 자수로 썼으니까 그리 표현된 것이지, 자수는 아니었다는 점을 앞서 말씀드린 바 있습니다. 자수라는 것은 그렇게 믿고 싶었던 경찰의 착각이었고 환상이었던 것이죠. _김신혜가 2001년 7월 10일, 당시 반부패국민연대 고상만 국장에게 보낸 편지에서

> (강성구 경찰이) 종이 한 장을 내 앞에 놓더니 (지장을) 찍으래요. (내) 머리를 탁탁 치고 뺨을 막 때리면서, 빨리빨리 찍으래요. 나는 멍해서, 이런 말을 했어요. "이런 상황에서는 나는 (당신 말이) 무슨 뜻인지 모른다." 경찰이

(내 손가락에) 인주를 묻혔고, 내가 (손을) 뒤로 빼니까 내 손을 잡아서 (지장을) 찍은 거예요. 그러고선 서명을 하라고 닦달했어요. 머리 때리고 뺨 때리면서. _2014년 여름, 김신혜가 변호인 접견 때 박준영 변호사에게 한 말

문제는 계속된다. 김신혜는 '구속영장 실질 심사'를 받을 권리도 보장받지 못한 듯하다. 구속영장 실질 심사는 판사가 피의자를 직접 대면해 신문하고 구속 사유를 판단한 이후에 영장 발부 여부를 결정하는 과정이다. 구속되느냐, 풀려나느냐는 피의자에게 중요한 문제다.

김신혜는 체포된 뒤 몇 차례 피의자 신문을 받았다. 하지만 신문 조서 어디를 봐도 '구속영장 실질 심사'에 관한 내용은 나오지 않는다. 그런데 경찰의 3월 9일 수사 기록에는 "(김신혜에게) 판사에게 심문받기를 원하는지 물어보자 피의자(김신혜)는 실질 심사를 받지 않겠다고 하기에 수사 보고 합니다."라고 적힌 수사 보고서가 포함돼 있다.

한마디로, 김신혜가 구속영장 실질 심사를 포기하고 수사기관의 구속을 받아들였다는 것이다. 정말일까? 문서 어디에도 김신혜가 '구속영장 실질 심사를 포기한다.'고 인정한 내용은 없다. 경찰의 수사 보고서에만 적혀 있을 뿐이다.

피의자가 구속영장 실질 심사를 받을 권리를 포기하더라도 가족들이 신청할 수 있다. 따라서 수사기관은 피의자 가족에게도 구속

영장 실질 심사 신청을 고지해야만 한다. 완도경찰서도 김신혜의 할머니에게 구속영장 실질 심사에 관한 내용을 3월 9일 고지했다고 수사 기록에 적시했다. 하지만 이는 사실이 아닐 가능성이 크다.

같은 날 완도경찰서는 김신혜의 할머니를 불러 참고인 조사를 했다. 그렇지만 당시 경찰은 김신혜 할머니가 고령임을 감안해 "당신 아들을 손녀딸(김신혜)이 살해했다."라고 밝히지 않았다. 3월 9일에 할머니는 아들 김 씨의 사망 원인을 교통사고로 알고 있었다.

그런데 이런 할머니에게 같은 날 '당신 아들을 살해한 손녀딸 김신혜의 구속영장 실질 심사'를 고지했다고? 앞뒤가 맞지 않는다. 게다가 할머니는 당시 82세의 고령으로 글을 쓸 줄도, 읽을 줄도 모르는 문맹이었다. 그 탓에 자신의 진술 조서 말미에 다른 가족이 대리 서명했다.

경찰 자신도 오락가락하는 김신혜 체포 장소와 자수 여부. 피의자가 직접 쓴 이름이 없는 이상한 '체포 확인서'. 여기에 피의자 구속에 큰 영향을 미치는 구속영장 실질 심사 문제까지. 제대로 된 게 하나도 없다. '국선 재벌'에게 물었다.

"박 변호사님, 똑똑한 놈들의 조서 조작이 무서운 거라면서요? 이 사람들 똑똑한 거 맞아요?"

"글쎄요. 우리 고향 사람들이 참 이상하게 수사를 해놔서……."

김신혜 사건을 주로 수사했던 경찰 강성구를 만나 보기로 했다. 그는 전남의 어느 섬에서 경찰로 일하고 있었다. 박 변호사는 이번

© 박상규
김신혜 사건을 수사했던 경찰을 기다리고 있는 박준영 변호사.

"주먹으로 치고 몽둥이로 때리는 고문보다 잔혹하고
교묘한 게 뭔 줄 알아요?
많이 배워서 똑똑한 놈들이 저지르는 '조서 조작'이에요!
이게 정말 무서운 겁니다. 때리면 흔적이라도 남죠.
교묘하게 피의자가 허위 자백하게 만들고 조서를 조작하는
건 훗날 검증하기도 어려워요."

에도 "제가 완도군 노화도 출신입니다."라는 말로 접근했다.

"그렇군요. 아, 기억나는 것도 같네요. 난 노화도 옆에 보길도 출신이여! 사법고시 언제 붙었지? 동네 여기저기에 축하 현수막이 붙은 걸 본 것 같은데……. 형제는?"

역시 지역사회는 끈끈하다. 그는 박 변호사가 완도 출신이자 나이가 어리다고 말하자 은근슬쩍 말을 편하게 했다. 박 변호사와 악수하는 손에도 힘이 실렸다. 강성구는 소파 등받이에 한쪽 팔을 올리고 등을 바짝 기댄 채 편하게 앉았다.

"아이고, 김신혜 사건 참 지겹네.(웃음) 아직도 가끔 언론에서 취재를 오고 말이야. 김신혜가 모든 걸 다 자백한 사건인데, 왜들 그러는지."

"김신혜가 다 자백했습니까?"

"그럼!"

마주 앉은 박 변호사는 허리를 숙여 '고향 선배'에게 가까이 다가갔다. 핵심 질문을 던졌다.

"말씀대로 김신혜는 자백을 했고, 구속 상태였는데 왜 압수 수색영장도 없이 김신혜 집을 뒤졌어요?"

"시간이 없고 바빠서 그랬나? 아마 그랬던 것 같은데."

고향 선배는 아직 분위기를 파악하지 못했다. 여전히 편한 자세로 앉아 고향 후배 박 변호사를 대했다.

"그럼 누구랑 김신혜 집을 뒤졌어요?"

"서울에 사는 군대 동기랑 같이 했어. 오랜만에 얼굴도 볼 겸 해서 내가 불렀지. 전날에 그 친구랑 소주 한잔하고, 다음 날 아침 김신혜 집에 가서 압수 수색을 했지."

법원 영장도 없이, 군대 동기랑 피의자 집을 마음대로 뒤진 21세기 대한민국 경찰. 여전히 사태 파악을 못 했다.

"군대 동기랑 압수 수색영장도 없이 남의 집을 뒤지면 문제가 있는 것 아닌가요?"

"여기 시골이잖아. 인력이 부족해서, 그냥 군대 동기랑 한 거지."

"그때 김신혜 누드 사진도 가져가셨죠? 그건 왜 가져갔습니까?"

"……."

그는 그제야 조금씩 상황 파악을 하기 시작했다. 소파에 올린 팔을 내리고 앉은 자세를 조금 달리했다.

"그게 누드 사진이었나……. 뭔 사진이 있긴 있었는데……."

그때서야 내가 대화에 끼어들었다. '기자' 글씨가 박힌 전 직장 명함을 그에게 내밀었다. 그는 앉은 자세를 좀 더 바로잡았다. 얼굴이 굳어졌다. 박 변호사가 물었다.

"누드 사진을 마음대로 가져가고, 그거 경찰서에서 형사들끼리 돌려봤죠?"

"잘 기억이 안 나네요."

강성구 경찰은 높임말을 쓰기 시작했다.

"김신혜가 그러던데요. 강성구 경찰이 다른 동료 경찰들을 불러 모아 누드 사진을 같이 봤다고."

"제가 설마 그랬겠습니까? 잘 기억나지는 않지만, 그런 일은 없습니다."

"그 누드 사진은 압수 목록 문서에 기재하지도 않았는데, 그것도 불법이잖아요?"

"……."

그는 별다른 말을 하지 않았다. 박준영 변호사가 못을 박았다.

"제가 김신혜 사건 재심을 추진하고 있는데요. 재심이 열리면, 법원에 한 번 나오셔야 할 겁니다. 미안하지만 제가 증인 요청을 할 수밖에 없습니다."

우리가 파출소를 떠날 때 그는 문 앞으로 나와 배웅했다. 속에서 뭔가 올라오는지 강성구의 굳어진 얼굴은 붉어져 있었다.

경찰 강성구가 저지른 위법 수사와 직무상 범죄는 가볍지 않다. 그는 2000년 3월 10일, 김신혜의 남동생 김종현을 앞세워 서울 신사동 김신혜의 집으로 향했다. 서울에 도착했을 땐 저녁이었다. 그가 김종현에게 말했다.

"모텔에 먼저 들어가 있어. 나는 친구 만나서 술 한잔하고 올 테니까."

그는 군대 동기 이○○을 불러 술집에서 술을 마셨다. 김종현은 그날 밤 강성구 경찰과 한방에서 잤다. 강성구는 다음 날인 3월 11일 아침, 군대 동기를 다시 불렀다. 그는 김종현에게 김신혜의 집을 열게 한 뒤 군대 동기 이 씨와 집을 뒤졌다.

강성구는 쌀가마니처럼 생긴 천 주머니에 김신혜의 누드 사진, 시나리오 등을 쓴 노트, CD, 김신혜가 수면제를 갈았을 때 이용했다는 밥그릇, 수면제 가루를 닦았다는 행주 등을 마음대로 쓸어 담았다. 그럼에도 압수 목록 문서에는 누드 사진 등을 적지 않았다.

허위 공문서 작성은 계속 이어진다. 강성구는 군대 동기가 아닌 동료 경찰 박홍렬(가명)과 함께 압수 수색을 했다고 허위 문서를 작성했다. 또한 그는 압수 물품을 김신혜의 동생 김종현이 임의로 제출했다고 자필로 허위 글을 쓰기도 했다.

김신혜는 서울 대학로에서 연극배우로 짧게 활동한 적이 있다. 그때 한 사진작가의 제안으로 누드 사진을 촬영했고, 이를 인화해 갖고 있었다. 강성구가 마음대로 가져간 김신혜의 누드 사진. 경찰은 이를 어떻게 활용했을까?

김신혜는 2014년 여름 박준영 변호사를 접견했을 때 이렇게 울며 말했다.

"자기네들(경찰)이 누드 사진을 골라냈어요. 경찰들이 뭐 그래? 그게 무슨 경찰이야? 사생활을 보호해 줘야지. 내가 설마 범인이어서 조사를 하더라도 그걸 보호해 줘야지. 그래야 경찰이고, 그래야 인간이에요! 그 사진만 골라내서 강성구 경찰이 형사들 다 불러 모았어요. 내 앞에서 (경찰들이) 그걸 돌려보는 걸, 내가 다 보고 있었어. 바보처럼.(눈물)

그리고 나서 자기들끼리 속닥거리더라고요. 김영호(가명) 경찰이 웃으며 협박을 시작했어요. 내 앞에서 누드 사진을 흔들어 대면서 '확 뿌려 버려! 씨…….' 그랬어요. 나 그거 못 잊어요. 토씨 하나도 안 잊어요. 그걸 어떻게 잊어! (김영호 경찰은) 미안한 표정도 전혀없었어요. 웃고 있었어요! 그게 경찰이냐고요!"

이번엔 경찰 김영호를 만나 보기로 했다. 그는 전남 목포에서 여전히 경찰로 일하고 있었다. 김신혜는 김영호에게 사진 협박을 비롯해 가혹한 물리적 고문을 당했다고 밝혔다. 목포를 향해 다시 새벽길을 달렸다. 아침 이른 시간에 그가 근무하는 경찰서에 도착했다.

사무실 문을 열고 들어가자 김영호가 얼굴을 들었다. 덩치가 크고 인상이 강했다. 인상 한 번 쓰면, 웬만한 범인들은 저절로 긴장할 듯했다. 죄 없이 찾아간 나도 그랬다. 박 변호사가 그에게 다가갔다.

"변호삽니다. 김신혜 씨 아시죠?"

"왜요?"

"누드 사진 흔들면서 '확, 뿌려 버려!'라고 김신혜 씨 협박한 적있죠?"

"왜 그런 걸 나한테 물어요! 할 말 없습니다. 나가세요!"

"사실 여부만 말하면 됩니다."

"할 말 없으니까. 나가시라고요! (전화기를 들면서) 녹음합니다!"

"하고 싶으면 하세요!"

그는 동료 경찰과 함께 우리를 밖으로 밀어내고 문을 쾅 닫았다. 박 변호사와 나는 1분 만에 쫓겨났다. 나는 박 변호사가 한 번 더 들어가 실랑이를 벌일 줄 알았다.

"답변을 거부하네. 이 정도면 됐죠, 뭐. 갑시다."

표정을 보니, 그도 많이 긴장한 듯했다.

검증 5 | 진술과 일치하지 않는 증거물

김신혜가 고모부와 함께 자기 발로 완도경찰서를 찾아와 범행 일체를 자백했다는 게 경찰의 주장이다. 자백은 스스로 범죄 사실을 타인(수사기관)에게 고백하는 행위다. 자기 발로 수사기관을 찾아온 사람의 자백에는 특징이 있다.

우선 진술이 일관적이다. 자포자기이든 뉘우침과 반성의 결과이든, 자기 발로 찾아와 고백하는 것이니 거짓말을 할 이유가 없기 때문이다. 또한 범죄인의 진실된 자백에는 수사기관이 수집한 정보보다 훨씬 자세하고 때로는 수사관이 전혀 알지 못했던 사실까지 담겨 있다. 어떤 범죄 사건이든 범인이 수사관보다 당시 상황을 잘 아는 건 당연하다.

오늘날 언론인 조갑제는 이념적으로 치우쳐 있다는 비판을 받는

극우파의 주요 인물이 됐지만, 젊은 기자 시절에 훌륭한 심층 취재 결과물을 낸 바 있다. 바로 사형수 오휘웅을 취재해서 쓴 책 『사형수 오휘웅 이야기』(조갑제닷컴, 2015)이다.

김용진 〈뉴스타파〉 대표는 이 책을 "한국 언론사에 남을 탁월한 탐사 보도"라고 평했다. 김두식 경북대학교 법학전문대학원 교수는 "여전히 법률가들이 필독해야 할 훌륭한 책"이라고 말했다. 『사형수 오휘웅 이야기』에는 이런 글이 나온다.

> 어떤 자백이 진실된 것인지, 거짓인지를 가리는 기준으로 흔히 '비밀의 폭로'란 말이 쓰이고 있다. 즉 진실된 자백에선 수사관도 미처 몰랐고, 현장에서도 드러나 있지 않았던, 범인만이 알고 있는 새로운 사실이 반드시 폭로된다는 것이다. 이 비밀의 폭로가 없는 자백은, 일단 그 신빙성을 의심해야 한다는 논리다. _『사형수 오휘웅 이야기』, 106쪽

경찰의 주장대로라면 김신혜는 자기 발로 찾아와 자수하고 자백을 했다. 경찰로서는 수사하기에 더없이 편한 상황이다. 헌법과 〈형사소송법〉이 정한 대로 차분히 수사하면 된다.

특히 경찰은 자신들이 확보했다고 주장하는 자백의 주요 내용(수면제 성분이 묻은 물건, 수면제 구입처, 범행 당시 이용했다는 술병과 술잔, 렌터카에 남은 아버지의 흔적)만 확보하면 김신혜의 범죄를 쉽게 입증할 수 있다. 물증을 들이밀어 압박도 하기 전에 술술 자백한 범인이 자기

압 수 목 록

번호	품 종	수량	피압수자주거성명				소유자 주거성명	비고 (우표번호)
			1 유류	2 보관자	3 소지자	4 소유자		
1	검정색파일 (24*30.5)	1권	서울시 강남구 신사동 ▨▨▨ 김신혜				좌동	
2	노란색노트 (19*26)	1권	"				"	
3	파랑색노트 (19*26)	1권	"				"	
4	보라색노트 (18*25)	1권	"				"	
5	밥그릇덮게(사기로 만듦 지름12)	1개	"				"	
6	노란색 행주	1장	"				"	

압 수 조 서

김신혜 에 대한 존속살인등 피의 사건에 관하여

2000년 3 월 11 일 09:30경 서울시 강남구 ▨▨▨▨▨▨▨ ▨▨▨▨ 피의자의 집에서 사법경찰관리 ▨▨▨ 사법경찰관 순경 박▨▨를 참여하게하고 별지 목록의 물건을 다음과 같이 압수하다

압 수 경 위

2000. 3. 11. 09:30경 서울시 강남구 ▨▨▨▨▨ 호에서 피의자 김신혜가 수면제를 갈 때 사용하였다는 밥그릇 덮게와 노란색 행주, 노트 3권 파일 1권을 피의자의 동생 김▨▨(남, 19세)가 임회하여 임의로 제출을 하므로 영장없이 압수하다

서기 2000년 3 월 11 일

완 도 경 찰 서

사 법 경 찰 리 ▨▨ ▨▨▨ ⑪

사 법 경 찰 리 순경 박 ▨▨ ⑪

© 완도경찰서
2000년 3월 11일 김신혜 가택 압수 수색과 관련해 경찰이 작성한 조서.

"그럼 누구랑 김신혜 집을 뒤졌어요?"
"서울에 사는 군대 동기랑 같이 했어.
오랜만에 얼굴도 볼 겸 해서 내가 불렀지.
전날에 그 친구랑 소주 한잔하고, 다음 날 아침 김신혜
집에 가서 압수 수색을 했지."

들 손에 있으니, 세상에 이보다 고마운(?) 범인과 이토록 쉬운 수사가 어디에 있을까.

그런데 완도경찰서는 자수한 김신혜가 구속된 상태임에도 법원의 압수 수색영장도 없이 불법으로 김신혜의 집을 뒤졌다. 김신혜는 서울에서 혼자 살았으므로 누군가 집에서 증거를 없앨 가능성이 현저히 낮았는데도 말이다. 혹시 경찰에게 무슨 말 못 할 사정이 있었던 건 아닐까?

어쨌든, 완도경찰서가 불법으로 취득한 증거물을 검증해 보자. 경찰은 김신혜의 집에서 노란색 행주와 밥그릇을 가져와 국과수에 분석을 의뢰했다. 3월 8일 작성된 1차 피의자 신문조서에는 김신혜가 수면제를 밥그릇에 담아서 빻아 가루로 만들었고, 식탁에 흘린 수면제 가루를 행주로 닦았다고 나온다.

그렇다면 당연히 국과수 분석 결과에서 수면제 성분이 나와야 한다. 하지만 검출되지 않았다. 그 어디에도 미세한 수면제 가루는 없었다. 피의자가 아닌 참고인 신분일 때 김신혜가 당당히 제출한 렌터카는 또 어떨까. 여기에서도 지문, 혈흔 등 아버지의 것으로 단정할 만한 물증이나 단서는 나오지 않았다.

김신혜의 집에 있던 물건에서 수면제 성분을 발견하지 못했다면 더 쉬운 방법이 있다. 미세한 가루를 찾을 게 아니라, 그 약을 구입한 약국을 찾으면 된다. 김신혜가 수면제를 구입했다는 증언이나 기록을 확보하면, 굳이 다른 기관에 의뢰해서 복잡한 실험을 거칠 필요도 없다.

그런데 경찰은 물론이고 검찰은 단 한 번도 약국을 찾아가지 않았다. 신용카드 이용 내역서를 확인했다는 내용도 없다. 1차 피의자 신문조서, 고모부 김용환의 진술서에 분명히 나오는데 말이다. 김신혜가 종로에서 수면제를 구입했다고.

그럼에도 수사기관은 약국을 확인하지 않았고, "종로 성명 불상의 약국에서 구입"이라고만 적어 놨다. 왜 그랬을까? 당시 김신혜는 서울 강남 신사동에 살았는데, 굳이 종로에서 수면제를 구입했다는 것도 의아하다.

뺑소니 교통사고로 위장하기 위한 자동차 전조등 파편 문제도 이상하다. 검찰 수사 기록에는 김신혜가 자동차 파편을 서울 집 근처인 압구정동의 카센터에서 받아 왔다고 나온다. 압구정동에 카센터는 약국만큼 많지 않다. 그런데 이번에도 "상호를 알 수 없는 카센터"라고만 적시하고 수사를 하지 않았다.

수사기관은 살해 도구와 교통사고를 위장하는 데 쓴 도구의 출처를 확인하지 못했다면, 적어도 김신혜가 아버지를 살해할 때 이용한 술잔과 술병이라도 확보해야 했다. 그런데 수사기관은 "김신혜가 술병과 술잔을 바다에 버려 찾을 수 없다."고 정리해 버렸다.

결국 김신혜의 범행을 입증할 구체적인 물적 증거는 하나도 없는 셈이다. 여기에서 다시 『사형수 오휘웅 이야기』에 나오는 '범인 조작의 공식' 중 하나를 여기에 옮긴다.

과학 수사는 증거를 먼저 모으고 이것을 용의자에게 들이대 자백을 받아 내고 거기서 다른 증거를 찾아내 보강하는 것이다. 고문에 의한 허위 자백에서는 범행 도구나 장물 등 물증을 찾아낼 실마리를 발견할 수 없다. 그래서 물증을 조작하여 자백과 끼워 맞춰 놓는다. _『사형수 오휘웅 이야기』, 363쪽

김신혜의 집에서 가져온 그릇과 행주에서 수면제 가루가 검출되지 않자, 검찰 수사 기록에는 가루가 아닌 알약 30알을 아버지에게 먹인 것으로 살해 방법을 바꾼 것으로 나온다. 새벽에 술 취한 사람에게 알약 30알을 한꺼번에 먹이는 것이 가능한지 의문이지만, 검찰의 공소장에는 그렇게 적혀 있다.

자동차 파편은 공소장에 나오지도 않는다. 양주병과 술잔은 바다에 빠졌다며 찾을 노력을 하지 않았다. 서울 종로는커녕, 종로5가에 있는 약국도 탐문하지 않았다. 여자인 김신혜(키 155센티미터, 몸무게 40킬로그램 미만) 혼자 사망한 아버지를 유기한 것이 의심스러워 공범을 계속 추궁하다가 실패하자 그냥 단독 범행으로 정리했다.

이렇게 구체적인 물증도 없이 검찰은 김신혜에게 사형을 구형했다.

검증 6 │ 수면제

경찰이 가지 않은 종로5가를 걸어 봤다. 대형 약국 몇 개가 도로 가에 있다. 한 곳에 들어가 약사에게 말했다.

"잠이 잘 안 와서요. 수면제 좀 주세요."

약사는 바로 돌아서 약을 찾으러 갔다. 증상이 어떠냐고 묻지도 않았다. 약값은 5000원도 안 됐다. 금방 수면제 20알을 확보했다. 옆에 있는 다른 약국에 들어갔다. 이번에도 약사는 묻지도 따지지도 않고 수면제를 줬다. 10여 분 만에 수면제 100알을 확보했다. 마지막 약국에서 약사에게 물었다.

"수면제를 이렇게 쉽게 줘도 괜찮은 겁니까?"

"왜요?"

"이거 사람을 죽일 수도 있는 위험한 약 아닙니까?"

"(웃음) 그런 건 영화에나 나오는 이야기죠. 의학 검증 마친 안전한 약이에요."

질문을 바꿔 봤다.

"그래도 100~200알을 한꺼번에 먹으면 위험하지 않나요?"

"(웃음) 선생님, 대부분의 약은 100~200알을 한꺼번에 먹으면 위험할 수 있죠. 수면제만 그런가요. 몸에 좋은 보약도 그렇게 한꺼번에 많이 먹으면 부작용이 생길 수 있어요.(웃음) 근데 200알을 한꺼번에 먹으면 소화되지 않고 바로 토할 것 같은데요."

한국은 오랫동안 경제협력개발기구(OECD) 국가 중 자살률 1위 국가이다. 청소년 자살률도 1위다. 안타까운 자살 소식이 뉴스에 자주 등장한다. 깊이 잠든 뒤 깨어나지 않는, 고통이 없을 것 같은 죽음. 자살을 결심한 사람에겐 이보다 좋은 수단이 없을 듯하다.

그런데, 수면제를 다량 복용하고 그 원인만으로 사망했다는 소식은 거의 들리지 않는다. "죽으려고 수면제를 많이 먹었는데, 깨어났다."는 소식이 더 많다. 그럴 만한 이유가 있다. 수면제 복용만으로는 거의 죽지 않기 때문이다. 그렇다면 김신혜의 아버지는?

2015년 2월, 의대에서 학생들을 가르치는 A교수를 서울의 한 대학병원 앞에서 만났다. 박준영 변호사와 함께 말이다. 김신혜 아버지의 사인은 수면제 성분 중 하나인 독실아민(Doxylamine) 중독에 의한 것으로 추정된다는 것이 국과수의 의견이다. 그럼에도 당시 재판부는 의학 전문가를 한 번도 부르지 않았다.

"어떻게 그렇게 허술하게 재판할 수 있는지, 안타깝습니다. 변호인이든 검찰이든 한 번쯤 의학 전문가를 불러 검증을 했어야죠."

박 변호사가 A교수에게 수사 기록 중 한 페이지를 보여 줬다. A교수의 목소리가 커졌다.

"이 사람 정말 나쁜 사람이네!"

그의 눈은 완도경찰서가 2000년 3월 17일 작성한 독실아민과 수면제 치사량에 관한 수사 보고서를 주시했다. 이렇게 적혀 있다.

수면제는 1회 복용 시 1정이 기준이나, 수면제를 자주 먹는 사람은 2~3정까지 복용하여야 1시간 이내에 잠에 들며, 1회에 30알을 복용했을 경우 혼수상태로 인한 호흡곤란 등으로 사망할 수도 있음.

A교수가 말했다.

"경찰의 이 보고서는 100퍼센트 허위 조작입니다. 과학적 근거도 무시한 채 이렇게 쓰면 안 되죠. 이건 일부러 한 사람을 해코지한 겁니다!"

한 사람을 평생 교도소에 가두는 결정적 근거가 된 문서. 그런데 허위 조작이라니, 무슨 말일까. 검찰 공소장에 따르면 김신혜는 독실아민 성분이 포함된 수면제 30알을 술과 함께 한꺼번에 먹여 아버지를 살해했다.

"코웃음 칠 일이죠! 그런 약 30알로 사람을 살해했거나, 성인이 죽었다는 말은 들어본 적도 없습니다. 과학자가 보면 정말 웃긴 이야기죠. 게다가 독실아민 성분이 든 그 약은 의사 처방전 없이 누구나 약국에서 살 수 있는 일반 의약품이에요. 그만큼 위험하지 않다는 겁니다."

경찰은 무슨 근거로 '1회에 30알을 먹으면 사망할 수도 있다.'고 썼을까. 당시 완도경찰서는 한 제약회사로부터 받은 답변서와 영어로 작성된 외국의 독성 실험 보고서를 근거로 첨부했다.

(독실아민 성분이 들어간) ○○정의 근거 자료로서 사람을 대상으로 한 치사량 투여 실험 자료는 없고 마우스와 토끼, 래트를 대상으로 한 급성 독성 실험 자료가 있습니다만, 이것은 동물을 대상으로 한 임상 실험이므로 다만 참고 사항이 될 뿐, 사람과 동일시할 순 없습니다. _제약회사 답변서

제약회사 답변서와 외국의 실험 보고서 어디를 봐도 '1회에 30알을 복용하면 사망할 수도 있다'는 언급은 없다. A교수는 경찰이 첨부한 외국의 독성 실험 보고서를 보고 웃었다.

"이건 원숭이랑 쥐를 대상으로 실험한 거잖아요. 치사량 연구도 아니고요."

실제로 두 보고서의 제목은 이렇다. "원숭이에서 관찰된 독실아민의 농도", "독실아민 제제를 쥐(rat)에 투여했을 때의 발생 독성." A교수는 직접 준비한 문서 하나를 꺼내 보여 줬다. 거기에는 "3세 아이가 독실아민 성분이 든 약 1000밀리그램(약 40알)을 먹고 18시간 뒤 사망했다."라고 적혀 있다. A교수가 말했다.

"3세 아이가 40알을 먹고 18시간 뒤에 사망했으니까, 어른은 과연 얼마나 먹어야 죽을까요? 수사기관에 따르면 김신혜는 아버지를 만난 지 1시간 30분 안에 약으로 살해했다는 거잖아요. 그러면, 도대체 술 취한 성인에겐 몇 알을 강제로 먹여야 1시간 30분 안에 죽을까요?"

사건이 발생한 2000년 3월 그때로 돌아가 보자. 검찰의 공소장

대로 하면 상황은 이렇다.

'김신혜는 3월 7일 새벽 1시께 전남 완도 아버지 집에 도착했다. 그녀는 집에서 가져온 수면제 30알을 양주와 함께 아버지에게 먹였다. 아버지는 새벽 3시께 차 안에서 사망했다. 김신혜는 교통사고사로 위장하기 위해 새벽 4시 사체를 도로에 유기했다.'

법원은 이를 그대로 인정했다. 여기에서 A교수의 얼굴은 황당함으로 가득 찼다.

"갈아서도 아니고 알약으로 30알을 먹였다면, 더욱 사람을 죽이기 어렵죠!"

무슨 말일까? A교수는 차분히 설명했다.

"일반적으로 약은 가루 상태로 먹으면 체내 흡수가 빠릅니다. 알약으로 먹으면 천천히 흡수되죠. 부검 결과 사망한 김신혜의 아버지 혈액에서는 독실아민이 13.02ug/ml(마이크로그램/밀리리터)가 검출됐잖아요. 보통 성인이 독실아민 성분이 든 약 한 알을 먹으면 혈액에서 0.069~0.138ug/ml가 검출됩니다."

그럼 사체 부검 결과인 독실아민 농도 13.02ug/ml가 나오려면 몇 알을 먹어야 할까?

"글쎄요. 사람마다 달라서 특정하기 어렵지만, 수치로만 따지면 최소 100알 이상을 먹어야죠. 100알을 한꺼번에 먹을 수 있어요? 더 중요한 건, 사망자가 100알을 훨씬 초과해 먹었을 수도 있다는 거예요."

이건 무슨 말일까?

"검찰은 김신혜의 아버지가 3월 7일 새벽 3시께 사망했다고 했습니다. 부검을 시작한 시각은 3월 8일 14시예요. 약 30시간이나 차이가 납니다. 사망을 해도 사람의 혈액에는 대사 효소가 있기 때문에 혈중 수치는 계속 변합니다. 즉 독실아민 13.02ug/ml 수치는 사망 30시간 뒤의 부검 결과잖아요."

A교수는 체내에 들어온 독실아민의 농도가 시간에 따라 어떻게 달라지는지를 설명하는 그래프가 담긴 문서를 꺼내 보여 줬다.

"이 연구에 따르면, 체내에 들어온 독실아민은 약 두 시간 뒤 사람 몸에서 최대 농도를 기록합니다. 그 뒤 농도가 옅어지다가 약 60시간 후에는 체내에서 완전히 사라집니다. 김신혜의 아버지 혈액에서는 사망 30시간 뒤 13.02ug/ml이 나왔으니까, 사망한 순간에는 그 수치가 훨씬 높았겠죠. 당연히 엄청난 알약을 먹어야 가능한 수치입니다."

물론 술이라는 변수가 있다. 술과 함께 독실아민 성분 알약을 먹으면 흡수 속도와 농도는 달라진다. 하지만 이 경우에도 과연 사람에게 어떤 일이 일어나는지를 보여 주는 과학적인 실험과 근거는 없다.

"술과 함께 먹었어도 알약 30개로 독실아민 수치 13.02ug/ml는 나오기 힘들다."라고 A교수는 말했다. 김신혜의 아버지를 부검한 국과수도 사망 원인을 특정하지 않았다. "독실아민 중독과 고도 명정 주취 상태의 합동으로 추정된다."라고 적었다.

박준영 변호사는 김신혜 아버지의 시신을 직접 부검한 조선대학교 의과대학 법의학교실 김윤신 교수도 직접 만났다. 김 교수도 알약 30알로 사람을 살해했다는 법원의 결정에 고개를 갸우뚱했다.

"부검할 때 사람 위에 있는 내용물을 아주 자세히 살피거든요. 채로 거르면서 고춧가루 하나도 살피죠. 사망자가 전날 밤(3월 6일 21시 이후)에 먹었다는 잡채 내용물인 당면류는 부검할 때 확인했어요. 그럼 3월 7일 새벽, 사망 직전에 먹었다는 알약도 검출돼야죠. 그런데 알약이나 알약이 녹은 걸쭉한 흔적도 없었어요."

실제 부검 감정서에는 "위에서 미소화된 취식물을 보고 당면류, 야채류가 식별됨."이라고만 적혀 있다. 그렇다면 김 교수는 독실아민에 대한 경찰 수사 보고서를 어떻게 생각할까. 그는 김신혜 사건 재심을 위해 노력하는 박준영 변호사에게 보낸 메일에 이렇게 적었다.

"독실아민 치사량에 관한 담당 수사관의 보고서는 큰 잘못을 범하고 있습니다. 오류를 알고도 의도적으로 작성된 보고서라면 그 잘못은 용서받기 어렵습니다."

용서받기 어려운 잘못. 김 교수가 이렇게 표현한 이유가 있다. 법원은 김신혜의 유죄를 결정하면서 이 경찰의 문서를 중요한 증거로 삼았기 때문이다. 잘못된 문서가 한 사람의 인생을 바꾸는 결정적 근거가 됐다.

허위 문서를 작성한 경찰의 잘못이 클까, 허위 문서만 믿고 의

사, 약사 등 전문가를 단 한 사람도 증인으로 부르지 않은 법원의 잘못이 클까?

다시 한 번 합리적 의심을 던져 본다. 사망한 김신혜 아버지의 혈액에서 검출된 독실아민 13.02ug/ml은 어떻게 나온 결과일까? 술 취한 남성이 새벽에 수십 혹은 수백 개의 알약을 한꺼번에 먹을 수 있을까? 수면제 알약으로 약 두 시간 만에 사람을 살해할 수 있을까? 다른 사망 원인은 없었을까?

사체 부검 감정서에 이상한 게 하나 보였다.

변사자의 비구(코와 입) 주위에서 미세한 표피 손상을 보는바, 이 손상은 변사자를 유기하는 과정에서 발생했을 가능성이 있겠으나, 만에 하나 약물과 알코올로 인한 사망의 과정에 비구부에 압박이 가해졌을 가능성에 대해서도 고려해야 할 것임.

누군가 코와 입을 막아 질식시켜 살해했을 수도 있다는 이야기다. 그럼에도 수사기관과 법원은 이를 전혀 고려하지 않았다.

아, 한 가지 더. 김신혜 사건에서, 아니 모든 범죄에서 시간을 엄밀하게 따지는 건 무척 중요하다. 경우에 따라서는 1~2분 차이로 유무죄가 달라질 수도 있다. 앞에서 수차례 말한 대로 김신혜는 3월 7일 0시 56분에 완도 원동검문소를 통과했다. 여기서부터 아버지의 집까지는 약 30분이 걸린다. 게다가 중간에 김신혜는 여동생,

친구 두 명과 전화 통화를 했다. 아버지 집에 도착한 시간은 더 뒤로 밀릴 수밖에 없다.

그럼에도 검찰은 공소장에 김신혜가 새벽 1시께 도착한 걸로 시간을 앞당겼다. 김신혜가 검문소를 통과한 뒤 4분 만에 집에 도착했다니. 수면제로 사람을 잠재울 수 있는 시간을 더욱더 많이 번 셈이다.

수사기관은 마지막 순간까지 사건의 실체에 손을 댔다. 법원은 이를 끝까지 검증하지 못했다. 박준영 변호사는 한탄했다.

"자기들 가족이 수사받고, 재판받는다면 이렇게 허술하게 하겠습니까?"

검증 7 | 보험의 진실

보험 문제는 김신혜에게 많은 의심을 갖게 한다. 사실 나와 박준영 변호사도 우려했다. 보험 문제야말로 김신혜의 최대 약점이라 생각했다.

그러나 사실관계를 파악해 보니 그런 우려는 거의 사라졌다. 어렵지 않았다. 오히려 보험 문제는 '김신혜 사건'에서 쉽게 설명된다. 여러 보험 전문가, 보험회사에서 일하는 사람들도 그렇게 말했다. 약 10년째 보험회사에서 보험금 산정·지급 업무를 해온 조현웅(가명, 38세) 씨는 김신혜의 보험 관련 서류를 보고 살짝 웃었다.

"판사님이 큰 실수를 하신 것 같네요. 재판 때 보험 전문가를 한 명이라도 증인으로 불렀으면 좋았을 텐데요. 좀 문제가 있네요."

판사의 실수라니. 사실 조현웅 씨 역시 언론을 통해 김신혜 사건을 들었을 때만 해도 "김신혜가 보험금을 노리고 아버지를 살해"한 것으로 생각했던 인물이다. 그렇지만 관련 서류를 보고 사실관계를 파악하고 나서는 생각이 많이 달라졌다.

"김신혜는 보험 설계사까지 했던 인물인데, 이렇게 허술하게 보험 사기를 시도하지는 않겠죠. 보험금을 받기가 너무 힘들어요. '100퍼센트 보험 사기가 아니다.'라고 단정할 수는 없어요. 그런데 보험 사기로 볼 여지도 무척 적어요."

현직에서 수많은 보험 사기범을 겪어 본 그는 왜 김신혜에 대한 생각을 바꿨을까. 먼저 법원의 판결문부터 다시 살펴보자.

김○○(아버지)을 보험계약자로 하여 교통사고 상해보험 등 8개의 보험에 가입한 후 피해자에게 수면제와 알코올을 섞어 마시게 하는 방법으로 피해자(아버지)를 살해하고 이를 교통사고로 위장하여 그 보험금 8억 원 남짓을 타내기로 마음먹고…… (중략)

보험금을 노리고 아버지를 살해한 딸. 게다가 법원 판결문에 따르면 김신혜는 수령할 예상 보험금을 산출하고 그 사용처까지 계획했다는 것. 사실일까?

우선 보험을 언급한 법원의 판결문 내용은 객관적인 사실과 거리가 멀다. 생명보험협회에 따르면, 2000년 3월 사망 당시 김신혜의 아버지는 총 15건의 보험에 가입한 이력이 조회됐다. 계약 효력이 상실됐거나 실효가 만료된 보험, 휴면 보험까지 다 합친 수치다.

하지만 계약이 유지된, 즉 아버지가 사망했을 때 유가족이 보험금을 수령할 수 있는 보험은 다섯 개였다. 뺑소니 사망 사고 등 최고 보험금을 모두 수령하면 그 금액은 6억 2500만 원이다. 법원이 밝힌 '보험 8개 가입, 보험금 8억 원'과는 거리가 있다.

게다가 이는 보험약관 등 문서상의 이야기일 뿐이다. 아버지가 사망했다고 해도 김신혜는 보험금을 수령하기가 거의 불가능했다.

김신혜는 보험을 가입할 때 보험사에 꼭 알려야 하는, '고지의무'를 어겼다. 즉 그녀는 아버지 앞으로 보험을 가입하면서, 아버지가 소아마비 장애인으로 한쪽 다리가 불편하다는 사실을 보험회사에 알리지 않았다. 이런 중요한 사실을 사전에 보험회사에 알리지 않으면 사고가 발생해도 보험금을 받기 어렵다. 게다가 그녀의 아버지는 보험에 가입한 지 1개월 만에 사망했다. 더욱 보험금을 받기 어려운 상황이다(고지의무를 위반했어도 가입 후 2년이 지나면 문제없는 보험 계약으로 간주한다).

이렇게 허점이 큼에도, 김신혜는 보험금을 노리고 아버지를 계획적으로 살해한 반인륜 범죄자가 맞을까? 물론 의심할 수 있다. '보험금을 노린 건 맞지만, 김신혜가 계약할 때 실수한 것 아니냐.' 고 말이다. 하지만 그럴 가능성도 매우 낮다.

박 변호사와 취재하면서, 그동안 알려지지 않은 사실이 밝혀졌다. 김신혜는 1997년 12월 5일부터 1998년 8월 31일까지 보험 설계사로 활동했다. 일정한 교육을 이수하고 시험을 통과해야만 할 수 있는 일이다. 보험 설계사였던 김신혜, 과연 그녀는 '고지의무를 어기면 보험금을 받기 어렵다'는 것을 몰랐을까?

문제는 여기서 끝나지 않는다. 그야말로 산 넘어 산이다. 김신혜가 보험금을 노리고 아버지를 살해한 것이 맞다고 가정해 보자. 법원 판결문대로, 철저한 계획범죄여서 고지의무도 어기지 않았다고 치자. 그래도 그녀가 보험금을 수령하는 건 거의 불가능하다.

아버지 앞으로 가입된 보험의 사망보험금 수령자는 상속인이다. 아버지는 두 번 결혼했고, 두 번 다 부인과 헤어졌다. 보험금 수령인은 김신혜와 두 동생뿐이다. 3남매가 상속인이다. 즉 3남매가 똑같이 3분의 1씩 나눠 수령해야 한다.

그런데 아버지가 사망한 2000년 3월 7일 당시, 김신혜의 두 동생은 각각 19세, 18세로 미성년자였다. 미성년자는 보험금을 수령할 수 없다. 친권자가 수령해야 한다. 두 동생의 친권자는 성년이었던 김신혜가 아니다. 두 동생의 친엄마다. 중요한 사실은 김신혜와 두 동생의 엄마는 다르다는 점이다. 두 동생은 김신혜의 새엄마가 낳았다.

수사기관과 법원이 내린 판단대로라면, 김신혜는 새엄마에게 보험금의 3분의 2를 주려고 아버지를 살해한 셈이다. 혹시 김신혜가 새엄마와 사전에 짜고 계획한 일 아니냐고? 박 변호사와 함께 새엄마를 여러 차례 만났다.

"신혜가 중학교 다닐 때 신혜 아버지랑 살기가 힘들어 제가 집을 나갔어요. 2~3년이 지나 법원 판결로 이혼을 했고요. 집 나간 후로 신혜를 본 적이 없어요. 연락도 안 했죠. 신혜 아버지가 죽었다는 것도 뉴스를 보고 알았어요. 약 10년 전에 헤어진 새엄마랑 누가 보험 사기를 치겠어요. 말도 안 되죠. 신혜는 제가 낳은 자식도 아닌데요. 걔가 왜 날 위해서 아버지를 죽여요?"

이렇게 김신혜 사건에는 보험 사기로 보기 어려운 점이 많다. 수사기관은 이런 걸 따져 봤을까? 2001년 SBS 〈뉴스추적〉 취재팀은 당시 수사했던 경찰을 인터뷰했다. 경찰은 이렇게 말했다.

"이런 거라면 구태여 고지의무가 필요한가요? 모르겠어요. 그런 관계까지는 확인을 안 해봤어요."

부실 수사를 인정한 셈이다. 가벼운 실수가 아니다. 보험 문제는 김신혜가 유죄판결과 중형인 무기징역을 선고받은 결정적인 이유 가운데 하나다. 여기서 다시 한 번 합리적 의문을 던져 볼 수 있다. 젊은 사람이 왜 그렇게 아버지 앞으로 많은 보험을 가입했느냐고 말이다.

아버지가 사망한 다음 날인 2000년 3월 8일 완도 경찰이 김신혜를 참고인 자격으로 부른다. 그때 경찰이 물었다.

아버지 앞으로 보험을 몇 개 들었나요?

"정확한 것은 모르고 7~8개를 들었습니다."

한 달에 보험금이 어느 정도 되나요?

"아버지 보험만 30만 원 정도이고, 제 앞으로 (보험이) 7~8개 정도 되는데 한 달에 120만 원 정도입니다. 도합 (1개월에) 150만 원 들어갑니다."

진술인의 한 달 수입은 어느 정도인가요?

"300만 원 정도 됩니다."

경찰에서 진술한 대로 김신혜는 아버지 앞으로만 보험을 많이 가입한 게 아니다. 자기 앞으로도 많이 가입했고, 월 납입료는 아버지 보험료보다 네 배나 많았다. 특히 아버지 앞으로 보험을 집중 가입한 2000년 1월 당시, 본인 앞으로도 수십만 원 상당의 보험에 가입했다.

김신혜는 2000년 1월 14일 알리안츠생명과 '슈퍼재테크(적립형)' 상품에 월 46만 원을 납입하는 계약을 맺었다. 또 같은 해 1월 27일 AIA생명에 월 3만 3960원을 납입하는 의료비 보상 보험 상품에도 가입했다. 이 상품에 가입하면서 김신혜는 본인 사망 시 보험금 수령자로 아버지를 지정했다. 법원 판결문에 따르면 이 시기는 김신혜가 이미 아버지를 살해할 마음을 먹었을 때다. 그런데 본인 사망 시 수익자로 아버지를 지정하다니 앞뒤가 맞지 않는다.

당시 제가 몸이 좀 안 좋았어요. '혹시 암이 아닌가?' 하고 걱정을 많이 했어요. 그래서 가족들을 위해서 제 앞으로 보험을 많이 가입했어요. 또 아버지 건강도 염려가 됐죠. 제가 2000년 3월 말에 일본 유학을 앞두고 있었는데, 아버지에게 혹시라도 안 좋은 일이 있을까 봐 동생들을 위해서 아버지 앞으로 보험을 가입한 거예요.

여러 보험을 비교한 뒤 가입하려고 했는데, 보험 설계사들이 사은품까지 들고 집으로 찾아와 거절하지 못하고 월 불입금이 싼 걸로 몇 개 가입했어요. 이걸 다 유지할 생각도 없었고, 나중에 고지의무 위반으로 해지하려고 아버지 장애를 숨긴 거예요.

저는 보험 설계사까지 했고, 보험 영업소를 하는 고모 밑에서도 일했어요. 그런 제가 고지의무 문제, 동생들 친권 문제 등을 몰랐겠어요? 저는 경찰 수사 때부터 아버지의 사망보험금을 노리고 보험에 가입한 게 아니라고 밝혔어요. 경찰·검찰·법원이 제 말을 안 믿은 거죠. _김신혜가 박준영 변호인 접견 때 한 진술

실제 김신혜는 보험 세 개를 가입 직후 해약했다. 또한 여러 보험을 가입할 때 아버지의 허락도 받았다. 동생도 아는 사실이었다.

김신혜는 수사 과정에서 아버지를 살해할 계획으로 보험에 가입

한 것이 아니라고 주장했다. 하지만 아무도 그녀의 말을 믿지 않았다. 사건을 수사한 경찰은 '고지의무 위반'이 뭔지도 몰랐다. 법원은 증인으로 의사만 안 부른 게 아니다. 보험 전문가도 안 불렀다.

검증 8 | 성추행

수사기관과 법원 판결문에 따르면 김신혜가 아버지를 살해한 동기는, 아버지가 자신과 여동생을 성추행했다는 것이다.

하지만 김신혜의 성추행 관련 진술은 일관되지 않다. 1차 피의자 신문조서에 따르면 아버지를 살해하기 1개월 전에 여동생이 아버지에게 성추행을 당했다는 이야기를 듣고 분개했다고 나온다. 나중에는 동생만이 아니라 자신도 아버지에게 성추행을 당했다고 경찰 조서에 기록돼 있다.

기록만 보면 정말 자매가 아버지에게 성추행을 당했는지 의심스럽다. 언제부터, 어디에서, 몇 차례 성추행을 당했는지 진술이 수차례 달라지기 때문이다. 일반적으로 성폭력 피해자가 가해자를 신고하고 처벌을 원하는 경우, 진술은 보통 매우 일관적이고 구체적이기 마련이다. 그에 비하면 자매의 진술은 뒤죽박죽 엉망이다. 아버지를 살해한 동기에 관한 진술이 흔들린다는 건 당연히 여러 의심을 부른다.

김신혜의 여동생 김수현의 진술을 보자. 경찰은 김신혜를 체포한 이후인 3월 9일, 10일 총 두 차례 김수현을 불러 참고인 진술 조서를 작성했다. 김수현의 진술은 무척 중요하다. 당시 수사 기록에 따르면, 김신혜는 아버지가 여동생을 성추행한 데 분노해 살해한 것으로 나오기 때문이다.

김수현의 참고인 진술서를 보면 앞뒤가 맞지 않는 내용이 있다. 특히 '아버지 성추행' 부분이 그렇다. 다음은 2000년 3월 9일 작성된 김수현의 진술 조서이다.

그럼 아버지가 진술인을 성폭행했다는 말인가요?

"같이 잠을 자지는 않았는데 제가 중학교 3학년 때인 1998년 3월 초부터 아버지가 술을 먹을 때마다 저를 집으로 내려오라고 했고, 저의 몸을 만져서 옷을 벗기려고 하여 제가 도망을 갔습니다. 그 사실을 누구에게도 말하지 않았는데, 자꾸 언니가 아빠에 대해 물어봐 제가 하는 수 없이 이야기했습니다."

아버지 죽음에 대해 어떻게 생각하나요?

"잘 모르겠습니다. 그러나 오빠와 언니 그리고 저는 슬프지 않습니다."

이런 진술은 바로 다음 날인 3월 10일 진술 조서에서 크게 달라진다.

언제 어디서 아버지에게 성폭행을 당했나요?

"1999년 2월 초순경 0시 30분께 완도군 완도읍 ○○리에 있는 집 부엌
식탁입니다."

그 이후에도 성폭행을 당한 사실이 있나요?

"그때가 처음이자 마지막이었습니다."

평소 아빠는 어떤 사람이었나요?

"술을 많이 먹어 그렇지 좋은 분이었습니다. 아빠가 처음부터 그렇게 술
을 마신 것은 아니었습니다. 엄마랑 이혼하고부터 많이 마셨습니다."

그럼 아빠 죽음이 슬프지 않았나요?

"사실은 정말 슬프고 아빠가 불쌍합니다."

핵심 진술 내용이 달라져 실체 파악이 어렵다.

"성추행에 대한 부분을 제가 저렇게 진술하지 않았어요. 그래서
경찰에게 따지기도 했어요. 저는 아버지에게 성추행을 당한 적이
없어요. 경찰이 마음대로 쓰고, 일부는 조작된 진술이에요."

사건 당시 김수현은 18세로 미성년자였다. 당시 그녀를 도와주
는 변호인이나 어른은 없었다. 오히려 어른들은 그녀에게 위증을
교사했다고 한다. 이제 김수현 씨는 30대 중반의 어른이 됐다. 그
녀가 입을 열었다.

"고모부가 그렇게 말하라고 시켰어요. 아빠에 대해 나쁘게 말해
야 언니가 빨리 풀려난다고요. 저는 '성추행은 없었다.'고 말했는

데, 고모부가 계속 '아버지가 성추행했잖아!' 그렇게 다그쳤어요. 어른들이 시키니까, 저는 그렇게 말했죠."

김수현의 말에 따르면 '아버지 성추행' 설의 진원지는 고모부의 집으로 보인다. 고모부가 김신혜를 집으로 끌고 간 3월 8일 밤, '아버지 성추행' 이야기가 만들어졌다고 한다. 고모부 김용환은 이를 전면 부인한다. 하지만 당시 그 집에 함께 있었던 김신혜의 큰아버지 김종철은 위증 교사를 인정했다.

"나도 그렇고, 우리가 그런 말을 했죠. '성추행당했다고 말을 해라. 그래야 정상참작이라도 된다.'라고요."

그와 김수현에 따르면, 김신혜 아버지는 죽어서 성추행범으로 만들어진 셈이다. 게다가 이는 처음으로 돌아가 김신혜가 아버지를 살해한 동기가 됐다.

검증 9 | 살해 노트

김신혜는 '새벽 네 시간'의 알리바이를 입증하지 못해 의심을 받았지만, 그녀의 범행을 입증하는 확실한 증거는 없다. 그런 와중에 경찰은 김신혜의 집을 불법으로 압수 수색해 노트 세 권과 문서 파일 한 권을 가져왔다. 경찰은 여기에서 무언가를 발견했다.

바로 '아버지 살해 계획서'가 담긴 노트. 이름만 들어도 무시무시하다. 이 문제를 살펴보기 전에 분명히 할 것이 하나 있다. 앞서 밝힌 대로, 이 노트는 경찰이 불법으로 수집한 증거물이라는 점이다. 대법원은 2007년 11월 전원합의체 판결로 이렇게 밝혔다.

헌법과 형사소송법이 정한 절차에 따르지 아니하고 수집한 증거는 기본적 인권 보장을 위해 마련된 적법한 절차에 따르지 않은 것이어서 원칙적으로 유죄 인정의 증거로 삼을 수 없다. 수사기관의 위법한 압수 수색을 억제하고 재발을 방지하는 가장 효과적이고 확실한 대응책은, 이를 통하여 수집한 증거는 물론 이를 기초로 획득한 2차적 증거를 유죄 인정의 증거로 삼을 수 없도록 하는 것이다.

이에 따라, 김신혜가 다시 재판을 받는다면 이 노트는 '유죄 인정의 증거'가 될 수 없다. 법원의 문턱도 넘을 수 없는 증거이기에 법적 다툼의 대상도 아니다. 둘 중 하나다. 김신혜가 진짜로 아버지 살해 계획을 세웠거나, 수사기관이 마음대로 '소설'을 썼거나. 이제 독자들이 판단해 보길 바란다.

경찰은 2000년 3월 11일 김신혜의 서울 집을 불법으로 압수 수색했다. 그리고 다음 날 김신혜에게 물었다.

(노트를 보여 주며) 무엇을 할 때 사용한 노트인가요?

"공부를 하거나 낙서를 한 노트입니다."

피의자의 노트에 살해 계획이 적혀 있는데, 피의자가 작성한 것이 맞나요?

"네, 맞습니다."

누구를 살해할 계획인가요?

"시나리오 줄거리에 있는 여주인공의 아버지를 살해하는 방법입니다."

피의자가 아버지를 죽이기 위해 세운 살해 계획이 아닌가요?

"결코 아닙니다."

피의자가 작성한 살해 계획과 아버지가 사망한 것이 (우연히) 일치한 것인가요?

"제가 작성한 시나리오(상의) 살해 계획은 맞는데, 아버지를 살해하려고 작성한 것은 아닙니다."

경찰은 계속 '살해 계획'이라 부르고, 김신혜는 '시나리오'라고 말한다. 팩트는 시나리오가 맞다. 경찰도 이를 인정했다. 사건을 수사했던 한 경찰은 2003년 MBC 〈PD수첩〉과의 인터뷰에서 이렇게 밝혔다.

"(김신혜가 쓴) 시나리오를 보면 불우한 환경 때문에 아버지를 살해하는 내용이 있어요. 가상이겠지만, (아버지의 살해 상황과) 근접해요."

어떤 내용일까? 무슨 이유 때문인지 경찰은 스스로 '아버지 살해 계획'이라고 지칭한 해당 시나리오를 수사 기록에 남기지 않았다. 경찰은 노트 세 권과 문서 파일 한 권을 불법으로 가져갔지만, 법원에 제출한 사건 기록에는 달랑 다섯 쪽의 문서만 첨부했다. 다른 노트와 파일은 기록 어디에도 없다.

다섯 쪽짜리 문서 중에는 '방망이', '비닐', '마스크' 등의 낱말이 적힌 시나리오 초안으로 보이는 문서가 한 장 있다. 화학약품에 관한 짧은 기록도 보인다. 또 다른 종이에는 '폐인', '수면제', '알코올' 등의 낙서가, 나머지 두 장의 종이에는 보험 관련 내용이 적혀 있다. 하나는 김신혜가 가입한 보험회사 담당자들의 연락처 목록이다. 다른 한 장에는 자신이 아버지 이름으로 가입한 보험 상품의 최고 보험금 액수가 적혀 있다. 그리고 집, 차, 저축 등의 목록 옆에 금액이 적혀 있다.

경찰 말대로 '수면제' 등의 키워드는 김신혜 아버지의 사망 사고와 겹친다. 하지만 부검 결과 김신혜 아버지의 몸에서 검출된 건, 살해용 수면제 성분으로 보기 어려운 독실아민 성분이었다. 독실아민은 의사 처방전 없이 약국에서 구입할 수 있을 만큼 비교적 안전한 수면 유도제 성분이다. 감기약에도 쓰일 정도다. 감기약을 먹으면 졸린 이유가 바로 독실아민 때문이다. '방망이' 등은 김신혜 사건과 관련이 없다.

김신혜는 어렸을 때부터 글쓰기를 좋아했다. 여러 글쓰기 대회에서 상도 많이 받았다. 그녀가 쓴 글은 다양하고 양도 방대하다. 그녀가 최근까지 소유한, 수감 전에 쓴 노트와 원고지만 따져도 수백 쪽에 이른다. 그녀의 완도 고향집에도 한 묶음의 원고가 있다. 김신혜는 지금도 일기, 편지 등을 많이 쓴다.

종류와 분량이 방대한 그녀의 글 중에서 전후 맥락을 제거한 시나리오의 한 대목, 노트에서 떼어낸 몇 장의 종이를 '살해 계획서'로 여기는 게 과연 합당할까? 이번엔 김신혜가 과거에 쓴 일기의 한 대목을 보자.

> 아버지의 얼굴이 떠오른다. 항상 패기 넘치고, 강하던 아버지의 얼굴이 실패로 얼룩져서 한없이 패배자의 그늘로 얼룩져 갔을 때…… 그래, 내가 미웠던 건 아버지가 아니라 그 실패였는지도 모른다. (중략) 세상에서 가장 외롭고, 힘든 삶을 살아가시는 아버지. 내가 외로움이 무엇인지 느끼는 나이가 되어서 아버지를 보니, 참으로 외로운 삶을 사셨다는 생각이 든다. (중략) 언젠가는 아버지에게 성공한 모습, 아니 성공으로 가고 있는 모습을 보여 드리자.

이처럼 아버지를 애틋하게 생각하는 일기의 한 대목만으로 김신혜가 효녀라고 단정할 수 없듯이, 시나리오의 작은 부분을 떼어내 이를 살해 계획서로 보는 건 억지스러운 일이다.

경찰은 보험 관련 메모를 두고 김신혜가 아버지의 사망보험금 사용처까지 계획했다고 의심했다. 누구든 쉽게 의심할 만한 대목이긴 하다. 김신혜의 주장은 이렇다.

"보험을 여러 개 가입한 뒤 약관에 명시된 최고 보험금을 계산해 봤을 뿐이에요. 내게 큰돈이 생기면 무엇을 할까 등을 생각하며 낙서도 했고요. 가입했던 보험 여덟 개 상품 중 세 개는 곧바로 해약했잖아요. 어차피 다른 보험도 아버지가 사망해도 보험금을 받을 수 없는 상태였고요. 사실과 다른 낙서가 어떻게 '계획 살인'의 증거가 됩니까? 게다가 저는 그런 '가상 재산'을 어렸을 때부터 적어 보곤 했어요."

김신혜가 진짜 범인이라면 수사기관은 그녀를 꼼짝 못 하게 할 수 있는 증거를 수집했어야 했다. 그들의 주장대로, 그녀가 수면제와 양주로 아버지를 살해하고 교통사고로 위장하기 위해 아버지의 시신 주변에 자동차 파편을 뿌려 놓은 게 사실이라면 말이다. 극소량의 수면제 가루나 그 구입처를 확인했으면, 양주병을 찾았으면, 시체를 유기할 때 사용했다는 차에서 아버지의 흔적을 발견했으면, 사체 주변에 뿌려진 자동차 전조등 파편의 출처를 확인했으면 김신혜 사건은 깔끔하게 정리됐을 것이다.

하지만 수사기관은 어느 것 하나 확인하지 못했다. 그들이 내세운 물적 증거는 고작 종이로 된 보험 증권과 시나리오가 적힌 노트뿐이다. 피의자의 습작 시나리오와 낙서 등은 과연 존속살해의 증거로 합당할까? 게다가 이는 법정 문턱도 넘을 수 없는 불법 압수물이다.

수사기관은 확실한 물증 하나 없이 김신혜를 체포해 가뒀다. 그리고 법원은 무기징역을 선고했다.

무기수에게 꽃을 배달하다

성인이면 누구나 단골집 하나 있기 마련이다. 식당이든, 카페이든, 꽃집이든, 당구장이든 말이다. 하지만, 고속도로 휴게소가 단골집인 사람은 많지 않을 듯하다.

박준영 변호사와 함께 완도를 오가며 취재할 때였다. 경부고속도로 하행선에 있는 안성휴게소 카페에 들렀다. 카페에서 커피를 만드는 직원이 박 변호사에게 물었다.

"뭐 하시는 분이에요?"

"왜요?"

"거의 매일 오시니까, 궁금해서요."

박준영 변호사가 김신혜의 재심을 맡은 건 우연이었다. 한 방송사 피디가 부탁해 변호인 접견을 가서 한 번 만났을 뿐이다. 그 만남이 모든 걸 결정했다. 김신혜와 대화를 나눴을 때 '이 사람은 억울하구나.' 하는 감이 왔고, 사건 기록을 구해 읽었을 때는 '이건 조작이구나.' 싶었다. 그렇게 박 변호사는 김신혜 사건의 재심을 맡아 추진했다.

고속도로 휴게소 카페가 박 변호사의 단골인 걸 알았을 때, 『소금꽃나무』(후마니타스, 2007)를 쓴 김진숙 민주노총 지도위원의 글 한 편(「노무현 '동지'를 꿈꾸며」, 〈빨간 쉼표 : 민주노총부산본부 공식 블로그〉)이 생각났다. 노무현 전 대통령이 서거했을 때 김진숙 지도위원이 '인간

노무현'에게 편지 형식으로 쓴 일종의 추도문이다. 한때 노무현은
김진숙의 변호인이었다. '부치지 못한 편지'의 한 대목은 이렇다.

1990년. 제가 첫 징역을 살 때였습니다. 접견을 오셨었지요. 보통 변호사
접견은 재판 전날 와서(사실 재판 전날도 안 오는 변호사도 많습니다만) 재판 절
차를 일러주고 '이빨'도 맞추고 하는데 재판 날짜와는 아무 상관 없는 시기
였던지라 많이 의아했던 만큼 20년 전인데도 이리 생생하네요.
접견실에 먼저 오셔서 기다리시더군요. 보통은 재소자들이 한 시간 이상씩
주리를 틀면서 기다리는데. 요샌 교도소 반찬이 뭐가 나오냐 얘기, 여사(여
자 교도소)에선 뭐 하고 노냐는 얘기, 변호사가 해주던 징역살이 얘기, 남사
(남자 교도소)에선 뭐 하고 논다는 얘기, 법무부 시계도 가니까 재밌는 놀이
를 많이 개발해서 징역을 잘 깨라는 얘기. 변호사가 접견을 와선 재판 이야
기 한마디도 없이 노닥거리기만 하다 그 더디기로 유명한 법무부 시계가 세
상에 한 시간이나 흘렀습니다.
"가야겠네." 일어서시기에 하도 황당해서 물었습니다.
"왜 오셨어요?"
"진숙 씨 징역살이 힘들까 봐 놀아 줄라고 왔지요."

박준영 변호사는 자주 갈 때면 매주 두세 번 김신혜를 접견하러
갔다. 나와 증거를 수집하러 다니다가 의미 있는 사실을 확인하면
이를 알려주기 위해 접견을 갔고, 스토리펀딩 기획 기사가 나갈 때

에는 기사 내용을 출력해 오류가 없는지 확인을 받으러 갔다. 김신혜 씨가 편지로 궁금해 하는 것이 있으면 이를 알려주기 위해서도 갔다. 형이 확정된 수용자의 접견은 교도소 내규상 월 5회로 제한되어 있다. 박 변호사는 김신혜 씨 재심 개시 결정을 받아 내기 전까지 이 내규를 많이 어겼다. 내규를 지켜 달라고 요구하던 교도관들이 어느 순간부터 손을 들었다. 때론 말동무를 해주러 가는 듯 보였다.

"2000년 사건 직후부터 꽤 오랫동안 독방에 있었는데, 얼마나 심심하겠어요. 가서 이야기라도 나누고 그래야지요."

그렇게 자주 청주여자교도소에 가다 보니 안성휴게소 카페가 박 변호사의 단골집이 됐다.

박 변호사는 2015년 2월 광주지방법원 해남지원에 김신혜의 재심 청구서를 접수했다. 법원이 재심을 결정할지 장담할 수 없었다. 김신혜 사건은 그동안 박 변호사가 맡은 여타 재심 사건과도 많이 다르다. '익산 약촌오거리 택시 기사 살인 사건', '삼례 나라슈퍼 3인조 강도 치사 사건'은 모두 수사기관이 또 다른 유력한 용의자를 체포했다 풀어 준 사건들이다. 그래서 재심 개시를 상대적으로 낙관할 수 있었다.

'김신혜 사건'은 앞의 두 사례와 비교하기 어려웠다. 경찰 수사는 부실했으며, 범행 도구 등 김신혜 씨의 유죄를 입증하는 확실한 물적 증거는 없었다. 반대로 유력한 용의자가 따로 있다는 뚜렷한 근거도 없었다. 김신혜는 대법원에서 유죄 확정판결을 받았다.

그렇다고 가만히 앉아 기다릴 수도 없었다. 박 변호사는 '김신혜 사건'이 발생한 전남 완도를 수없이 찾았다. 사건을 수사했던 경찰, 김신혜 씨 가족과 친구는 물론이고 사건 당시 김신혜 씨와 함께 유치장에 있던 사람, 현장검증에 참여했던 의경까지 만났다. 할 수 있는 건 다 했다.

뭘 더 할 수 있을까. 겨울은 가고 꽃 피는 봄이 왔다. 법원에서는 아무런 소식도 들려오지 않았다. 박 변호사는 일명 '전관 도장의 힘'을 빌려 보기로 했다. 그는 꽤 신망 있고 유명한 A변호사를 찾아갔다. 그에게 "일은 내가 다 할 테니, 공동 변호인단의 대표로 참여해 달라."고 제안했다. 한마디로, 도장만 찍어 달라는 부탁이었다. A변호사는 승낙하지 않았다. 재심 청구서가 이미 접수됐고, 김신혜 사건을 잘 알지 못하니 뒤늦게 참여하는 건 부적절하다는 취지의 말을 했다. 틀린 말은 아니었고, 그는 원칙대로 했다.

대신에 A변호사는 후배 변호사인 박준영에게 몇 가지 조언을 해 줬다. 어쨌든 그는 도장을 찍어 주지 않았다. 허탈했다.

A변호사를 만나고 밖으로 나왔을 때, 마음은 소금밭처럼 타들어 가는데 하늘은 더없이 맑았다. 화창한 봄날이 아니었으면 덜 외로웠을까. 그날 박준영 변호사는 서울 종로에서 혼자 많은 술을 마셨다. 어두운 밤에 수원 집으로 돌아갔다.

계절이 두 번 바뀐 2015년 늦가을, 광주지방법원 해남지원은 김신혜 씨의 재심을 결정했다. 복역 중인 무기수의 재심은 한국 사법 역사에서 최초였다. 법원은 경찰이 위법 수사를 했다는 사실이 인정된다고 밝혔다. 2022년 4월 현재, 김신혜 씨의 재심은 아직 끝나지 않았다.

재심의 근거가 된 위법 수사 증거, 박준영 변호사가 전남 완도를 수없이 방문해 찾아낸 사실이다. '전관 도장' 혹은 '유명한 변호사의 도장'은 없었지만, 박 변호사가 부지런히 발 도장을 찍으며 거둔 성과다. 그런데, 1심 법원의 재심 개시 결정은 '박준영의 발 도장'만으로 가능했을까?

'유력 변호사 도장 받기'에 실패한 2015년 봄날의 일화를 더 들려주고 싶다. 일명 '커피 배달 사건'과 '매화 사건'이다.

박준영 변호사는 청주여자교도소를 수없이 방문해 무기수 김신혜 씨를 면회했다. 어느 날 박 변호사는 아메리카노 커피 한 잔을 김신혜 씨에게 배달하려 했다. 내막은 이렇다.

한인섭 서울대 법학전문대학원 교수는 『형사정책연구』 2005년 가을호에 「여성 무기 수형자에 대한 형사 절차 및 시설 내 처우」라는 논문을 발표했다. 이에 따르면 여성 무기수가 가장 그리워하는 건 '가족과의 접촉'이다. 두 번째는 '커피'였다. 여성 무기수들은 음료로서의 커피가 아닌, 자기만의 시간과 여유를 갖고 싶다는 의미로 커피를 그리워한다는 것이다.

이 사실을 안 박준영 변호사는 텀블러에 아메리카노 한 잔을 담아 김신혜 씨에게 전해 주기로 결심했다. 그는 변호사 접견 때 커피 한 잔을 들고 교도소로 갔다. 박 변호사는 "커피 향이라도 맡게 해 주자."고 교도관에게 부탁했다. 그러나 교도관은 반대했다.

"변호사님 뜻은 알겠는데요. 언제 밖으로 나갈지도 모르는 사람에게, 그 향은 더 큰 형벌일 수 있어요. 계속 커피 향이 그립고, 마시고 싶을 거 아니에요."

이 말을 듣고 박 변호사는 뜻을 접었다. 냄새는 그렇게 무섭다. 머리의 기억보다 몸의 기억은 정직하고 오래가며 끈질기다. 그런데 박준영 변호사도 참 끈질기다.

함께 전남 완도로 현장 취재를 갔을 때다. 완도 곳곳에 매화가 피었다. '커피 배달'에 실패한 박 변호사가 이번에는 '꽃 배달'을 시도했다. 갑자기 박 변호사가 말했다.

"김신혜에게 고향 땅에서 핀 매화 좀 갖다 줘야겠어요. 향기라도 맡게 해줘야죠."

박 변호사는 매화가 피어난 어느 농가 앞에 차를 세웠다. 그러더니 내게 "박 기자님, 가서 좀 꺾어 와봐요."라고 명령(?)했다. 나는 일단 농가로 가 사람을 불렀다. 사정을 이야기하면 가지를 꺾게 허락해 줄 것 같았다. 하지만 농가에는 아무도 없었다. 달리 방법이 없었다. 나는 주변을 살피며 매화 가지 하나를 꺾었다. 박 변호사는 차 안에서 망을 봤다.

내가 차에 올라타자, 박 변호사는 속도를 높였다. 우린 이렇게

© 박상규

김신혜가 수감되어 있는 청주여자교도소.

검찰의 항고로 '김신혜 사건'은 2016년 12월 현재 광주고등법원에서
재심 개시 여부를 판단하고 있다.
지금은 대한변호사협회에서 변호인단을 구성해 이 재심을 돕고 있다.
경찰의 위법 수사는 분명한 사실이니 재판부의 재심 결정을 기대한다.

일차로 매화를 수원까지 무사히 옮겼다. 다음 날 박 변호사는 이 매화를 청주여자교도소까지 가져갔다. 아무리 변호사 접견이라 해도 꽃은 반입 불가 품목이다. 박 변호사는 교도관에게 간청했다.

"김신혜 씨는 15년 동안 고향에도 못 갔는데, 고향 땅에서 피어난 매화 향이라도 한번 맡게 해줍시다."

교도관은 웃음으로 허락했다. 방으로 가져갈 수는 없고 접견실에만 두는 조건이 붙었다. 그렇게 무기수 김신혜는 고향 땅 완도의 태양과 바람을 맞고 피어난 매화 향을 맡았다. 15년 만이었다.

대한민국 사법 역사상 최초인, 복역 중인 무기수에 대한 재심 결정. 법에 기초한 논리 정연한 변호사의 변론, 현장을 찾는 부지런한 발품만으로 가능하지 않았을 거다. 모든 일은 무기수에게 고향 땅이 키운 꽃향기 한 번 맡게 해주고 싶다는 그 마음에서 비롯됐을 거다. 몸을 움직이게 하는 건 마음이니까.

5장

지연된 정의

지연된 정의는 정의가 아니다.

_법에 관한 격언

17여 년간 큰 정신적·육체적 고통을 겪은 피고인들과 그 가족들께 깊은 위로와 유감을 표명한다. 피고인들이 설령 자백을 했다 하더라도 법원은 피고인이 정신지체 등으로 자기 방어력이 취약한 약자라는 점을 감안해 좀 더 큰관심을 가지고 자백 경위와 객관적 합리성, 다른 증거와의 모순점 등을 보다면밀히 살펴야 함에도 그렇게 하지 못한 것에 대해 유감스럽게 생각한다.

_삼례 나라슈퍼 강도 치사 사건 무죄판결을 선고하며, 전주지법 장찬 판사

지금까지 드러난 재심 전후의 증거 관계를 종합한 결과와 재심 결과를 받아들여 항소하지 않기로 결정했다. 오랜 기간 정신적·육체적 고통을 겪은 피고인들과 그 가족, 피해자 유족들에게 위로의 말씀을 드린다.

_전주지검

전북 경찰은 삼례 나라슈퍼 강도 치사 재심 사건에 대한 무죄 확정 판결에 대한 법원의 판단을 존중한다. 경찰은 이 사건을 계기로 재심 심판 과정에서 확인된 경찰 수사의 문제점 등을 면밀히 분석해 향후 이러한 사례가 재발되지않도록 하겠으며, 사회적 약자의 인권 보호를 위해 최선을 다하겠다. 아울러이 사건으로 인해 오랫동안 고통 받은 분들께 깊은 위로의 말씀을 드린다.

_전북지방경찰청

아무도 믿어 주지 않았다

누군가를 정말로 이해하려고 한다면
그 사람의 입장에서 생각해야 하는 거야.
말하자면 그 사람 살갗 안으로 들어가
그 사람이 되어서 걸어 다니는 거지.

_하퍼 리, 『앵무새 죽이기』 중에서

자신이 하지도 않은 죄를 인정하는 것은 '자기 파괴적인 행동'이다. 이런 행동을 합리적인 잣대로 이해하고 판단하기란 쉽지 않다. 남을 이해하는 것은, 가정이라 하더라도 그 사람이 처한 상황을 온전히 자신의 상황으로 받아들일 때 가능하기 때문이다. 삼례 나라슈퍼 강도 치사 사건의 세 주인공, 익산 약촌오거리 택시 기사 살인 사건의 최성필, 무기수 김신혜 모두 보호자나 변호인의 도움을 전혀 받지 못한 상태에서 폭행을 당하며 가혹한 수사를 받았다. 우리는 대개 이들과 같은 상황에 처해 본 적이 없다.

박준영 변호사와 2년간 진행한 '재심 프로젝트 3부작'은 좋은 결과로 이어졌다. 삼례 나라슈퍼 사건의 세 주인공은 재심을 통해 17년 만에 무죄를 선고받았다. 익산 택시 기사 살인 사건의 최성필 씨도 재심을 거쳐 무죄를 선고받았다. 16년 만이다. 무기수 김신혜의 재심은 2022년 현재, 여전히 진행 중이다.

이 세 사건을 다루면서 인상적인 장면을 몇 번 목격했다. 그중 하나는 앞서 서술한 2015년 2월 10일 광주고등법원 201호 형사대법정에서 펼쳐진 모습이다. 익산 약촌오거리 택시 기사 살인 사건 재심 개시 여부를 결정하기 위한 첫 심문 기일 자리. 15년 만에 법정에 선 최성필 씨는 경찰 폭행 탓에 과거 허위 자백을 했다고 말했다. 판사가 그에게 물었다.

"경찰이 때렸다는 걸 지금 입증할 수는 없잖아요. 게다가 아무리 때렸어도 사람을 죽였다는 허위 자백을 하면, 그게 엄청 위중한 일이란 걸 몰랐나요?"

최 씨는 이렇게 다시 거대한 벽을 마주했다. 한두 번 만난 벽이 아니다. 최 씨가 누명을 쓰고 6년째 복역 중이던 2006년 6월 그때도 그랬다. 군산지청 김훈영 검사가 그를 불러 또 다른 유력한 용의자 김○○과 대질을 시켰다. 김 검사가 물었다.

억울하다면 항소심에서 10년형이 선고됐을 때 상고하면 됐을 텐데, 왜 포기했나요?

"목포교도소에서 같이 생활하던 방 식구들이 상고해 봤자 의미가 없다고 하여 포기하게 된 것입니다."

살인 사건의 범인이 아니라면 어떻게든 자신의 억울함을 호소했어야 하는 것 아닌가요?

"호소하면 뭐 합니까. 믿어 주지 않는데요."

누구에게 호소했나요?

"검사에게도 하고, 판사에게도 했는데 제 말을 믿어 주지 않았습니다."

당신의 말을 믿어 주지 않은 이유가 뭐라고 생각하나요?

"모르겠습니다."

왜 자기 말을 믿어 주지 않는지, 오히려 최 씨가 묻고 따지고 싶었다. 답답한 상황은 여기서 끝나지 않는다. 재심이 열렸을 때도 검사는 그에게 "당신이 범인이 아니어서 억울하면 왜 대법원에 상고하지 않았느냐?"고 최 씨에게 물었다.

최성필 씨만 만난 벽이 아니다. 삼례 나라슈퍼 3인조 강도 치사 사건 재심 심문 기일 때도 비슷한 일이 있었다. 검사는 "범인이 아니어서 억울했다면 왜 2심, 3심 법원에 상소하지 않았느냐?"고 강인구, 임명선 씨에게 물었다. 삼례 사건에서 3인조 중 최대열 씨만 대법원까지 상고를 했다.

어려운 상황과 조건에서 허위 자백을 했던 이들은 이렇게 세상의 상식과도 싸워야 한다. '상식적으로, 어떻게 허위로 사람을 죽였다고 말할 수 있느냐', '3심 제도와 국선변호인 제도가 있는데 왜 호소하지 않았느냐?'는 물음이 그것이다.

사실 이런 물음은 두 가지가 전제돼야만 의미가 있다. 수사기관이 법과 원칙에 따라 고문, 폭행, 기망, 협박, 회유 등 불법·위법한 방법으로 피의자를 압박하지 않고, 국가의 여러 제도와 장치는 사회적 약자를 배려하면서 잘 운용된다는 게 그것이다.

두 사건의 피고인들이 모두 재심에서 무죄 선고받은 데서 드러났듯이, 이들에겐 두 가지 전제 모두 작동되지 않았다. 수사기관은 폭행과 위법 수사로 이들을 압박했다. 삼례 3인조를 수사한 완주경찰서 형사들은 현장검증을 하는 공개된 장소에서도 욕설을 하며 3인조를 폭행했다. 이들이 밀실에서는 어떻게 수사했을지 짐작하기란 어렵지 않다.

택시 기사 살인 사건을 수사했던 익산경찰서 형사들은 최성필 씨를 체포해 모텔 방으로 끌고 갔다. 불법 체포, 감금이었다. 최 씨와 공범으로 의심받던 그의 선배는 경찰에게 심한 폭행을 당했다고 법정에서 증언했다. 1심 법원은 억울함을 호소하는 최 씨를 괘씸하게 여기며 오히려 중형을 선고했다.

최대열 씨 사례에서 보듯이 대법원도 오판을 했다. 과거 최 씨의 재심 청구를 기각한 것까지 따지면 대법원은 두 차례나 오판한 것이다. 국선변호인도 별 도움이 되지 않았다. 오히려 허위 자백을 유도하고 강요했다는 게 두 사건 피고인들의 주장이다.

특히 두 사건에서 경찰은 몽둥이로 살인범을 만들었다. 검찰은 경찰의 이 같은 위법 수사를 전혀 통제하지 못했다. 더 나아가 진범임이 유력해 보이는 피의자를 제대로 수사하지 않고 풀어 주는 등 사건 실체를 규명하는 데 적극적이지 않았다. 오히려 조작과 은폐에 앞장섰다. 결국 우리는 '상식적으로, 왜 당신들은 허위 자백을 했느냐?'고 물을 것이 아니라 '이들의 허위 자백은 어떻게 나왔을까?'를 따져 봐야 한다.

김신혜 씨 사건까지 포함해, 세 사건에는 공통점이 있다. 사람이 사망했거나 살해된 중범죄 사건이지만, 경찰은 범인을 특정할 수 있는 직접적인 물증이나 단서를 확보하지 못했다. 이 상태에서 경찰은 세 사건의 피의자들을 의심하기 시작했고, 별다른 근거 없이 의심을 확신으로 키웠다. 확신의 함정에 빠진 경찰은 세 사건에서 모두 법과 원칙을 어긴 위법한 수사를 했다. 드러난 것만 따지면 이렇다.

익산 택시 기사 살인 사건 : 불법체포, 감금
삼례 나라슈퍼 3인조 강도 치사 사건 : 폭행, 욕설 등 가혹 행위
완도 무기수 김신혜 사건 : 영장 없이 불법 압수 수색, 공문서 위조

이때 세 사건의 피의자들은 어떤 처지였는지 정리해 봤다.

삼례 사건 강인구 : 사건 당시 18세. 중학교 중퇴. 지적장애 있음. 한글을 잘 쓸 줄 몰랐음. 7세 때 어머니 사망. 알코올의존증 아버지 역시 한글을 쓸 줄 몰랐음. 체포 당시 월세 10만 원짜리 집에서 아버지와 둘이 거주.

삼례 사건 최대열 : 사건 당시 19세. 중학교 졸업. 지적장애 있음. 한글을 잘 쓸 줄 몰랐음. 어머니는 하반신 마비 1급 장애인, 아버지는 척추 장애 5급 장애인. 모든 가족이 보증금 100만 원, 월세 2만 원짜리 단칸방에 거주. 최대열이 건설 노동을 하며 부모를 부양.

삼례 사건 임명선 : 사건 당시 20세. 중학교 중퇴. 아버지 알코올의존증. 어머니는 임명선이 수감된 뒤 정신 질환을 앓기 시작. 당시 부모님의 전 재산은 500만 원. 아버지는 임명선 수감 중 사망.

익산 사건 최성필 : 사건 당시 15세. 초등학교 졸업. 아버지 교통사고로 사망. 어머니는 식당에서 일하며 힘들게 생계유지.

완도 사건 김신혜 : 사건 당시 23세. 고등학교 졸업. 살해된 아버지는 소아마비 장애인으로 한쪽 다리가 불편했음. 어머니는 이혼해 어렸을 때 집을 떠났음.

모두 미성년자였거나 20대 초반이었다. 김신혜를 제외하고 다들 중학교 정도에서 학교 교육을 끝냈다. 본인 혹은 부모에게 장애가 있다. 부모는 경제적으로 어려운 처지였다.

무엇보다도 세 사건의 주인공들은 수사 단계에서 변호인 혹은 어른들의 적절한 도움을 받지 못했다. 살인범으로 의심하며 강하게 몰아붙이는 경찰에 맞서 사회적 약자인 이들이 과연 제대로 된 방어권을 행사할 수 있을까? 기대하기 어려운 일이다.

삼례 3인조는 진범을 눈앞에 두고도 검찰에서 "우리가 범인"이라고 허위 자백했다. 최성필은 진범과의 대질에서 억울함을 호소하면서도 "범인이 아닌데 어떻게 교도소 생활을 하느냐?"라는 검사의 질문에 이렇게 대답했다.

"처음엔 힘들었는데, 지금은 적응돼서 지낼 만합니다."

이들은 자신의 결백 주장을 믿어 주지 않는 국가기관 앞에서 쉽게 권리를 포기했다. 답답하고 허망해 보이지만, 당시 수사기관의 강압 수사와 이들이 처했던 상황을 고려하면 이해가 간다. 허위 자백이 자주 벌어지지는 않지만, 이례적인 일로 치부할 수는 없다.

서울고등법원 김상준 부장판사의 「무죄판결과 법관의 사실 인정에 관한 연구」(서울대학교 법학전문대학원 박사 학위논문, 2013)에 따르면, 1995년부터 2012년까지 1심 유죄, 2심 무죄 판결을 받은 강력 범죄 사건 540건 가운데 31.5퍼센트가 허위 자백이 결정적인 원인이었다(박송이, 「거짓 자백에 관한 실화 연구」, 『주간경향』 제1131호 참고).

수사기관의 고문에 가까운 가혹 행위가 있을 때만 허위 자백이 나오는 것도 아니다. 물리적 폭력 없이 수사관의 회유, 협박, 기망 등 심리적 압박만으로도 "사람을 죽였다."고 허위 자백한 사례는 쉽게 찾을 수 있다.

박준영 변호사가 재심을 추진해 모두 무죄를 이끌어 낸 '수원 노숙 소녀 상해 치사 사건'(2007년 발생)에서는 무려 일곱 명이 사람을 죽이는 데 관여했다고 허위 자백을 했다. "이미 다른 사람들이 너와 함께 범행을 저질렀다고 자백했다", "계속 부인하면 더 좋지 않은 일이 벌어진다."는 수사관의 기망과 협박에, 범행을 부인하던 피의자들은 줄줄이 허위 자백을 했다.

친동생을 죽였다는 무서운 허위 자백 사건도 있었다. 2007년 충남의 한 도시에서 중학생 A양이 실종됐을 때다. 경찰의 계속된 추궁에 실종자의 언니는 자신의 실수로 동생이 죽었고, 이를 은폐하기 위해 엄마와 함께 A양을 야산에 묻었다고 자백했다. 두 동생도 언니가 A양을 죽이는 것을 봤다고 진술했다. A양은 실종신고 22일 만에 살아서 집으로 돌아왔다(정은주, 「살인했다, 아무도 죽지 않았다」, 『한겨레21』 제925호 참고).

"결백한 사람은 육체적 고문을 받거나 정신적 질병에 시달리지 않는 이상, 범죄를 저질렀다고 허위로 자백하지 않는다."고 많은 사람들은 믿는다. 『허위 자백과 오판』(후마니타스, 2014)을 쓴 미국 샌프란시스코 대학교 법학전문대학원 리처드 A. 레오(Richard A. Leo) 교수는 이를 "심리적 피의자신문의 환상"이라고 부른다.

이기수 경찰대학교 교수가, 1990년대 후반부터 2010년 사이 발생한 허위 자백 사건 46건을 분석해 쓴 「형사절차상 허위 자백의 원인과 대책에 관한 연구」(서울대학교 법학전문대학원 박사 학위논문, 2012)에서도 "물리적 폭력 없는 허위 자백" 사례는 쉽게 확인된다.

논문에 따르면 허위 자백의 원인은 폭행(16퍼센트), 기망(10.6퍼센트), 장시간 조사(10.6퍼센트), 협박(7.4퍼센트), 회유(7.4퍼센트), 잠 안 재우기(5.3퍼센트) 등의 순으로 나타났다. 변호인의 회유로 허위 자백한 사례도 2.1퍼센트였다.

판사가 최성필 씨에게 그랬던 것처럼 대개의 사람은 '어떻게 사람을 죽였다고 허위 자백을 할 수 있느냐?'고 놀란다. 하지만 현실에서는 살인 등 강력 사건에서도 허위 자백이 일어난다. 이기수 교수가 논문에서 인용한 사례들을 죄명별로 허위 자백 유형을 분석했을 때 살인(28.8퍼센트) 비중이 가장 높았다. 그리고 절도(15.4퍼센트), 뇌물죄(15.4퍼센트), 상해치사 등(9.6퍼센트)이 뒤를 이었다. 또한 허위 자백자를 연령으로 분석하면 19세 미만 미성년자 비율이 30.6퍼센트로 가장 높았다. 20대가 27.8퍼센트로 그다음이었다. 그는 그 이유를 다음과 같이 설명한다.

> 허위 자백 사건에서 살인 사건의 비중이 높게 나타나는 것은 허위 자백의 큰 특징으로 지적할 수 있다. 상식적으로 허위 자백자의 입장에서 생각할 때 우리는 살인처럼 중대하고 형이 무거운 범죄에 대하여 허위 자백을 할 가능성이 낮다고 생각하기 쉽다. 그러나 허위 자백이 발생하는 원인이 허위 자백자 본인에게서 유래하는 것이 아니고 외부적 요인에 의한 것이라는 것을 생각하면 쉽게 이해할 수 있다. 다시 말해 살인 사건은 중요 사건으로 수사기관에 엄청난 압력이 작용한다. 사람의 인명이 상실된 중요 사건의 경우 수사기관이 언론과 조직 내부의 사건 해결 압력을 많이 받게 되고 그 압력을 수사 과정에서 피의자에게도 행사하면서 허위 자백이 나타나는 것으로 파악할 수 있는 것이다. _이기수, 「형사절차상 허위 자백의 원인과 대책에 관한 연구」, 100쪽

누구나 고문이 없어도 허위 자백을 할 수 있다는 건 여러 사례와 연구에서 드러난 사실이다. 완전히 사라진 건 아니지만, 민주 정부 이후 수사기관의 피의자 고문은 확실히 줄었다. 하지만 굳이 때리지 않아도 허위 자백을 이끌어 낼 수 있는 기술은 더 발전했는지도 모른다. 수사기관이 적법한 절차에 따라 수사를 해야 하는 이유는 인권 보호 때문만이 아니다. 그렇게 해야만 실체적 진실에 접근할 수 있기 때문이다.

사건을 해결해야 한다는 압박에 시달릴 수밖에 없는 수사기관은 그만큼 확신의 함정에 빠질 가능성도 크다. 이 함정에 빠지면 합법적인 유죄 입증이라는 어려운 길 대신, 의심과 조작이라는 쉬운 길로 빠지게 된다.

그리고 미성년자, 지적장애인, 가난한 사람 등 사회적 약자들은 이 길에서 더 쉽게 버려지곤 한다.

사법부

형사 사법의 최고 이상과 목표는 실체적 진실 규명이다. 인간은 신이 아니므로 오판을 할 수 있다. 인류 역사에서는 오판으로 생명을 잃거나 삶이 무너진 사례를 쉽게 찾을 수 있다. 신중하고 겸손하게 재판을 해야 하는 이유다.

삼례 나라슈퍼 3인조 강도 치사 사건, 익산 약촌오거리 택시 기사 살인 사건, 완도 무기수 김신혜 사건에서 수사기관은 피고인들의 유죄를 입증할 직접적이고 확실한 물증을 확보하지 못했다. 피고인들의 자백이 유죄의 유력한 증거가 됐으나, 이 역시 일관성이 없고 사건 정황과 일치하지 않는 점이 많다. 그럼에도 사법부는 이들에게 유죄를, 그것도 중형을 선고했다. 재판부가 사건 기록을 제대로 읽고 판결했는지 의심스러운 부분이다.

삼례 3인조에게 유죄를 선고한, 오판한 판사 중 한 명은 박범계 더불어민주당 국회의원(2022년 4월 현재 법무부 장관)이다. 그는 1심 재판부의 배석판사였다. 그는 노무현 정부 시절 청와대 민정2비서관을 거쳐, 대법원 사법개혁추진위원회 간사, 청와대 법무비서관을 지냈다. 2008년에는 민주당 중앙당 인권특별위원회 위원장도 역임했다.

삼례 3인조가 청구한 재심이 확정된 이후 박 의원의 공식 견해를 듣기 위해 2016년 7월 19일 오후 의원실로 전화를 걸었다. 국민을 대표·대리하는 현역 의원인 그의 의견을 듣고 싶었다. 의원실 쪽은 "논의 후 연락하겠다."며 전화를 끊었다. 다음 날 아침 의원실에서 전화가 왔다. 박 의원 보좌진은 교과서를 읽듯이 또박또박 말했다.

"당시 박 의원은 전주지법 형사단독판사였습니다. 삼례 사건 재판 때 배석판사로 참여했지만, 형식적인 배석이었기에 사건 내용을 모르고 기억도 나지 않습니다. 판결에도 합의하지 않았습니다."

사법제도에서 판사 세 명으로 구성해 합의부 재판을 운영하는 이유가 있다. 중요한 사건을 여러 판사가 함께 토론해 올바른 판단을 내리고, 합리적 의심의 여지가 없는 결론을 이끌어 내려는 취지이다.

하지만 현실에서는 판사 세 명의 실질적인 토론을 생략한 채 주심 판사가 기록을 볼 뿐, 주심이 아닌 배석판사는 기록을 제대로 보지 않는다는 사실, 재판장이 권위적일 때에는 주심 판사도 재판장의 판단에 다른 생각을 마음대로 말하지 못한다는 사실은 법률 서비스에 종사하고 있는 사람들에게는 잘 알려져 있다. 겉모습만 합의부이지 법대에 앉아 있는 '주심 아닌 배석판사'는 사건 기록도 제대로 읽지 않고 판결문에 도장을 찍는 경우가 부지기수라는 것이다. 박범계 의원도 판사 시절 사건 내용을 파악하지 않은 채 삼례 3인조의 인생이 걸린 판결문에 도장을 찍은 셈이다(박 의원은 2017년 2월 14일 '삼례 3인조'와 피해자 최성자 씨를 국회로 불러 정식으로 사과했다. 판검사 출신 인사가 과거 자신의 실수와 잘못으로 피해 입은 당사자를 직접 만나 사과한 것은 한국에서 매우 드문 일이다. 박 의원의 사과는 그 자체로 의미가 크다).

판사 개인의 문제만을 탓할 수 없는 사정도 있긴 하다. 한국 판검사의 업무량이 살인적이라는 건 많이 알려진 사실이다.

대법원에 따르면 지난 2012년을 기준으로 판사 1인당 연간 처리 사건 수는 593건이었다. 독일(1인당 210건)에 비해 약 세 배, 일본·미국과 비교했을 때도 약 20~40퍼센트 많은 수치라고 한다. 서울중

앙지방법원 소속 판사는 1인당 한 해 1074건, 서울서부지방법원은 1인당 1334건을 처리했다. 대법관은 무려 1인당 2938건이었다.

이런 상황에서 오판을 줄이고, 공정한 판결을 기대할 수 있을까? 영화나 드라마처럼 법정에서 양측 변호인, 혹은 검사와 변호인이 치열하게 토론하며 공방하는 풍경은 한국 법원에서는 보기 어렵다. 재판을 받는 사람들은 대개 자기 사건이 법정에서 제대로 심리받기를 바라지만, 실제의 법원에서 토론은 잘 벌어지지 않는다. 재판부가 서면으로만 사건을 검토하는 사례가 많다.

삼례 3인조 중 최대열 씨는 끝까지 무죄를 주장하며 사건을 대법원까지 끌고 갔다. 진범이 나타난 이후에는 그 사건 기록을 바탕으로 법원에 재심을 청구했다. 대법원까지 모두 기각이었다. 그즈음 대법원의 사건 처리 상황은 어땠을까?

비슷한 시기였던 2001년 대법원은 사건 1만 8960건을 처리했다. 대법원에는 대법원장을 포함해 총 열네 명의 대법관이 있다. 대법관 자리는 오랜 경력과 노련함, 능력이 검증된 사람만이 오를 수 있다. 대법원 판례는 하급심 법원과 일반 시민의 삶에 많은 영향을 준다. 아무리 천재적인 대법관이라 하더라도 열네 명이 저 많은 사건을 공정하고 합리적 의심의 여지가 없도록 판결했을까? 같은 시기 미국 연방대법원은 사건 88건을 처리했다.

그날 아침 풍경

외롭고 쓸쓸하고 허탈했던 2016년 7월 11일 그 하루가 지금도
생생하다.

태양은 아침부터 뜨거웠다. 삼례 3인조 강인구, 최대열, 임명선
씨와 그 가족들은 새벽에 전주에서 승합차를 타고 서울 서초동을
향해 출발했다. 차 안에는 사건 피해자 최성자 씨도 있었다. 유가족
박성우 씨는 따로 출발했다.

사흘 전인 7월 8일, 전주지방법원은 삼례 사건의 재심을 결정했
다. 하지만 검찰이 항고하면 진실 규명까지 또 많은 세월을 보내야
한다. 삼례 3인조와 가족들은 검찰이 항고를 포기하도록 대검찰청
앞에서 기자회견을 하기로 했다.

박준영 변호사는 대형 앰프를 빌려왔다. 나는 기자회견문을 작
성하고 출력했다. 현수막은 한 시민이 제작했다. 기자회견을 하기
로 결정은 했지만, 어디서 무엇을 어떻게 해야 할지 난감했다. 기자
들이 몇 명이나 올지도 장담하기 어려웠다.

박 변호사가 적당한 나무 그늘을 찾아 삼례 3인조와 가족들을 불
러 모아 기자회견을 시작했다. 최대열 씨는 "이제 살인 누명을 벗고
싶다."며 눈물을 흘렸다. 기자회견에 참석한 사람들의 얼굴은 눈물
인지 땀인지 분간하기 어려운 짠 물기에 젖어 번들거렸다.

기자회견을 마치고 점심 식사를 하는 것도 일이었다. 미리 식당

을 예약하지 못해 삼례 3인조와 가족들은 자리가 있는 식당을 찾아 땡볕 속에서 30분을 헤맸다. 어렵게 들어간 식당에도 함께 앉을 넓은 자리가 없었다. 각자 자리가 나는 대로 뿔뿔이 흩어져 앉아 냉면을 씹었다.

식당 안에는 대법관 후보로 거론됐던 전직 검사와 여러 현직 검사, 판사들이 있었다. 살인 누명을 쓰고 교도소에서 4년을 살고 나온 강인구 씨가 질긴 냉면을 씹으며 말했다.

"내가 판사, 검사랑 같은 식당에서 밥도 먹고, 살다 보니 이렇게 좋은 날도 오네요!"

웃어야 할지, 울어야 할지 판단이 서지 않았다. 이제는 각자의 자리로 돌아가야 할 시간. 뜨겁고 숨 막히는 하루는 쉽게 끝나지 않았다. 최대열 씨가 갑자기 전주로 향하는 승합차에 타기를 거부했다. 그의 아내와 어린 두 딸도 올라왔는데, 굳이 기차를 타고 내려가겠다고 했다. 그의 아내도 지적장애인이다.

올라올 때처럼 모두 함께 가면 편할 텐데, 최대열 씨는 기차를 고집했다. 박 변호사가 최 씨를 한쪽으로 데리고 가 이야기를 했다. 최 씨는 끝까지 기차를 포기하지 않았다. 박 변호사는 지갑을 열어 기차표 값을 최 씨 호주머니에 넣어줬다. 최 씨는 왜 끝까지 기차를 고집했을까. 알고 보니, 일종의 '기차표 재테크' 때문이었다.

"기차를 탄다고 하면 박 변호사님이 KTX 차비를 주시잖아요. 그러면 저는 무궁화호를 타거든요. 그게 훨씬 싸잖아요. 게다가 저는 장애인이어서 또 할인이 되거든요. 그렇게 돈 아끼면 애들 과자 사줄 수 있잖아요. 애들 서울까지 올라왔는데, 과자라도 하나 사줘야죠. 제가 아빠잖아요!"

박 변호사는 알고 있었다. 알면서도 차비를 줬고, 그래서 더 넉넉하게 챙겨 줬다. 모두 떠나고 박 변호사와 나는 서초동 한 카페에서 검찰의 결정을 기다렸다. 검찰은 항고를 포기했다. 박 변호사는 전화로 관련 소식을 삼례 3인조에게 전했다. 전주로 향하는 승합차 안에서는 "만세!"가 터졌다.

이로써 박 변호사와 함께 진행한 '재심 프로젝트 3부작'(삼례 나라슈퍼 3인조 강도 치사 사건, 익산 약촌오거리 택시 기사 살인 사건, 완도 무기수 김신혜 사건)은 모두 법원으로부터 재심 확정과 결정을 이끌어 냈다. 박 변호사와 활동한 지 1년 7개월 만이다. 그동안 박 변호사는 숱하게 말했다.

"두고 보십시오. 세 사건 모두 재심 결정이 나면 세상이 뒤집어질 겁니다."

그런데 세상은 조용하고 평온했다. 흥분되고 크게 기쁠 줄 알았는데, 우리는 담담했다. 그동안 티 나지 않게 박 변호사를 도우며 함께 노력한 신윤경 변호사를 불러 함께 생태탕을 먹었다. 맥주를 시켜 셋이 건배를 했다. 우리는 일찍 헤어졌다. 이상하게도 뭔가 허전하고, 외롭고, 쓸쓸했다.

며칠 뒤, '기차표 재테크'를 했던 최대열 씨가 다시 어려운 사정을 이야기하며 박 변호사에게 문자메시지로 돈을 부탁했다. 박 변호사가 답장을 보냈다.

"대열 씨, 제가 통장에 잔고가 없어요. 미안해요. 저도 어디서 돈을 빌려 써야 할 처지거든요. 함께 힘냅시다."

박 변호사는 삼례 3인조의 생활비까지 지원하면서 사건을 5년 동안 맡아 왔다. 익산 택시 기사 살인 사건의 누명을 쓴 최성필 씨, 무기수 김신혜 씨에게도 돈을 받지 않고 재심을 추진했다. 그러다 그는 파산 위기로 몰렸다.

시국 사건이나 많은 사람이 관심을 보이는 정치 사건이 아닌 일반 형사사건의 재심은 이처럼 힘들게 진행된다. 사법부는 '법적 안정성'을 이유로 재심에 인색하고, 여론은 일반 '서민들 범죄'의 인권유린 사례에 대체로 무관심하다.

역시 재심을 통해 진실을 밝히고 누명을 벗은 강기훈 유서 대필 조작 사건의 사례를 한번 살펴보자. 강기훈 씨는 1991년 친구 김기설의 분신자살을 방조하고 유서를 대필했다는 혐의로 징역 3년과 자격정지 1년 6개월을 선고받았다. 그는 1994년 8월 만기 출소했다. 이 사건은 권위주의 정부 시절의 대표적인 조작·인권유린 사례 중 하나다.

시민사회단체 쪽은 강기훈 씨 구속 직후부터 그의 무죄 석방을 위한 공동대책위를 꾸렸다. 학자·종교인·예술인 등 한국 사회의 저명인사들이 그의 구명을 위해 노력했다. 여러 국회의원이 그의 무죄 석방, 재심을 촉구하는 성명서를 발표하고 기자회견을 했다. 진실화해위원회는 이 사건의 재심을 권고했다.

이렇게 여러 사람이 노력해도 재심 확정까지 꽤 오랜 시간이 걸렸다. 강기훈 씨는 간암에 걸리는 등 건강이 나빠졌다. 시민사회 인사, 정치인 등 200여 명이 참여한 '강기훈의 쾌유와 재심 개시 촉구를 위한 모임'이 만들어지기도 했다. 함세웅 신부, 김상근 목사, 이부영 전 의원 등이 공동대표를 맡았다.

2012년 10월에는 '강기훈의 진실과 쾌유를 위한 콘서트'가 열렸다. 현장에선 진실을 위한 모금도 진행됐다. 당시 박원순 서울시장과 이부영 민주통합당 상임고문, 이목희·인재근·정세균·심상정 의원 등이 참석했다. 가수 이은미, 조관우, 안치환 등이 진실을 위해 노래를 불렀다. 이날 박 시장은 청중 1500여 명 앞에서 크게 외쳤다.

"제 모든 양심을 걸고 강기훈은 무죄입니다!"

큰 박수가 터졌다. 박수받아 마땅한 일이다. 무고한 강기훈 씨를 위해 20년 넘게 노력한 많은 사람들 역시 마찬가지다.

수사기관이 몽둥이로 가난하고 지적장애가 있는 10대와 20대 초반 청년 세 명에게 살인 누명을 씌운 삼례 나라슈퍼 3인조 강도치사 사건. 역시 같은 방식으로 15세 소년에게 살인 누명을 씌운 익산 택시 기사 살인 사건. 두 사건은 수사기관이 유력 용의자를 풀어 주면서까지 진실을 감춘, 국가가 적극적으로 나서 사회적 약자의 인권을 짓밟은 일이다. 두 사건에 대한 세상의 관심은 어땠을까?

사건이 발생한 1999년, 2000년 이후 여러 언론이 이들의 억울한 사연을 세상에 알렸다. 하지만 2000년과 2003년 각각 진범 수사가 이뤄질 당시 이들을 도왔던 시민 단체, 법률가 등도 끝까지 이들과 함께하지는 않았다. 이 사건들은 십수 년 동안 묻혀 있었다.

이들을 위한 대책위는 꾸려진 적 없고, 재심을 촉구하는 성명서한 장 발표한 유명 인사도 없었다. 당연히 이들을 위한 모금이 행해진 적은 없으며, 상처 입은 이들의 가슴에 노래를 불러 준 사람도 없다. 3인조는 또 누군가 자신들에게 누명을 씌울까 봐 서로 만나지도 않고 숨어서 가난하게 살았다. 최성필 씨는 자살을 시도하기도 했다.

만약 이들이 지적장애도 없고, 많이 배운 부잣집 아들이었으면, 우리 사회가 이토록 무관심했을까? 강기훈 씨에게 그랬던 것처럼 "제 모든 양심을 걸고 삼례 3인조는 무죄입니다!"라고 외치는 힘 있는 사람은 그동안 왜 한 명도 없었을까?

2016년 새누리당은 '강기훈 유서 대필 조작 사건'을 맡았던 재판부의 배석판사 출신 부구욱 씨를 새누리당 윤리위원장으로 내정했다. 더불어민주당은 "있을 수 없는 일"이라며 강하게 반발했다. 여러 진보 언론도 비판 기사를 쏟아 냈다. 민주당은 대변인 논평도 내놨다.

무고한 젊은 청년을 죄인으로 만들었던 오심 판사가 새누리당의 윤리위원장이 된다는 것은 있을 수 없는 일이다. 부구욱 신임 윤리위원장은 자신이 죄인으로 만든 무고한 청년에게 사죄해야 할 사람이지 새누리당의 윤리의식을 바로 세울 수 있는 인물이 못 된다. 새누리당이 당 윤리위원회를 강화하겠다며 어떻게 이런 오심 판사를 윤리위원장에 임명한다는 말인지 기가 막힌다. 법원과 검찰, 경찰은 하루 빨리 강 씨에게 사죄하길 촉구한다.

앞서 말한 대로, 부구욱 씨는 문제의 사건에서 배석판사였다. 박범계 의원은 삼례 3인조 사건에서 배석판사였다. 야당은 박 의원에게 책임을 묻지 않았다. 부구욱 씨와 새누리당을 비판했던 진보 언론도 박범계 의원에 대해서는 침묵했다.

야당과 진보 언론의 이중적인 태도는 특별하지 않다. 대개의 한국 시민은 시국 사건 등 정치적이고 유명한 사건에는 많은 관심을 기울인다. 하지만 일반 형사사건에서 사회적 약자들, 일명 '잡범'이라 불리는 사람들이 겪는 인권유린에는 상대적으로 큰 관심을 두지 않는다.

한국 사회에서 형사 사법 피해와 관련해 진보와 보수, 좌우 진영의 공통점 중 하나는 지적장애인, 저학력자, 가난한 사람의 삶과 인권유린 현장의 구체적 사례를 무겁게 보지 않는다는 점이다. 우리는 이들이 겪는 인권유린과 부당한 대우에 문제의식을 느끼면서도 한편으로는 '가진 것이 없는 사람들이니 그런 대우를 받을 수도 있지.'라고 생각했던 건 아닐까?

수사기관, 법원만 사회적 약자에게 냉정했던 건 아니다. 어쩌면 우리 모두가 냉정하게 그들을 차별했는지도 모른다.

다시, 길을 나서며

파산 위기에 몰린 박준영 변호사의 손을 많은 시민이 잡아 줬다. 2016년 8월 중순부터 시작한 〈다음〉 스토리펀딩 기획 '하나도 거룩하지 않은 파산 변호사'에 후원금 약 5억 6790만 원이 모였다. 시민 1만 7000여 명이 동참한 결과다. 2016년 12월 기준, 후원금과 후원자 수 모두 〈다음〉 스토리펀딩 역사상 최고 기록이다.

사람들은 박 변호사의 정의로운 활동을 응원했다. 지금처럼 계속 사회적 약자들을 위해 일해 달라고 부탁했다. 박 변호사는 시민의 당부대로 살아갈 듯하다.

박준영 변호사가 재심을 이끌어 내고 끝내 무죄 선고로 이어진 두 사건(익산 사건, 삼례 사건)은 모두 전북에서 발생했다. 각각 16년, 17년 만에 경찰 수사 결과가 뒤집혔다. 경찰은 망신을 당한 셈이다.

전북지방경찰청은 2016년 12월 1일 전북 완주군 지방행정연수원에서 '경찰수사 신뢰도 제고를 위한 전북 형사·수사 워크숍'을 열었다. 전북에서 활동하는 거의 모든 형사·수사 인력이 참여했다. '조폭보다 더 조폭처럼 보이는' 젊은 형사 등 500여 명이 한자리에 모였는데, 가히 장관이었다.

전북지방경찰청은 다시는 재심 사건이 벌어지지 않도록 형사·수사 인력에게 주의를 당부하면서, 과거 자신들이 내친 황상만 전 반장을 강사로 모셨다. 반성과 혁신을 위한 파격적인 일이었다.

황상만 전 군산경찰서 형사반장은 상기된 표정으로 무대에 올랐다. 후배들은 큰 박수로 은퇴한 선배 형사를 맞이했다. 익산 약촌오거리 택시 기사 살인 사건의 진범을 체포했다는 이유로 지구대로 좌천됐던 황상만. 그는 이렇게 명예를 회복했다. 13년 만이다.

황상만 전 반장은 한 시간 강연을 통해 후배 경찰들이 다시는 인권유린 문제로 비판받지 않길 바란다고 말했다. 범인을 예단해 분위기를 몰아가지 말고, 증거를 수집하라고 당부했다. 그는 기본과 합법적인 절차를 강조했다. 황상만 전 반장은 이철성 경찰청장에게 받은 자필 서명 편지를 소개하며 "13년 만에 저만의 보상을 받은 것 같다."고 말했다. 무대에 올랐을 때처럼, 황 전 반장은 박수를 받고 내려왔다. 그는 전북 군산시 자택으로 향하는 차 안에서 말했다.

"지는 싸움을 했는데, 결국은 진실이 이겼네요. 그래서 마음이 좀 많이 가벼워졌습니다."

© 박상규

대검찰청 앞 길거리 기자회견은 어쩔 수 없는 마지막 몸부림이었다.
전주지방법원은 나라슈퍼 강도 치사 사건의 재심을 결정했지만,
그게 끝이 아니다.
검찰이 항고를 하면 재심 개시 여부는 다시 먼 훗날의 일이 된다.
검찰이 항고를 하지 않도록, 뭐라도 해야 했다. 할 수 있는 건 뭐든.

에필로그

함께했기에 가능했다

정의를 구현하는 방식은 때로 정의 자체보다 더 중요하다.

_조지 위커샴(George Wickersham)

삼례 나라슈퍼 3인조 강도 치사 사건 진범 이○○ 씨는 '삼례 3인조'의 누명을 벗겨 주기 위해 많은 노력을 했다. 법정에서 진실을 말했고, 유가족을 찾아가 사죄의 눈물을 흘렸다. 그가 세상에 나온 첫 계기는 음료수 한 상자였다.

2015년 가을, MBC 〈PD수첩〉은 박준영 변호사와 협력해 삼례 3인조 사건을 재조명했다. 김호성 피디가 '진범 3인조'를 찾아 나섰다. 진범 중 한 명인 배○○은 취재 직전에 자살했다. 김 피디는 배 씨의 부모님에게 그 이야기를 들었다.

김 피디는 다른 친구들(진범 두 명)의 연락처를 물었으나 부모님은 말하지 않았다. 김 피디는 그냥 돌아섰다. 마음 한편에 자꾸 무언가가 걸렸다. 자살한 아들, 그걸 불쑥 찾아온 피디에게 말하는 부모의 마음, 조금은 궁색한 살림살이…….

김 피디는 다시 발길을 돌렸다. 구멍가게에 들러 음료수 한 상자를 사 배 씨 부모님에게 건넸다. 자식을 잃어 아픈 부모의 마음을 그렇게라도 위로하고 싶었다. 음료수를 받은 부모님은 김 피디에게 잠시 기다리라고 했다.

부모님은 아들의 친구, 그러니까 진범 이○○의 연락처를 김 피디에게 알려줬다. 음료수 한 상자에 담긴 위로의 마음이 부모님의 생각을 바꾼 거다. 김 피디가 자살한 진범의 부모님에게 음료수를 건넨 건 기술이 아니었다. 타인의 고통과 상처에 대한 공감이었다. 그런 공감이 진범을 세상으로 불러냈다.

김호성 피디처럼 삼례 나라슈퍼 3인조 강도 치사 사건, 익산 약촌오거리 택시 기사 살인 사건, 무기수 김신혜 사건이 해결될 수 있도록 그동안 많은 분이 마음을 보탰다. 이대욱 SBS 기자는 최성필 씨의 사연을 박준영 변호사에게 전하고 함께 무죄 증거를 찾아 나선 사람이다. 그 뒤 〈그것이 알고 싶다〉, 〈KBS 스페셜〉을 통해 공론화되는 과정에서 주시평 피디, 김원태 피디, 오현두 피디, 윤영식 피디, 전성관 피디, 장윤정 작가, 김나연 작가, 박정아 작가가 함께했다. 십수 년 전 목격자 등 관련자를 찾았고, 폐기된 기록의 사본을 찾았다. 이들이 함께했기에 재심과 무죄판결이 가능했다.

신윤경 변호사는 '재심 프로젝트 3부작'에 늘 함께했다. 신 변호사는 보이지 않는 곳에서 묵묵히 박준영 변호사와 억울한 사람들을 도왔다. 그 노력이 많이 묻힌 건 아닌지 미안한 마음이 크다. 양승철, 허정택 변호사도 진실을 위해 많이 뛰었다. 앞으로 공권력의 책임을 인정받는 국가배상 청구의 결론이 날 때까지 수년이 걸린다. 연대의 힘으로 버티고 승리할 것이다.

〈다음〉 스토리펀딩 김귀현 파트장, 임석빈 피디는 '재심 프로젝트 3부작'과 늘 함께했다. 두 사람은 진실을 알릴 수 있는 소중한 공간을 우리에게 제공했다. 부담스러울 수 있는 기획이었음에도 우리를 믿어 주고 격려해 줬다. '재심 프로젝트 3부작' 스토리펀딩 사진의 대부분을 이희훈 기자가 찍었다. 이 책에도 그의 사진이 많다. 덕분에 기획과 책이 더욱 풍성해졌다.

책 작업은 빠듯하게 진행됐다. 무리한 일정에도 이렇게 책이 나온 것은 후마니타스 편집진 덕분이다. 이 책은 그들의 작품이기도 하다.

무엇보다 사건 피해자, 유가족이 진실을 위해 나서 줬다. 이들이 아니었으면 진실 규명은 어려웠을지도 모른다.

재심 프로젝트 3부작. 박준영, 박상규 둘이서만 한 게 아니다. 많은 사람이 함께했다. 이 외에도 여러 사건의 정의로운 해결을 위해 노력한 분들이 많다. 그분들의 이름을 다 기억하지 못하는 건 우리의 불찰이다. 모두에게 고마움과 미안한 마음을 전한다.

책 1쇄 발행 이후 의미 있는 일도 있었다. 삼례 나라슈퍼 3인조 강도 치사 사건 1심 재판부의 배석판사였던 박범계 더불어민주당 의원이 오심에 대해 정식으로 사과했다. 박 의원은 2017년 2월 14일 삼례 3인조와 가족, 피해자 최성자 씨를 국회로 초청해 "용서를 빈다."며 고개를 숙였다. 오심 피해를 겪은 이들은 박 의원의 사과를 받아들였다.

익산 택시 기사 살인 사건의 진범 김○○에게 무혐의 결정을 내린 검사 김훈영은 2021년 8월 최성필 씨를 직접 만나 사과했다. 최 씨는 김 검사의 사과를 받아들였다.

그동안 검찰의 잘못된 기소와 사법부의 오판으로 피해를 본 사람은 많다. 하지만 실수와 오판의 책임자가 피해자를 직접 만나 사과한 사례는 없었다. 박 의원과 김 검사가 좋은 선례를 남겼다. 책임자가 사과하는 사례가 계속 나오길 바란다.